Marc Rutschmann

Abschied vom Branding

Marc Rutschmann

Abschied vom Branding

Wie man Kunden wirklich
ans Kaufen führt –
Mit Marketing, das sich
an Kaufprozessen orientiert

Bibliografische Information der Deutschen Nationalbibliothek
Die Deutsche Nationalbibliothek verzeichnet diese Publikation in der
Deutschen Nationalbibliografie; detaillierte bibliografische Daten sind im Internet über
<http://dnb.d-nb.de> abrufbar.

1. Auflage 2011

Alle Rechte vorbehalten
© Gabler Verlag | Springer Fachmedien Wiesbaden GmbH 2011

Lektorat: Barbara Möller | Manuela Eckstein

Gabler Verlag ist eine Marke von Springer Fachmedien.
Springer Fachmedien ist Teil der Fachverlagsgruppe Springer Science+Business Media.
www.gabler.de

Das Werk einschließlich aller seiner Teile ist urheberrechtlich geschützt. Jede Verwertung außerhalb der engen Grenzen des Urheberrechtsgesetzes ist ohne Zustimmung des Verlags unzulässig und strafbar. Das gilt insbesondere für Vervielfältigungen, Übersetzungen, Mikroverfilmungen und die Einspeicherung und Verarbeitung in elektronischen Systemen.

Die Wiedergabe von Gebrauchsnamen, Handelsnamen, Warenbezeichnungen usw. in diesem Werk berechtigt auch ohne besondere Kennzeichnung nicht zu der Annahme, dass solche Namen im Sinne der Warenzeichen- und Markenschutz-Gesetzgebung als frei zu betrachten wären und daher von jedermann benutzt werden dürften.

Umschlaggestaltung: KünkelLopka Medienentwicklung, Heidelberg
Satz: Sascha Niemann workformedia, Frankfurt
Druck und buchbinderische Verarbeitung: AZ Druck und Datentechnik, Berlin
Gedruckt auf säurefreiem und chlorfrei gebleichtem Papier
Printed in Germany

ISBN 978-3-8349-2796-5

Inhaltsverzeichnis

Geleitwort _____ 11

Warum es sich lohnt, dieses Buch zu lesen _____ 13

1. Erste Annäherung ans Thema _____ 17
1.1 Was uns die bloße Anschauung schon sagt _____ 17
1.2 Mit Forschung dem Käufer auf die Spur kommen _____ 19
1.3 Der *Brand*: Welche Rolle spielt er in Kaufprozessen? _____ 20
1.4 Marketing *bottom-up* ist anders _____ 22

2. Alte Theorie – neue Theorie _____ 23
2.1 Die Theorie der Markenführung stellt sich ins Zentrum _____ 23
2.2 Worum geht es beim *Branding*? _____ 24
2.3 Was schön wäre – aber keinesfalls feststeht _____ 25
2.4 Die Theorie der Markenführung umgehen wir mit einer neuen Sicht auf das Kaufverhalten _____ 28
2.5 Gesucht: Eine offene Modelllogik _____ 30
2.6 Losgelöst von der Theorie: Wie Menschen wirklich kaufen ____ 30
2.7 Kaufprozesse – einfach erklärt _____ 31
2.8 Unser Ansatz: Kaufprozess-orientiertes Marketing _____ 33

3. Kaufprozesse unter dem Mikroskop _____ 37
3.1 Das Feld, das es zu untersuchen gilt _____ 37
3.2 Der „leitende Gesichtspunkt", der alles überschaubar macht ___ 38
3.3 Der leitende Gesichtspunkt, den die Behavioristen empfehlen __ 39
3.4 „Überholt" sei der Behaviorismus _____ 42

3.5 Wie das behavioristische Prinzip helfen kann,
    die Vorgänge im Markt überblickbar und steuerbar zu machen _____ 43

3.6 Welche Messinstrumente und welche Daten brauchen wir? _____ 45

3.7 Mit welchen Methoden beschaffen wir die Daten? _____ 47

3.8 Das Aggregieren: Wie gewinnen wir die Übersicht über
    die zahlreichen individuellen Kaufvorgänge? _____ 49

3.9 Die Interventionspunkte aufdecken:
    Wo und wie können wir auf den Prozessverlauf Einfluss nehmen? _____ 50

3.10 Vom „radikalen" zum „pragmatischen" *Behaviorismus* _____ 51

3.11 Ein Beispiel zur Veranschaulichung _____ 53

4. Was Kaufprozesse von heute auszeichnet: Fünf wiederkehrende Prinzipien _____ 59

4.1 Wirkprinzip 1: Die Antriebe, die Kaufprozesse in Gang setzen,
    sind generisch _____ 60

4.2 Wirkprinzip 2: Situative Faktoren gewinnen zunehmend
    die Kontrolle über Kaufprozesse _____ 70

    4.2.1 Kleine Ursache – große Wirkung _____ 70

    4.2.2 Wir neigen dazu, die situativen Faktoren systematisch
    zu übersehen _____ 72

    4.2.3 Die Vielfalt der situativen Faktoren in eine Ordnung gebracht _____ 73

    4.2.4 Wie die situativen Faktoren Kaufprozesse lenken _____ 79

    4.2.5 Kaufprozesse sind ungerichtete Prozesse _____ 80

    4.2.6 Wie kann der Marketingverantwortliche die situativen Faktoren
    in seinen Dienst stellen? _____ 80

4.3 Wirkprinzip 3: Unterhalb der Schwelle des Bewusstseins ereignet sich
    das Wesentliche: Handlungsautomatismen klinken sich ein _____ 82

    4.3.1 Der Konsument handelt – aber er sagt uns nicht, warum _____ 85

    4.3.2 Die wahren Gründe seines Handelns sagt uns der Kunde nicht –
    er kann es nicht _____ 87

    4.3.3 Handlungen bahnen sich unbewusst an _____ 89

4.3.4	Und so tappt man in die Rationalitätsfalle	92
4.3.5	Und wo bleibt der sogenannte freie Wille?	92
4.3.6	Entscheidet der Konsument wirklich frei?	95
4.3.7	Exkurs: Warum tut der Konsument nicht das, was er uns sagt? Wie die Soziologie dieses Phänomen angeht	96
4.3.8	Wir halten uns an das Erklärungsmodell, das die Neurobiologie anbietet	98

4.4 Wirkprinzip 4: Schlüsselhandlungen beschleunigen die Kaufprozesse — 99

4.4.1	Schlüsselhandlungen: Hier treffen Maßnahmen auf einen Hebeleffekt	99
4.4.2	Den Fokus ganz auf die Schlüsselstellen richten	100
4.4.3	Jede Handlung hat ihre eigenen Appetenzen – diese anzusprechen ist entscheidend für den Erfolg	102
4.4.4	Der Unterschied zur Maxime der Markenführung ist eklatant	103
4.4.5	Schlüsselstellen aufdecken – Schlüsselstellen kreieren	103
4.4.6	Handlungen *per se* sind entscheidend für den Erfolg	108

4.5 Wirkprinzip 5: Das Kaufen wird durch pure Gewohnheit stabilisiert — 110

4.5.1	Mit Anködern beginnen	111
4.5.2	Auffällig negative Erfahrungen beseitigen	114
4.5.3	Die räumliche Fixierung von Kaufprozessen nutzen	116

4.6 Ein spezielles Augenmerk auf den *Brand* _____ 118

4.6.1	Spuren des *Brandings* in den Kaufprozessen	118
4.6.2	Der *Brand* als bloßer Name, den man schon mal gehört hat	119
4.6.3	Der bloße Name reicht aus	120
4.6.4	Ist es notwendig, dass der Name zum *Evoked Set* zählt?	121
4.6.5	Die Erscheinungsformen des *Brands* erweisen sich als vielfältig	123
4.6.6	Der klassische *Brand*	124
4.6.7	Unterschiedliche Erscheinungsformen – unterschiedliche Wirkungen	125
4.6.8	Wie man die vielfältigen Erscheinungsformen eines *Brands* ordnen kann	126
4.6.9	Wie steht es um die Beeinflussbarkeit des *Brands*?	129

4.6.10 Die Wirkung des *Brands* und seiner Komponenten auf
den Kaufprozess _____ 136

4.6.11 Eignung des *Brands* und seiner Komponenten,
um den Kauf zu fördern _____ 139

5. Ein Modell, das den Anschluss an die Verhaltensforschung herstellt _____ 143

5.1 Reiz, Reaktion und Handlungsautomatismen _____ 145

5.2 Worüber uns das Modell Auskunft geben soll _____ 147

5.3 Die Verhaltensforschung und die verschiedenen Wissenschaftszweige __ 148

5.4 Zwölf Handlungsautomatismen, die für das Marketing relevant sind __ 152

6. Vom *Branding* zur Prozesssicht: ein lohnender Weg _____ 177

6.1 *Branding* – enthusiastisch gefeiert _____ 177

6.2 *Branding* ist intuitiv einleuchtend _____ 178

6.3 Den Prozess ins Zentrum rücken:
Methodische Disziplin ist gefordert _____ 182

6.4 Doppelbödiges im Marketing _____ 184

6.5 Gibt es dieses Doppelbödige tatsächlich? _____ 187

6.6 Die Spaltung wird sich zu einem Megatrend verschärfen _____ 188

6.7 Im Marketing haben wir es mit zwei Wirklichkeiten zu tun ___ 190

6.8 Wir antworten mit zwei Beschreibungssystemen _____ 191

6.9 Welches Beschreibungssystem wählen wir? _____ 193

6.10 Eine Katharsis im Marketing – speziell betroffen ist die Werbung ____ 194

7. Werbung, die Handlungen auslöst _____ 195

7.1 Ist die Forderung nach „integrierter Kommunikation" praxistauglich? __ 208

Dank an alle, die dieses Buchprojekt gefördert haben	211
Literaturverzeichnis	213
Stichwortverzeichnis	219
Der Autor	224

Geleitwort

Stellen Sie sich vor: Bestehende Initiativen im Marketing verlieren ihre Wirkung und werden unwirtschaftlich. Es gibt Lösungen, aber nur wenige merken es.

Wer Marketing beobachtet, erkennt leicht zwei Welten. Die Identifikationswelt stützt sich auf Positionierungen, Emotionen, Marken und ästhetische Bilder. Der Kunde soll die Angebote begehren, damit er später kauft. Dieser Welt steht die Handlungswelt beispielsweise im Direktmarketing, in der Werbung des Einzelhandels oder im Verkaufsgespräch gegenüber. Sie bewegt sich nahe und direkt an der Handlung des Kunden und führt schließlich zum Kauf. Sie erscheint meist manipulativ, manchmal auch plump. Handlungsorientiertes Marketing wirkt zwar, ist aber in den Kreisen des Marketings eher verpönt.

Meine Überzeugung: In den heutigen Märkten trifft der Kunde auf immer mehr schöne und abgehobene Erlebniswelten in Inseraten und TV-Spots. Vom guten Gefühl zur Kaufhandlung, vom Vorsatz zur Tat, ist aber der Weg viel zu lang. Die Kaufmöglichkeiten und situativen Einflüsse sind zu vielfältig. Die Marken noch einzigartiger zu positionieren und dramatisch zu inszenieren, funktioniert nur noch im Ausnahmefall. Marketing muss sich konsequent an der Handlung des Kunden orientieren. Die Herausforderungen sind: reales Kundenverhalten erfassen, Marketing an Kundenprozessen orientieren, Handlungen auslösen. Marketing darf nicht nur gefallen, es muss mehr verkaufen.

Sie halten ein wertvolles Marketingbuch in Ihren Händen. Ausgewählte Gründe sind:

- Das ist kein weiteres Bestätigungsbuch für bestehende Modelle, wie wir sie laufend antreffen. Der Ansatz ist grundsätzlich und neu. Zudem liest sich das Buch spannend, ist gespickt mit Praxisbeispielen und Belegen. Die Argumente bestechen.
- Marc Rutschmann entwickelte seine Analysemethoden und Lösungen aufwändig und über Jahrzehnte in einer Konsequenz und Tiefe, wie es selbst Forscher zu selten tun. Der Autor erschließt zudem die bestätigten Ergebnisse der menschlichen Verhaltensforschung, die das Marketing zu wenig kennt und beherzigt.
- Die Mikro-Verhaltensanalysen für Kundenprozesse erfassen das reale Kundenverhalten und relativieren das Vorgehen der etablierten Marktforschung. Die Form der Befragung und der hohe Grad der Detaillierung führen zu neuen Erkenntnissen, die für Marktbearbeitung und Vertrieb bedeutend

sind. Der Ansatz geht vom spezifischen Kundenverhalten aus und erkennt dann die Verhaltens- und Kaufmuster. Der Vorteil: Die Methode erfasst alles, was für Handlungen der Kunden wichtig ist; auch mögliche Spuren der Marke oder Einflüsse der Social Media werden automatisch ausgewiesen.

▶ Erfasste Stellhebel, um Kundenprozesse fortzuführen, sind meistens mehrheitsfähig und wirken beim Universitätsprofessor ebenso wie beim Handwerker. Sie sind konkret und führen zu klaren Marketinglösungen.

▶ Die Wirkprinzipien zeigen, auf was sich wirksames Marketing stützt. Stichworte sind: generische Antriebe, situative Faktoren, Unterbewusstes, Schlüsselhandlungen und Gewohnheit.

▶ Die Instrumente des Marketings wie Werbung, Verkaufsförderung oder Internet bleiben. Der neue Blickwinkel führt aber zu neuen und wirksamen Lösungen und Gestaltungen.

▶ Für einen neutralen Forscher ist es ungewohnt, einfach den Ansatz der Dr. Marc Rutschmann AG, dem Unternehmen des Autors, zu empfehlen. Aber was soll es: Die Ansätze sind überzeugend und es gibt keine Alternative dazu.

Ist der Abschied vom Branding nötig? Klassische Modelle der Markenführung, wie sie Generationen von Marketingspezialisten lernten und sich gegenseitig bestätigen, verhindern es, die neuen Chancen konsequent zu nutzen. Es braucht einen Befreiungsschlag. Zwar ist es möglich, die Mikro-Verhaltensanalysen der Kunden einmal zu erproben und am Einzelfall die wirksamen Stellhebel zu bestimmen, um den Kunden zum Kauf zu führen. Rasche Teilerfolge sind das Ergebnis. Aber prozess- und handlungsorientiertes Marketing muss viel weiter greifen. Es handelt sich um eine neue Marketinglogik, die entwickelt, kreativ verfolgt und stark gewichtet werden muss, um die Potenziale auszuschöpfen. Wer den neuen Ansatz vereinzelt addiert, kann auch keine Budgets dafür frei machen und plagt sich mit Zusatzaufwand statt mehr Effizienz.

Hoffentlich merkt der Leser, was im Marketing möglich ist, wenn es sich rigoros auf Kaufprozesse und Kundenhandlungen ausrichtet. Auf dem Weg zur Marketingsubstanz wünsche ich viel Erfolg.

St. Gallen, im Januar 2011

Prof. Dr. Christian Belz

Professor für Marketing an der Universität St. Gallen
und Geschäftsführer des Instituts für Marketing

Warum es sich lohnt, dieses Buch zu lesen

Marketing stand einmal für die Idee, das Unternehmen am Markt auszurichten – an den Bedürfnissen der Konsumenten, wie man zu sagen pflegte. Marketing war als Orientierung gedacht und sollte andere Funktionsbereiche des Unternehmens, insbesondere die Produktion, an die Wünsche des Marktes heranführen. Selbstredend stellten sich die Vertreter dieser Mission an den Kopf des Unternehmens, denn wo Marketing ist, da ist oben. Marketing war selbstbewusst.

Das hat sich gewandelt. Ablesen lässt sich dies an der Veränderung in der Organisation von Unternehmen: In vielen Fällen hat die Funktion „Marketing" einen Beinamen angenommen: „Marketing-*Service*". Marketing steht also im Dienst von etwas Übergeordnetem. Dagegen hat in den Führungsetagen der *Vertrieb* Einzug gehalten, dem das Marketing dann nicht selten unterstellt ist. An der Unternehmensspitze kommen immer seltener die Vertreter aus dem Marketing zum Zuge.[1] Es gibt zahlreiche Anzeichen, die zeigen, dass Marketing an Einfluss verloren hat.

Allerdings ist dies nur die Sicht auf die Oberfläche, auf die Symptome. Dahinter ist etwas viel Grundsätzlicheres geschehen: Das Marketing hat „seine" Realität aus dem Blick verloren. Der Bezug zum Markt ist lose geworden. Und das nicht zuletzt, weil Marketing sich auf Theorien stützt, die vom Zeitgeschehen überholt worden sind. Und es stütz sich auf Forschung und Forschungsmethoden, die nicht mehr zu den heute gültigen Antrieben der Konsumenten vorzudringen vermögen. Das Marketing hat abgehoben. Das ist die Überzeugung des Autors.

Das Marketing wieder anbinden an die Wirklichkeit des Marktes, das ist das Anliegen dieses Buches. Dies bedeutet, nicht nur zuzuhören und zu vertrauen auf das, was uns der Kunde sagt. Sondern abzustellen auf das, was ihn wirklich bewegt.

Vieles, was heute die Konsumenten und Kunden bewegt, ist *unbewusst*. Das Unbewusste kommt wieder zu Ehren – denn das Unbewusste, das Sigmund Freud mit seiner Psychoanalyse aufgedeckt hatte, ist schon etwas angestaubt gewesen. Es ist wieder modern geworden durch die Neurobiologie. Diese hat mit naturwissenschaftlichen Methoden Einblick in jene Hirnregionen nehmen können,

---

[1] Nur noch 12 von 100 CEO's hatten vorgängig eine Marketingposition inne. Dies belegt eine Studie der Britischen Marketing Society. Zitiert in: Reinecke/Tomczak (2006), S. 5.

deren Zugang dem Bewusstsein verwehrt sind. Es handelt sich um Vorgänge in den sogenannten „stillen Arealen" des Gehirnes, zu denen das Bewusstheit – aus objektiven, biologischen Gründen – keinen Zugang findet. Der Konsument und der Kunde sind folglich nicht in der Lage, darüber zu berichten. Aber wir Marketers sind gehalten, in diese „stillen Areale" im Gehirn vorzudringen und uns darüber ins Bild zu setzen, was sich hier abspielt.

Wenn man den Anspruch hat, der Wirklichkeit einen Schritt näher zu kommen, dann sind auch jene Theorien zu benennen, die sich dem in den Weg stellen: alte Theorien, die es zu hinterfragen gilt und die man gegebenenfalls über Bord zu werfen hat.

Ich bin der Ansicht, dass *Branding* und die damit zusammenhängenden Hypothesen an einem Stadium angelangt sind, an dem es angezeigt ist, genauer hinzuschauen. Vermag das Branding die Wirklichkeit noch zu erklären? Oder versperrt es nicht geradezu den Weg zu wirkungsvolleren Ansätzen? Gibt es Ansätze jenseits von Branding und Markenführung, die dem Unternehmen mehr Erfolg bescheren? Meine Antwort ist im Titel des Buches bereits vorweggenommen: „Abschied vom *Branding*".

Wie kommen wir der Wirklichkeit einen Schritt näher? Mit welcher Optik setzen wir an? Welchen Aspekt des Geschehens im Markt soll dieser Blickwinkel in den Vordergrund rücken? Wir wählen einen *Verhaltensansatz*. Das heißt, wir blicken auf das Verhalten, das der Konsument an den Tag legt und betrachten die Faktoren, die dieses Verhalten fördern oder es allenfalls hemmen.

Wir tun dies aber nicht wertfrei, sondern haben ein Ziel im Auge: Wir möchten den Kunden an den Kauf führen – er soll ein erstes Mal kaufen und auch wiederholt kaufen oder mehr kaufen. Wir suchen insbesondere nach jenen Faktoren, die diese ultimative Handlung – den Kaufakt – begünstigen.

Die Erfahrung hat uns gelehrt, dass wir das Kaufen mit Vorteil als einen *Prozess* auffassen, nämlich als Abfolge von Handlungen, die mit der Kaufhandlung ein (vorläufiges) Ende findet. Der Kaufhandlung gehen also Handlungen voraus, die ihrerseits von bestimmten Faktoren begünstigt (oder gehemmt) werden. Wenn wir nun die Sicht der Konsumenten einnehmen, so stellen wir fest: Der Kunde schreitet *vorwärts* in Richtung Kauf. Wir vom Marketing, die an Regelmäßigkeiten auf diesem Weg interessiert sind, blicken vom Ende her zurück.

Von der Kaufhandlung *rückwärts blickend* können wir den Prozess verstehen. Denn wir wollen diesen Prozess – aufgrund gewonnener Einsichten – beeinflussen. Insofern handelt es sich um einen *Prozessansatz*, den wir hier verfolgen:

> „Kaufprozess" nennen wir das, worum sich alles im Marketing dreht.
> Kaufprozesse zu erkennen, sie in Gang zu setzen, zu beschleunigen
> und an den Abschluss zu führen – darum geht es im Marketing.

Das vorliegende Buch ist folgendermaßen gegliedert:

Im ersten Teil (Kapitel 1 bis 3) steht eine theoretische Standortbestimmung im Vordergrund. Folgende Fragen werden gestellt: Aus welcher Perspektive kann man das Geschehen im Markt betrachten? Was ist die heute verbreitete Sichtweise, und weshalb stellen wir das Verhalten ins Zentrum und wählen eine Prozesssicht? Dann rückt die Frage in den Blickpunkt, wie man Kaufprozesse, die im realen Markt ablaufen, *empirisch* erforschen und abbilden kann. Zunächst im Einzelfall – Kaufprozesse von individuellen Kunden –, um sie schließlich zu aggregieren, damit wir ein Bild gewinnen über die Gesamtheit von Prozessen, die im Markt ablaufen. Letztlich interessieren uns die Kaufprozesse von einer Vielzahl von Individuen. Es sollen die Faktoren hervortreten, welche den Prozessfluss von *Mehrheiten* fördern, ihren Verlauf lenken (oder allenfalls hemmen).

Das methodische Werkzeug, das wir einsetzen, um Kaufprozesse zu erforschen, nennen wir „Verhaltensanalyse". Anhand von Fällen aus der Praxis werden wir zeigen, wie man damit Kaufprozesse, die im realen Markt ablaufen, empirisch erfassen und abbilden kann.

Im zweiten Teil (Kapitel 4) werden wir allgemeine Prinzipien herausschälen, die erfolgreiche Prozesse auszeichnen, also Prozesse, die zur gewünschten Kaufhandlung geführt haben. Wir sprechen von „Wirkprinzipien", denn man kann sie ins Spiel bringen und sie für die Marketingarbeit nutzen. Solche Wirkprinzipien erzeugen einen Schub in Richtung *mehr Wirkung;* sie potenzieren die Wirkung von Marketingmaßnahmen. Dieser Teil ist für den Praktiker geschrieben. Für jenen Praktiker, der sich auch für das „Warum?" interessiert und der zwischendurch auch gerne wissenschaftsgeleitet vorgeht.

Im dritten Teil (Kapitel 5) werden dann Bezüge hergestellt zu den Grundlagenwissenschaften, die sich mit dem menschlichen Verhalten befassen. Es ist nicht zu viel versprochen, wenn man behauptet, dass das Marketing bei den der Verhaltenswissenschaften auftanken kann. Diese Forschungsdisziplinen haben Wesentliches ans Licht gefördert, was für den Marketingpraktiker unmittelbar anwendbar ist. Das soll in Kapitel 5 verkürzt, aber verständlich dargestellt werden.

Im letzten Teil (Kapitel 6 und 7) werden die Wege aufgezeigt, die ein Unternehmen an den hier vorgeschlagenen Prozessansatz führen können. Was bedeutet es, wenn ein Unternehmen die Kaufprozesse seiner Kunden in den Mittelpunkt stellt und sich das Marketing darauf konzentriert, diese Kaufprozesse anzustoßen und an den Abschluss zu führen? Wie ist die Organisation des Unternehmens auszurichten? Und es werden die Hürden aufgezeigt, die zu überwinden sind. Denn regelmäßig stellen sich kulturelle Hürden in den Weg. Oftmals gibt es festgefahrene Denkmodelle und Rituale des Marketings, die sich in der Organisation von Unternehmen eingespielt haben.

Zum Schluss wird ein Marketinginstrument speziell herausgehoben: die *Werbung*. Wir orten in der auf den Markt gerichteten Kommunikation ein großes Wirkpotenzial, das brachliegt. Es soll hier aufgezeigt werden, wie Werbung Kaufprozesse beschleunigen kann, indem sie sich darauf konzentriert, *Handlungen* auszulösen. Es wird gezeigt, wie Werbung Kaufhandlungen herbeiführt und Umsätze erzeugt.

Das Buch geht von der Praxis aus. Es setzt dort an, wo regelmäßig Schwierigkeiten auftreten. Oder wo bei Managern das Gefühl verbreitet ist, dass mit Marketing möglicherweise Ressourcen verschwendet werden. Oder dass sich Dinge im Markt verändert haben, auf die man noch nicht die adäquate Antwort gefunden hat. Von diesem Standpunkt aus wenden wir uns an die Wissenschaft und fragen, was uns die Forschung anbieten kann, um das Marketing auf die erfolgreiche Spur zu leiten. Es geht um die Bodenhaftung des Marketings.

1. Erste Annäherung ans Thema

1.1 Was uns die bloße Anschauung schon sagt

Nachdem ich als Absolvent einer renommierten Universität in die Praxis entlassen wurde, glaubte ich mich gut vorbereitet für die vielfältigen Herausforderungen im Marketing. Eine meiner ersten Aufgaben schien gar ein besonders geeignetes Anwendungsfeld für das Gelernte zu sein: Es galt, einer Topmarke zum Durchbruch zu verhelfen, und zwar auf der Ebene Fachhandel, wo die Marke gut vertreten war. Kreative Werbung bietet sich für solche Herausforderungen an: eine Marketingoffensive mit nicht zu wenig finanziellen Ressourcen und etwas Geduld, bis die Umsätze zu steigen beginnen …

Sie stiegen aber nicht. Zum Glück hatte ich einen verständnisvollen Chef und ein kleines Team, das nicht so schnell aufgab. Mein Pult, das im Büro an einem schönen Ort in der Zürcher City stand, verlagerte ich an den *Point of Sales*. Hier konnte ich mit eigenen Augen die paar wenigen Kunden sehen, die den Weg über die Schwelle unseres feinen Fachgeschäftes gefunden hatten. Es ging dabei um eine Nähmaschine der Premiumklasse. Die große Mehrheit der Zielgruppe hatte aber den Weg zu anderen Kanälen gewählt und dort gekauft – das Produkt der Konkurrenz.

Jetzt war das Ziel für uns junge Marketer etwas konkreter zu fassen: Die Zielgruppe, nähende Frauen, sollte nicht nur mit Kommunikation erreicht werden, sondern wortwörtlich *abgeholt* werden. Sie sollte physisch an den Ort des Kaufes geködert und motiviert werden. Sie sollte in den Einflussbereich unseres Produktes befördert werden, in die Verkaufsräume mit Vorführmöglichkeiten und in den Einflussbereich unserer smarten Verkäufer.

Wir suchten also nach einer Kommunikationsform, die eine *Handlung* auszulösen vermochte. Von „*Response*" sprachen die Direct Marketer, wenn es ihnen gelang, eine Handlung auszulösen. Und von den Direct Marketern ließen wir uns unterrichten, wie man das anstellt, Kunden dazu zu bewegen, sich dem Angebot anzunähern, sich mit dem Angebot zu befassen und zu kaufen. Zählbar und messbar.

Das geht. Und erstaunlich für den Marketing-Gebildeten: Es geht fast ohne eine „Marke" ins Spiel zu bringen. Anders gesagt: Die Marke hilft dabei wenig – doch sie verhindert auch nicht viel. Aber Handlungen auslösen ist eine Disziplin, mit der man herausragende Resultate erreichen kann – und das relativ unabhängig von einer Marke.

Zurück zum Beispiel Premium-Nähmaschinen: Der Kommunikation konnten wir eine instrumentale Aufgabe zuweisen: Personen der Zielgruppe an den *Point of Sale* zu bringen (= erstes Etappenziel), dort die Kaufbereitschaft, die beim Betreten des Ladengeschäfts nur minimal gegeben war, zu stimulieren (= zweites Etappenziel), bis hin zum Dialog mit dem Verkäufer (= drittes Etappenziel). Dieser hatte die Kundin in die nötige Kaufstimmung zu befördern, hatte ein Angebot zu unterbreiten ... und den Kauf abzuschließen (= finales Ziel). Die Leistung dieser instrumentellen Kommunikation lasen wir ab an der Zahl der Personen, die über die Schwelle traten (Kundenfrequenz), an der Anzahl der Kontakte mit dem Produkt, also Produktvorführungen (*Conversion* 1) und an der Zahl der Verkaufsgespräche (*Conversion* 2). Die Kundenfrequenz konnten wir rund verzehnfachen mit einer Kommunikationsform, die sich strikt auf die Handlungsauslösung konzentrierte. Die Produktkontakte konnten wir etwa verfünffachen, und die Zahl der Kaufhandlungen erhöhten sich um mehr als den Faktor 2.

Dieser Kommunikationsform, die wir als „handlungsauslösend" bezeichnen, habe ich mich in der Folge angenommen und sie in den folgenden Jahrzehnten verfeinert. Dabei hatte ich Gelegenheit, die pur auf Handlungsauslösung abzielende Kommunikation auf die unterschiedlichsten Branchen und Industrien zu übertragen: auf die Automobilindustrie, später auch Banken und Versicherungen sowie Hersteller von klassischen Markenartikeln wie Waschpulver, Kosmetik und *Packaged Food,* und immer wieder für den Einzelhandel, also für Einzelhandelsketten, Warenhäuser und Supermärkte.

Unsere Kunden waren ausreichend versorgt mit Beratern und Agenturen für das *Branding*. Meistens hatten sie das letzte *Re-Branding* soeben hinter sich gebracht. Mit *Branding* hat man, auf hohem Niveau, die letzten Opportunitäten ausgeschöpft. Aber mit handlungsauslösender Werbung konnte man etwas bewegen, und auch in festgefahrenen Märkten gelangen Durchbrüche. Das fasziniert.

Und doch ruft das nach einer Erklärung. Wie kommt es, dass Imagekampagnen Lorbeeren in der Marketing-Szene bringen und doch kaum noch Veränderungen an der Marktfront herbeiführen können? Wie kommt es, dass sich *Zara* – erklärtermaßen ohne Werbung – zum Marktführer der Branche aufschwingen kann? Wie schafft es *Google* auf den vordersten Rang in der Liste der stärksten

Brands, obwohl die Gründer sich kaum je über ihren *Brand* ernsthaft Gedanken gemacht haben – dafür umso mehr, die beste Suchmaschine der Welt auszutüfteln? Offenbar gibt es Faktoren im Markt, von denen man nicht viel spricht, die aber Durchbrüche möglich machen.

Da öffnet sich ein Feld für die Forschung: Wie kommen Kaufhandlungen zustande, und was läuft im Vorfeld von Kaufhandlungen ab? Die Prozesse der Kaufentstehung interessieren uns. Wo haben sie ihren Ursprung? Wie kamen sie in Bewegung, welche Faktoren können Kaufprozesse fördern und beschleunigen? Und was sind die Hemmer, die dem Fortgang im Wege stehen?

Wir sprechen von der *Kaufprozessforschung*. Diese benötigen wir als Grundlage für effizientes Marketing.

1.2 Mit Forschung dem Käufer auf die Spur kommen

Mit der Erforschung von Kaufprozessen haben wir in meiner Kommunikationsagentur schon in den Achtzigerjahren begonnen. Wir haben konkrete Kaufakte ins Visier genommen, zum Beispiel den Kauf von Wohneinrichtungsgegenständen (Möbel) oder den Kauf von Produkten des täglichen Bedarfs in einem Retail-Kanal (Waschpulver). Wir fassen jeweils das letzte Glied in der Prozesskette ins Auge: den Kaufakt, der *real* stattgefunden hat und den wir soeben jetzt beobachtet haben. Von diesem Kaufakt schlagen wir den Bogen zurück bis zum Ursprung. Die *allerersten* Erfahrungen, Ereignisse und Antriebe interessieren uns, welche seinerzeit die erste Kaufhandlung in der betreffenden Produktkategorie zur Folge hatten. Das liegt alles meist weit in der Vergangenheit zurück. Und dann interessieren die auf die erste Kaufhandlung folgenden Erfahrungen der Konsumenten und die daran sich anschließenden Wiederkäufe und so weiter und so fort, bis wir in der Gegenwart angelangt sind – dem erwähnten, soeben erfolgten Kaufakt.

Unsere Methode ist *induktiv* und zwar rigoros: Hypothesenfrei beobachten wir das Geschehen. Oder, wenn die Beobachtung aus praktischen Gründen nicht möglich ist, erzeugen wir den freien Erzählfluss beim Käufer – ohne Fragen zu stellen, nur mit der Aufmunterung, das Geschehen konkret und sehr, sehr detailliert zu schildern.[2] Die *ganze Episode* wollen wir vom Konsumenten hören, vom ersten Anstoß in der Vergangenheit bis zur Kaufhandlung im Jetzt.

---

2   Zur Methodik im Detail, die wir als Verhaltensanalyse" bezeichnen, siehe Abschnitt 2.5.

Mit diesem Verfahren wird die Prozesskette sichtbar. Die Prozessglieder sind die Handlungen. Wir erkennen so die Handlungsabfolge, wie sie sich wirklich ereignet hat, in einer sehr hohen Auflösung. Es werden nun alle Faktoren, die den Prozess in irgendeiner Weise *gefördert* haben, sichtbar: äußere Faktoren in der Situation oder innere Zustände des betreffenden Menschen. Außerdem werden die Faktoren sichtbar, die den Prozess blockiert haben, die *Hemmer*.

Mittlerweile haben wir rund 170 solcher Kaufprozessanalysen durchführen können. Wir haben sogenannte *High-Involvement*-Produkte untersucht wie Automobile, Reisen und Unterhaltungselektronik. Auch zahlreiche Produkte von Finanzdienstleistern waren darunter wie Geldanlagen, Privatkredite, Kreditkarten, Versicherungen und Versicherungen im Direktvertrieb. Ebenso verschiedene *Fast Moving Goods*: Snacks, *Convenience Food*, tägliche Einkäufe für den Haushalt, Hautcreme, Zahnpflegeprodukte und Bekleidung für Teenager. Auch Produkte im *B-to-B* wurden erforscht: das Beschaffen von IT-Lösungen in KMUs, Versicherungslösungen für große Unternehmen oder das Rezeptieren von Medikamenten durch Ärzte. Etwa ein Dutzend solcher Kaufprozessanalysen habe ich im Einzelnen bereits an anderer Stelle dargestellt.[3]

1.3 Der *Brand:* Welche Rolle spielt er in Kaufprozessen?

Die Ergebnisse solcher Kaufprozessanalysen sind deshalb spannend, weil sie die kauffördernden Faktoren *konkret*, sehr anschaulich und vollständig hervortreten lassen. Sie sind als Einzelfälle lesbar – ohne vorgefasste Kategorisierung und nicht von der Theorie geleitet.

Man kann die festgestellten Faktoren in Kategorien einteilen, wenn man möchte. Allerdings werden aus dieser ursprünglichen Sichtweise andere Kategorien hervorspringen als diejenigen, die uns die Schulbücher des Marketings lehren. Auch können wir nun – nachdem die kauffördernden Faktoren einzeln ans Licht gekommen sind – uns umschauen und zum Beispiel all jene zusammenbündeln, die das Schulbuch als dem Faktor „Brand" zugehörig bezeichnen würde. Wir werden also mit einer Kaufprozessanalyse die Spuren des „Brand" aufdecken: Wo hat er eingewirkt auf den Fortgang des Prozesses? In welcher Weise hat er den Prozess gefördert oder in eine bestimmte Richtung gelenkt? Oder war der *Brand* gar hinderlich?

---

3   Siehe dazu Rutschmann (2005).

Tatsächlich finden wir entlang der Prozesskette Spuren von dem, was man als *Brand* bezeichnet. Den Brand finden wir abgebildet, wobei er an mehreren Prozessstellen in Erscheinung treten kann. Häufig stellt man fest, dass an einer bestimmten Prozessstelle nur ein ganz *spezifischer Aspekt* dieses *Brands* hervortritt. Bestimmte Eigenschaften des *Brands* stellen sich in den Vordergrund und werden hier wirksam, während sich in darauffolgenden Prozessphasen ein ganz anderer Aspekt ein und desselben *Brands* bemerkbar macht, und kurz vor der Kaufhandlung drängt sich wieder ein anderer Aspekt in den Vordergrund.[4]

Wenn wir nun im Zuge einer Kaufprozessanalyse die Existenz eines *Brands* festgestellt haben, dann könnten sich folgende Fragen stellen: *Inwieweit* hat der *Brand* den Prozess beschleunigend oder bremsend beeinflusst? An welcher Prozessstelle ganz genau? *Welcher Aspekt* dieses *Brands* ist hier ins Spiel gekommen? Und weiter: Im Zusammenspiel mit welchen *weiteren Faktoren* erzeugt der *Brand* erst einen Schub? Wir können dann den tatsächlichen Beitrag dieses *Brands* erkennen und sehen, wie weit er den Kaufprozess wirklich gefördert hat.

Ganz gelassen können wir uns nun mit der Frage beschäftigen: Wie ist dieser kauffördernde *Brand* entstanden? Ist er durch eine Werbekampagne erzeugt worden? Ist er überhaupt Resultat absichtsvollen unternehmerischen Handelns? Oder haben wir bloß einen „systemischen Effekt" vor uns liegen? Dies würde bedeuten, dass sich auf Seiten des Marktes gewisse Verstärker gefunden haben, die diesen *Brand* rückkoppelnd – gleichsam als Nebeneffekt – beeinflusst haben. Wenn sich Konsumenten gegenseitig „anstecken" mit Konzepten, Produkten oder Moden, haben wir es mit solchen systemischen Effekten zu tun.

Nicht selten treffen wir den Umstand an, dass der *Brand* das Resultat früherer Kauferfahrung durch den Konsumenten ist oder das Resultat von Erfahrungen während des Konsums des Produktes. Damit ist die *Entstehungsgeschichte* dieser unter dem Dachbegriff „*Brand*" gebündelten Faktoren sehr aufschlussreich und wird den Marketingpraktiker ganz besonders interessieren. Denn man sieht sogleich: Wäre es zum Beispiel so, dass dieser *Brand* sich tatsächlich als eine *Folge* einer vorangegangenen Kauferfahrung herausstellen würde, dann müssten wir im Marketing nachdenken. Der *Brand* eine Folge von Kaufakten – und nicht umgekehrt? Das würde im klassischen Marketing vieles auf den Kopf stellen.

---

4   Siehe Beispiel in Abschnitt 4.6.1.

1.4 Marketing *bottom-up* ist anders

Jetzt zurück zu unserer eigenen Anschauung, zur Alltagserfahrung und zum gesunden Menschenverstand, dem wir eine bedeutende Rolle beimessen. *Nachdem* wir eine Kaufprozessanalyse durchgeführt und die Ergebnisse in einem Unternehmen präsentiert haben, stellen wir wiederholt fest, dass die Menschen, die vor den Ergebnissen stehen, sagen: Eigentlich (ist man nachträglich geneigt zu sagen) entsprechen die Befunde dem gesunden Menschenverstand und dem, was wir an uns selbst beobachten. Aber dann gibt es doch auch die Theorie, die besagt, dass ... und Universitäten lehren doch, dass ... und unsere Fachexperten meinen doch, dass ...

Die Ergebnisse unserer empirischen Kaufprozessforschung weichen in vielen Punkten nicht von dem ab, was die eigene Anschauung uns auch gesagt *hätte* – wenn wir denn ihr vertrauten. Ganz anders verhält es sich mit den Schlussfolgerungen: Was nach gewonnener Gewissheit aufgrund einer zuvor durchgeführten Kaufprozessforschung dann *getan* wird, weicht von dem ab, was man getan hätte und was man landläufig im Marketing macht. Denn Marketing – wie es real praktiziert wird – ist sehr viel mehr von Denkgewohnheiten geleitet als wir gemeinhin annehmen, und von Glaubenssätzen, die man selten hinterfragt.

Hier setzt die empirische Kaufprozessforschung ein – und sie kann etwas im Unternehmen bewegen. Sie zeigt auf, wie die Prozesse im Markt verlaufen. Sie tut dies nachvollziehbar und ist – weil sie wirkliches Verhalten von Konsumenten als Grundlage nimmt – *prima vista* überzeugend.

Und darum geht es: dem Konsumenten auf die Spur zu kommen, wie er wirklich kauft. Und zu erkennen, wie der Unternehmer oder der Marketer diese Kaufprozesse aus der Sicht der kaufenden Menschen fördern kann.

Wir nennen dieses Marketing „Kaufprozess-orientiertes Marketing".

2. Alte Theorie – neue Theorie

Wenn wir die Sicht des kaufenden Konsumenten einnehmen, erscheint Marketing als eine bodenständige Disziplin mit einer leicht erkennbaren Aufgabe: Einerseits soll Marketing dem Kunden das Kaufen erleichtern. Andererseits soll es den Weg ebnen, damit *mehr* Kunden beim Akt des Kaufens ankommen: beim Kauf jenes Produktes, um das es dem Marketer eines Unternehmens geht.

So einfach stellt sich Marketing uns dar, wenn wir den Gesichtspunkt des kaufenden Konsumenten einnehmen. Um vieles komplizierter erscheint uns Marketing aus dem Blickwinkel der Theorie. Hier gleicht Marketing eher einem Flickenteppich, der sich vor uns ausbreitet. Viele Theorien treffen zusammen oder werden notdürftig zusammengehalten unter einem Begriff, der „Marketing" heißt. Auf diesem Teppich findet man Theorieflecken, wo exakte Empirie angewendet wird (die Marktforschung zählt sich dazu), es gibt mathematische Modelle (z.B. die Modelle der Preisgestaltung), und es gibt die großen Felder, wo Faustregeln angewendet werden und der gesunde Menschenverstand vorherrscht (wenn es z.B. um Distributionsfragen und Kanalwahl geht). Partialtheorien unterschiedlichster Art und (wissenschaftlicher) Herkunft sind miteinander verwoben.

2.1 Die Theorie der Markenführung stellt sich ins Zentrum

Ziemlich genau im Zentrum dieses Flickenteppichs finden wir aber eine Modellvorstellung, die sich übers ganze Marketing zieht und zahlreiche Partialtheorien umrandet: Es ist die „Theorie der Markenführung", oder wie wir es eben abgekürzt nennen: das *Branding*.

Dieses *Branding* hat viele Facetten. Einmal findet man die quantitativen Ausprägungen, wobei Marken in einem euklidischen Raum positioniert werden. Die Dimensionen, die diesen Raum beschreiben, stehen für wahrgenommene Eigenschaften der Marken, weshalb man von „psychologischen Landkarten" spricht, auf denen man Marken ortet. Daneben gibt es die ganzheitlich-psychologischen Ansätze: Hier werden viele Metaphern benutzt – es wird beispielsweise von der „Markenpersönlichkeit" gesprochen. Und nicht weit entfernt sind wir von den „Identifikationswelten", die das Marketing verspricht: Überschwänglich postuliert man, dass sich der Konsument identifiziere, eins werde mit einer Marke. Und wenn dies viele tun, spricht man von einer „Kultmarke". Menschen aus der Werbewelt identifizieren sich vor allem mit solchen Welten. Sie schwärmen von Kultmarken. Sie übersehen dabei, dass es sich um Einzelfälle handelt, die unter ganz bestimmten Randbedingungen möglich wurden. Nur in Ausnahmefällen ist eine Kultmarke das Ergebnis von planmäßigem Vorgehen und absichtsvollem Handeln. Ein großer Verschleiß von Geld und Energie bei den Nacheiferern ist hingegen weniger der Ausnahmefall.

Auch treffen wir auf esoterische Ausprägungen von *Branding*: Bekenntnisse hört man, begleitet von Äußerungen, die die Über-alles-Bedeutung der Marke beschwören: „Wir *glauben*, dass die Marke… eine wichtige Rolle spielt; wir sind *überzeugt*, dass sie an Bedeutung gewinnen wird; eine Renaissance der Marke steht bevor." Und Verheißungen für die Zukunft folgen.

Pathetisch überhöht werden die Töne mitunter, wenn Marketers über ihre Marken sprechen. Es bleibt aber nicht nur bei einem Bekenntnis, sondern hat Folgen für das Unternehmen: „Wenn wir nur erst den *Brand* richtig (klarer, neu, anders) positioniert haben, dann werden die Umsätze schon kommen", hofft man, und man investiert und vertraut auf die nächste *Branding*-Kampagne und hofft, dass sie greift. Man wartet.

2.2 Worum geht es beim *Branding*?

Was ist der Kern dieser Theorien, die den *Brand* in den Mittelpunkt stellen? Wenn wir uns an eine empirische Auffassung von Anhängern des *Brandings* halten, in der es um Aussagen über Ursachen und Wirkung geht, können wir den gemeinsamen Kern etwa wie folgt fassen:

> Der Konsument *entscheide* sich für ein Produkt – eine Marke –, indem er im Kopfe die Vorzüge der verschiedenen Marken ebenso wie die sachlich-funktionalen und emotionalen Eigenschaften abwäge und diese gewissermaßen *verrechne*. Daraus gehe der Entschluss hervor, diese oder jene Marke zu kaufen.

Im *Kopf* des Konsumenten findet also ein Abwägen der Vorzüge der verschiedenen Marken statt. Oder dieses Abwägen findet im *Herzen* statt, wenn wir die emotionalen Aspekte in den Vordergrund stellen möchten. Jedenfalls *wähle* der Konsument eine Marke *innerlich*, aufgrund einer „Vorstellung", die er sich vom Produkt und seiner Eigenschaften macht aufgrund des *„Image"* . Und weiter geht's: Das Abwägen resultiere in einem „Wahlentscheid" zu Gunsten einer Marke – gemäß der *Brand*-Theorie. Und dann schreite der Konsument hin, und er kaufe …

2.3 Was schön wäre – aber keinesfalls feststeht

In dem Modell des *Brandings* gibt es *drei Komponenten*, die tragend sind für den Ressourceneinsatz, den man daraus ableitet, und die für den Erfolg der Marketingmaßnahmen kritisch sind. Wir sollten uns diese drei Komponenten genauer ansehen und nicht einfach so übernehmen:

1. Sind diese vom Konsumenten perzipierten Eigenschaften – das *Vorstellungsbild* – tatsächlich der Stellhebel, um die Kaufbereitschaft zu erhöhen? Ist es richtig, mit Kommunikationsmaßnahmen auf diese perzipierten Eigenschaften eines Produktes einzuwirken? Im klassischen Branding würde man das uneingeschränkt mit *Ja!* beantworten. Dort geht man davon aus, dass der Konsument, wenn bei ihm ein Kauf ansteht, die Eigenschaften seines Kaufobjektes abschätzt. Damit beginnt eine Art Evaluation, und er bewertet dann irgendwie die perzipierten Eigenschaften, nämlich anhand seiner Bedürfnisse, seiner Wertvorstellungen und Ähnliches. Diese *verrechnet* er schließlich, um so zu einem Gesamturteil zu gelangen. So lautet das logische Kalkül hinter dem *Branding*.

   Jede Branding-Kommunikation vertritt die Grundauffassung, dass man dieses Gesamturteil beeinflussen kann, indem man auf die perzipierten Eigenschaften bzw. das Vorstellungsbild oder das sogenannte *Image* einwirkt. Damit werden die Ressourcen gerechtfertigt, die man einsetzt, um das *Image* in die gewünschte Position zu rücken.

Intuitiv scheint das plausibel zu sein – so plausibel wie das Modell des *Homo Oeconomicus*. Unternehmer scheinen davon aber nicht mehr durchwegs überzeugt zu sein. Sie zögern nicht selten, wenn sie große Budgets für die Image-Kommunikation gutheißen sollten und stellen den Nutzen in Frage. Und die empirische Forschung scheint diese Zweifel zu stützen.[5] Die Entwicklungen ähneln zurzeit

---

5 Die Forschungsergebnisse in der Sozialpsychologie und in der Kommunikationsforschung sind hier angesprochen sowie unsere eigene Forschung, die sich auf Kaufprozesse richtet.

jenen, die gegenwärtig in der klassischen Ökonomie stattfinden: Dort wird das so selbstevidente Modell des *Homo Oeconomicus* stückweise widerlegt. Darauf wird noch einzugehen sein.

Vorerst wollen wir auf die zweite und die dritte Komponente hinweisen. Sie fließen ebenfalls als Grundannahmen in das Modell des *Brandings* ein, allerdings eher *implizit*:

2. Stillschweigend wird davon ausgegangen, dass, als Folge von irgendwie verrechneten perzipierten Eigenschaften, ein „Wahlentscheid" hervorgeht. Der Konsument wählt das ihm als am vorteilhaftesten scheinende Produkt, woraus eine (innere) Festlegung des Konsumenten entsteht, eine „Geneigtheit", wie wir sie nennen wollen, diese oder jene Marke zu kaufen. Es bleibt also nicht nur bei einem Urteil, sondern es tritt eine affektive Komponente hinzu und erzeugt eine Dynamik. Von der *Kognition* hin zum *Affekt*, wie sich der Psychologe ausdrücken würde.

Intuitiv scheint auch das richtig zu sein: Der Konsument *wählt* das vorteilhafteste Produkt, woraus dann eben die erwähnte Geneigtheit entsteht. Ob das aber zutrifft, ob Kaufentscheide heute noch nach dieser Modelllogik erfolgen, ob es überhaupt noch zutreffend ist, von „entscheiden" zu sprechen, das möchten wir mindestens in Frage stellen. Denn, das nehme ich hier vorweg, es könnte durchaus sein, dass zu Beginn eines Prozesses der Konsument einen Anstoß empfängt, es zum Schluss zu einer Kaufhandlung kommt, ohne dass ein Abwägen stattgefunden hat.[6]

3. In der dritten Annahme vertraut man darauf, dass der Konsument dies auch *tue,* dass er die Geneigtheit umsetze und er hingehe und kaufe – vom Affekt zur Motorik.

Auch die dritte Annahme scheint plausibel, wenn nur die *Zeit* nicht wäre ... Denn die Zeit, die verfließt zwischen Geneigtheit und der ausführenden Handlung, sie macht nicht selten einen Strich durch die Rechnung. Und der *Raum*, den es zu durchschreiten gilt bis ein Wahlentscheid ausgeführt werden kann und eine Geneigtheit zum Tragen kommt am *Point of Sales*, hält manche Überraschung bereit.

---

6 Siehe Kapitel 3.

Lassen Sie es mich so ausdrücken: Die Theorie der Markenführung hat die Natur von einem *Kalkül*: Es wird davon ausgegangen, dass eine bestimmte Ausprägung von Parametern automatisch immer in einem bestimmten Output resultiere, hier im Entscheid bzw. im Kauf eines Produktes. Das Kalkül *komprimiert* das Geschehen künstlich auf einen Zeitpunkt.

Man kann nun sagen, dieses Reduzieren sei legitim: Die Wirklichkeit werde vereinfacht in einem Modell, damit die Dinge überschaubar werden. Aber was, wenn die Zeitdimension immer wichtiger wird? Also, wenn zwischen Wahlentscheid und seiner Ausführung – der Konsument schreitet hin, um das Produkt zu kaufen – immer häufiger „Störfaktoren" auftreten? Und diese Faktoren zur Folge haben, dass nicht das gekauft wird, wozu man zu früherem Zeitpunkt „geneigt" war?

Mit anderen Worten: Wenn das *Branding*-Modell nicht mehr richtig *prognostizieren* kann, was der Konsument „am Ende des Tages" kauft, dann muss diese Zeitdimension wieder hervorgeholt werden. Sie hat einzufließen in ein Modell, und mit ihr auch der Raum, den der Konsument durchschreitet. Man ist gehalten, die Störfaktoren aufzudecken, die sich aufstellen auf dem Weg zwischen dem (inneren) Wahlentscheid und dem Akt des Kaufens. Vielleicht kann man ja mit diesen „Störfaktoren" umgehen und sie zu Freunden machen?

Es ist offensichtlich, dass wir die verflossene Zeit und im gleichen Zug die Wegstrecke, die der Konsument zurücklegt, in die Betrachtung mit einbeziehen sollten, dazu sind keine modelltheoretischen Erörterungen notwendig. Das sagt uns schon der gesunde Menschenverstand. Wir wissen doch, was sich einem so alles in den Weg stellen kann zwischen Vorsatz und Ausführung, wie sich Prioritäten verschieben können von einem Moment auf den anderen – zumal wenn es um Dinge geht, die so wichtig für uns auch nicht sind. Wir wissen doch, wie unsere Gedanken plötzlich von einer ganz anderen Lebenssphäre in Beschlag genommen werden können. Und wir haben oft genug erfahren, wie sich Dinge aufreihen entlang des Weges, den wir abschreiten und uns überraschen können. Neues treffen wir unterwegs an; Reize lenken uns ab; Anstöße können uns vom Weg abbringen. Intuitiv wissen wir, wie das Leben so spielt.

Im klassischen Marketing, dessen Kern die These der Markenführung ist, werden allenfalls auftretende Störfaktoren auf dem Weg zum Kauf ignoriert. Man geht von der stillen Hoffnung aus, dass dem Produkt, um das es geht, eine so starke Ausstrahlungskraft innewohne und es so viel Begehrlichkeit erzeuge beim Konsumenten, dass dieser nicht anders könne, als es zu kaufen. Nichts werde sich ihm noch in den Weg stellen – er werde seine seinerzeitige Absicht durchsetzen, denn so begehrlich sei das Ziel …

Vor allem diese dritte Annahme, dass eine einmal aufgetauchte Geneigtheit zu kaufen sich auch durchsetze, können wir so nicht einfach als gegeben hinnehmen. Die Reize, auf die der Konsument „unterwegs" trifft, sind zu zahlreich, zu vielfältig und zu verführerisch. Und die Gemütslage des Konsumenten ist alles andere als stabil. Sie steht unter dem Einfluss des Augenblicks, gibt der Ablenkung nach und so weiter. Kurz: Das Gemüt ist zu sprunghaft, als dass sich eine allenfalls bestandene Präferenz auch in dem Augenblick durchzusetzen vermag, wenn es ums Handeln geht.

Branding ist eine auf einen Zeitpunkt komprimierte Disposition, also eine reine Abstraktion, ein *Artefakt*, den man so in der Realität nicht vorfindet. Ein Modell, das die Zeit und den Raum zwischen einem Wahlentscheid und dessen Ausführung nicht einbezieht, greift zu kurz.

2.4 Die Theorie der Markenführung umgehen wir mit einer neuen Sicht auf das Kaufverhalten

Welchen Weg schlagen wir ein, um das Verhalten des Konsumenten angemessen abzubilden, dass es mit der Wirklichkeit übereinstimmt? Und wie schaffen wir es, dass sich die „Interventionspunkte" offenbaren, jene Stellen im Prozess, an denen ein Unternehmen ins Geschehen eingreifen kann, um den Konsumenten zum Kaufen hinzuführen.

Wir haben bereits mit dem Modell der Markenführung drei Hypothesen ausgemacht, die mehr oder weniger explizit ins Modell eingeflossen sind und tragend sind für Schlüsse, die man daraus zieht – insbesondere für den Mitteleinsatz der Kommunikation:

(1) Die vom Konsumenten perzipierten Eigenschaften stehen im Zentrum: Auf sie kann man mit Maßnahmen des Marketings einwirken, woraus (2) ein innerer Wahlentscheid hervorgeht und eine Geneigtheit, dieses Produkt zu kaufen. Und (3) die Geneigtheit setzt sich dann auch durch, das Produkt wird gekauft.

Wie gehen wir mit diesen drei Hypothesen um? Zunächst vermuten wir, dass es sich *nicht* um Hypothesen mit einem überprüfbaren Gehalt handelt. Die Versuche, die „Hypothesen" zu überprüfen, scheinen zu zaghaft, zu aufgesetzt und nicht ernsthaft die Vermutung hinterfragend, wie man in der Fachliteratur nachlesen kann.[7] Viel eher sollte man die „Hypothesen" als *Axiome* ansprechen: *A priori* geht man nämlich davon aus, dass der Konsument aufgrund von perzipierten Eigenschaften eines Produktes abwägt, und dass er folgerichtig handelt, nämlich rational. Dass die Wirklichkeit damit nicht übereinstimmt, das wissen die Praktiker aus dem Verkauf längst – und auch Nobelpreisträger und Koryphäen aus der Wissenschaft, die sich mit Ökonomie befassen wie Reinhard Selten, Vernon Smith. Aber auch Robert J. Shiller, Richard Thaler und die beiden Zürcher Ökonomen Bruno Frey und Ernst Fehr sind zu diesem Schluss gekommen.

Daher lassen wir die Hypothesen fallen, alle drei. Und wir fügen *keine* neue Hypothese ein. Hingegen messen wir der Dimension *Zeit* eine wichtige Rolle zu, und dem *Raum*, den der Konsument abschreitet, bis er kauft. Und wir sind hellhörig für *äußere Faktoren*, denen der Konsument auf diesem Weg begegnet. Es sind Faktoren, die im jeweiligen Augenblick eine Wirkung erzeugen können. Dies muss sich aber im Einzelfall weisen.

Nebst den genannten äußeren Faktoren sind stets auch innere Bedingtheiten anzunehmen. Dispositionen, die den Konsumenten geneigt machen, so oder anders in einer gegebenen Situation zu reagieren. Diese inneren Bedingtheiten wollen wir aber, soweit das nur geht, auch wieder auf äußere Faktoren zurückführen, nämlich auf Gegebenheiten in der Außenwelt, die vielleicht zu einem früheren Zeitpunkt wirksam wurden und diese innere Bedingtheit erzeugt hatten.

Wir haben eine Vorliebe, das Verhalten des Konsumenten aufgrund äußerer Faktoren zu verstehen, weil dies zu weiten Teilen auch gelingt und weil wir uns damit auf sicherem Terrain bewegen. Man kann die äußeren Faktoren gut feststellen und – für die Praxis wichtig – man kann diese äußeren Faktoren im gegebenen Fall auch mit Maßnahmen *manipulieren*, die einem Unternehmen zur Verfügung stehen.

Vereinfacht gesagt fassen wir das Geschehen als einen *Prozess* auf, und wir versuchen, dieses Prozessgeschehen in seiner *gesamten Ausdehnung* zu erfassen: vom allerersten Anstoß einschließlich der Vorerfahrung, die der Konsument schon

---

7 Beispielsweise wenn auf Korrelationen abgestellt wird, die zwischen angesehenem *Brand* und dem Unternehmenserfolg teilweise festgestellt werden können, ohne dass Drittfaktoren zur Erklärung herbeigezogen werden und ohne die Kausalitäten herauszuarbeiten, welche, so ist zu vermuten, nicht selten rückwärts fließen: Unternehmenserfolg führt zu einer höheren Dosis an Werbung, während der Erfolg auf anderen Faktoren beruht.

in seinem „Gepäck" mitbringt, wenn er den ersten Anstoß verspürt, und weiter über alle Wegetappen (einschließlich der Unterbrechungen, der Pausen und des Wieder-Aktivierens des Prozesses) bis er zum Abschluss kommt am *Point of Sale*.

2.5 Gesucht: Eine offene Modelllogik

Nicht Hypothesen stellen wir voran, sondern eine *Modelllogik*. Sie gestattet, die Vielfalt, die wir in der Wirklichkeit vorfinden, einzuordnen und überblickbar zu machen. Erst dieses Vorgehen kann an *Regelmäßigkeiten* heranführen, an auffällige Muster, die im Prozessverlauf hervortreten, die sich wiederholen und nützlich sind für Anwendungen im Marketing. Wir nennen die Modelllogik, die wir hier anwenden, die „Handlungssicht": Wir stellen Handlungen fest, die sich aneinanderreihen. Und bei jedem Handlungsglied können wir die Einflussfaktoren identifizieren, welche die betreffende Handlung determinieren, sie begünstigen oder sie hemmen.

Auf diese Modelllogik abgestimmt stellen wir eine *Methode der Datenerhebung* vor, die wir „Verhaltensanalyse" nennen. Die Verhaltensanalyse gestattet, die Kaufprozesse in der Wirklichkeit des Marktes in Erfahrung zu bringen, sie dort zu beobachten oder sie nacherzählen zu lassen, und sie dann abzubilden in einem Modell. Dieses Modell ist anschaulich. Wir können es nach „Schlüsselstellen" absuchen, nach Faktoren, die wir beeinflussen können und die einen Hebeleffekt erzeugen auf die letzte Handlung hin, auf die es uns ankommt: in der Regel der Kauf.

2.6 Losgelöst von der Theorie: Wie Menschen wirklich kaufen

Wenn wir uns lösen von allen theoretischen Vorstellungen und wir unvoreingenommen auf die Vorgänge des Kaufens blicken, dann springt uns zunächst der *Kaufakt* ins Auge: Ein Mensch fährt seinen rechten Arm aus und greift mit der Hand ins Regal, nimmt das Produkt, legt es in den Einkaufswagen und schreitet zur Kasse. Oder er öffnet den Füllhalter und unterschreibt den Vertrag einer Versicherung, welchen ihm der Verkaufsberater eben zugeschoben hat. Der Kaufakt ist der letzte Punkt eines Vorgangs, dessen Ursprung unter Umständen weit zurückliegt.

Theoretisch könnte der Vorgang zurückverfolgt werden bis in die frühe Kindheit, wenn man alle Erfahrungen, Erinnerungen usw. aufrollen würde. Wenn wir nicht so weit in die Vergangenheit eintauchen, dann können wir den unmittelbaren Ursprung vielleicht am Vorabend der Kaufhandlung orten, als die Konsumentin den Kühlschrank öffnete und feststellte, dass die Joghurts am Ausgehen waren und sie das auf ihrem Einkaufszettel notierte. Oder man ortet den unmittelbaren Ursprung in der Schauauslage beim Eingang ins Warenhaus, die einen Anreiz auslöste, die Konsumentin zum Eintreten verleitete und dann eine Kaufhandlung nach sich zog, die nicht vorgesehen gewesen war.

Wir bezeichnen das, was dem Kaufakt vorangeht, als einen Prozess. Es ist der Prozess der *Kaufentstehung*. Der Ursprung dieses Prozesses kann weit in die Vergangenheit zurückreichen. Es ist lediglich eine Frage des „In-Erfahrung-Bringen-*Könnens*", wie weit es einem gelingt, den Prozess zurückzuverfolgen bis zu seinem Ursprung: Kann sich ein Konsument erinnern und darüber berichten? Oder gibt es andere Methoden, wie man den Prozess aufrollen kann bis zurück zur allerersten Ursache, den ersten aufkeimenden Bedürfnissen, den Erfahrungen im Elternhaus mit der betreffenden Produktkategorie und die darauf folgenden Erfahrungen mit dem Einkaufen oder dem Konsumieren. Die Methode der Beobachtung scheitert in der Regel an der Machbarkeit. Man ist auf das Erinnerungsvermögen des Käufers angewiesen und auf Techniken der Gesprächsführung, die dem Erinnern auf die Sprünge helfen können. *Dass* es lange und vielgliedrige Ursache-Wirkungs-Ketten gibt, ist offensichtlich. *Wie* man sie aber in Erfahrung bringen kann, ist dagegen nicht ganz klar.

2.7 Kaufprozesse – einfach erklärt

Auch eine logische Struktur solcher Prozesse kann man sich leicht zurechtlegen. Wir benutzen hier die folgenden einfachen Kategorien:

Zunächst sind es Konstellationen im Umfeld des betreffenden Menschen, innere Regungen oder innere Antriebe, die einen Schub auf den Prozess gegeben haben. Der Prozess kommt in Bewegung. Es setzen dann Wahrnehmungen ein über Auge, Ohr und andere Sinnesorgane und Erfahrungen am „eigenen Leib", die mit dem Prozess einhergehen und die ihre Spuren im Erfahrungsgedächtnis des Menschen hinterlassen. Dies dauert an, bis wieder eine *neue* innere Disposition daraus hervorgeht oder neue äußere Einflüsse ins Spiel kommen und den Prozess vorantreiben bis zu dem Punkt, an dem der Konsument kauft (oder eben nicht kauft). Der Prozess findet damit seinen (vorläufigen) Abschluss.

Die Prozesskette ist lang, und die Einflüsse sind vielfältig. Es gibt *äußere* Einflüsse und *innere* Beweggründe. Auf diese Einflüsse und Beweggründe folgen Handlungen, die wiederum zu Erfahrungen führen usw. Es gibt auch über lange Strecken Pausen in den Prozessverläufen, und dann Momente, wo sie plötzlich reaktiviert werden.

Nun kommt eine weitere Charakteristik hinzu, die man sich unschwer vorstellen kann: Die Prozesse stehen in Wechselwirkung mit anderen Prozessen im Leben des betreffenden Menschen. Ein Beispiel soll das illustrieren: Eine Mutter hat an einem bestimmten Wochentag vor, die Einkäufe zu tätigen, aber es gilt auch, die Kinder zur Schule zu bringen. Am Tag darauf steht ein Geburtstag an, und es ist noch ein Geschenk zu beschaffen in der Buchhandlung, die aber vom üblichen Einkaufsort entfernt liegt. Und es spielt noch ein Weiterbildungsprojekt ins Tagesgeschehen hinein: Am Nachmittag möchte die Mutter den Italienischkurs besuchen. Zwischen diesen Prozessen gibt es Berührungspunkte, Kreuzungen und gegenseitige Beeinflussungen. Das gibt ein Bild, das den Gleisverläufen in einem großen Güterbahnhof ähnelt.

Die Frage stellt sich nun, wie wir die vielgestaltigen, vielgliedrigen und vielfach verknüpften Prozesse abbilden. Wie gelingt es, sie überschaubar zu machen, damit wir sie vergleichen können? Es geht um den Gesichtspunkt, unter dem wir dieses Prozessgeschehen abbilden. Wir halten uns an das, was wir als „Handlungssicht" bezeichnet haben. Unter dieser Sicht vereinfachen wir die Komplexität und reduzieren sie auf wenige Kategorien:

1. Wir stellen *Handlungen* des kaufenden Konsumenten durchaus greifbar fest – als Bewegung des Skelett- und Muskelapparates im Zeitverlauf. Hintereinander gereiht entstehen daraus die Handlungsketten, zeitliche Abfolgen von Handlungen, jeweils miteinander verschränkt, bis zur finalen Handlung, dem Kauf.

2. Vor jedem Glied in dieser Handlungskette können *Stimuli* festgestellt werden. Es sind Bedingungen im jeweiligen Umfeld an der entsprechenden Prozessstelle. Diese können den Handlungsfluss fördern oder ihn hemmen. Wir sprechen von Auslösern oder von Hemmern.

Das ist gewissermaßen die *Außenbetrachtung* des Geschehens. Man kann, wenn man es für zweckmäßig hält, auch eine *Innensicht* wählen: Wie fühlt sich der Mensch an der betreffenden Prozessstelle? Was denkt er, was treibt ihn usw.? Ob diese Innensicht zur Klärung beiträgt, ist abzuwägen. Ob sie allenfalls zur Vernebelung führt und eindeutigen Aussagen im Wege steht, ist pragmatisch und zweckmäßig zu bewerten. Wir kommen darauf noch genauer zu sprechen.

2.8 Unser Ansatz: Kaufprozess-orientiertes Marketing

Handlungen des Menschen – Kaufhandlungen eingeschlossen – kommen anders zustande als durch bloßes Abwägen von Vor- und Nachteilen. Aber wie? Darum geht es nun, *wie Menschen wirklich kaufen.*

Das Thema ist für die Praxis relevant, denn es hat für den Ressourceneinsatz im Marketing grundlegende Konsequenzen, und diese Ressourcen sind (vorsichtig ausgedrückt) erheblich, geht es doch um Werbekampagnen und um *Branding*-Maßnahmen. Es geht um Gelder, die massenweise in die Medien fließen. Das ist der praktische Teil dieses Buches.

Um die vorgelegten Thesen zu begründen, werden wir auch auf theoretische Aspekte des Marketings zu sprechen kommen. Denn es ist ja nicht so, dass die *Bottom-up*-Betrachtung – die Sicht vom Konsumenten her – theorielos vollzogen werden könnte. Schon die Festlegung, unter welchem Gesichtspunkt wir das Verhalten des Konsumenten abbilden, setzt gewisse theoretische Überlegungen und Entscheidungen voraus. Aber hier stehen induktive Festlegungen im Vordergrund: Wie klassifizieren wir beobachtetes Verhalten? Auf welche der beobachteten Merkmale stellen wir ab? Wie fein wählen wir den Auflösungsgrad und Ähnliches? Wir bleiben auf dem Boden der Erfahrung.

Hier ist die *Kernthese*, respektive der Thesensatz, um den in den weiteren Ausführungen alles kreist:

- Kaufen kann besser verstanden werden als ein Prozess, der Zeit benötigt und sich über Räume erstreckt. Und diese Zeiträume sind lang: Die Disposition zum Kaufen eines Produktes wächst in Tagen, oftmals in Monaten oder in Jahren heran. Bestimmte Umfeldfaktoren müssen zudem an den verschiedenen Prozessstellen gegeben sein, bis der Impuls zum Handeln sich durchsetzen kann, bis der Konsument hinschreitet, zum Produkt greift und es kauft.

- Zahlreiche „Gabelungspunkte" finden wir auf dieser langen Wegstrecke, auf der sich Verläufe verzweigen können. An diesen Gabelungspunkten spielt nicht nur das Produkt eine Rolle, an dessen Kauf bzw. Verkauf der Marketer interessiert ist, sondern es ist zum Beispiel das „Tagesprojekt", in das der Konsument eingespannt ist und welches den Prozessverlauf bestimmt. In diesem Tagesprojekt finden wir Pflichten, die der Konsument zu erfüllen hat, wir finden Zerstreuungen, denen er sich hingibt, und wir finden Gewohnheiten, die darüber bestimmen, welchen Weg der Konsument einschlägt – und welches Produkt er am Ende des Tages kauft.

- Der Prozess des Kaufens und der Kaufentstehung durchläuft zahlreiche Phasen mit unterschiedlichen Gestimmtheiten. Sie werden unterwegs wachgerufen, und sie wechseln sich ab entlang dem Prozessverlauf. Die Gestimmtheit, die *im Augenblick* vorherrscht, hat die Tendenz, sich durchzusetzen: Dies hat Folgen für den weiteren Verlauf des Prozesses und für dessen Ausgang, für die Kaufentscheidung des Kunden.

- Diesen Prozess zu verstehen, wie er beim einzelnen Menschen getrieben ist, ist eine Grundvoraussetzung, wenn man im Marketing Erfolg haben will. Es geht zunächst um Empathie, um die Fähigkeit, intuitiv nachvollziehen zu können, was das *Individuum bewegt* an den verschiedenen Prozessstellen oder was es blockiert. Und dann geht es aber auch darum, empirisch festzustellen, was wirklich abläuft beim einzelnen Menschen, um erhärtete Aussagen, die intersubjektiv überprüfbar sind.

- Und es geht ums *Quantifizieren*. Was läuft bei einer Mehrzahl von Individuen ab? Wie sehen die Prozessverläufe aus, wenn man sie *mengenmäßig* betrachtet? Gibt es *Mainstreams*, die es zu erkennen lohnen und dann zu lenken? Neue Forschungs-Tools kommen hier zur Anwendung.

- Schließlich wird es pragmatisch: Die Interventionspunkte müssen auf diesen Prozessverläufen ausgemacht werden: Es geht darum, jene Stellen aufzuspüren, an denen man als Unternehmen *etwas tun kann*, um den Prozessfluss zu lenken und zu beschleunigen. Es kommt für erfolgreiches Marketing darauf an, an genau diesen Interventionspunkten den Kunden mit den richtigen

Reizen zu bedienen, und zwar abgestimmt auf die Gestimmtheiten und die Handlungsbereitschaften, die wir an der jeweiligen Prozessstelle vorfinden (und nicht nur bei der finalen Kaufhandlung). Dieses Angebot an Reizen und Informationen kann von Phase zu Phase sehr unterschiedlich sein – ja, es *muss* es sogar sein, wenn man im Prozess erfolgreich intervenieren will.

3. Kaufprozesse unter dem Mikroskop

Kaufprozesse sind grundlegend für das Marketing. Und was am Ende der Prozesskette anfällt, setzen wir als ultimatives Ziel aller Bemühungen: Den potenziellen Kunden möchten wir an die Kaufhandlung geleiten – ein erstes Mal, und dann sicherstellen, dass er diese Handlung wiederholt und schließlich Weiteres aus unserem Angebot kauft.

Den Prozess des Kaufens wollen wir besser verstehen. Wir möchten wissen, *warum* der Konsument kauft, wir möchten die Bedingungen kennen, die gegeben sein müssen, damit eine Kaufhandlung anfällt. Mit anderen Worten: Es geht um *Kausalzusammenhänge,* die wir erkennen möchten. Wir wollen Aussagen gewinnen im Sinne „wenn/dann": *Wenn* wir diese oder jene Bedingungen herbeigeführt haben, *dann* bewegt sich der Prozess in eine vorher bestimmte Richtung. Abgestützt auf dieses Kausalwissen werden wir dann Marketingmaßnahmen konzipieren können, die wirksam sind und effizient im Sinne eines günstigen Kosten-Nutzen-Verhältnisses.

Die Kosten entstehen durch Maßnahmen, häufig durch Kommunikationsmaßnahmen; *Costs per Order* (CPO) nennen das die Versandhändler. Der Nutzen tritt ein durch die unmittelbare Kaufhandlung, die man herbeiführen konnte, sowie durch die zukünftigen Kaufhandlungen.[8]

3.1 Das Feld, das es zu untersuchen gilt

Unsere Anforderungen sind eng gefasst, der Gegenstand der Untersuchung ist hingegen breit und ambitiös. Wir wollen nicht nur Aussagen darüber machen, warum jemand eine bestimmte Joghurtmarke kauft und daraus Anleitungen ableiten für das Marketing von eben dieser Joghurtmarke. Wir suchen nach Aussagen, die *allgemeingültig* sind. Wir suchen nach Prinzipien, die wir anwenden können für das Marketing nicht nur von Joghurt, sondern auch von Microfaser-Putzlappen, Autoreifen, Kreditkarten oder von Anlageprodukten. Das Feld, das sich vor uns auftut, ist sehr *breit.*

---

8   Reinecke/Tomczak (2006), S. 269 ff.

Aber auch in der *Länge* stehen wir vor außergewöhnlichen Dimensionen. Denn Kaufakte, die wir im Jetzt beobachten, sind jeweils nur das letzte Glied einer sehr langen Prozesskette, die dem Akt des Kaufens vorausgegangen ist. Was ist als Ursache des Kaufaktes anzusprechen? Der Impuls beispielsweise, der von der Warenplatzierung ausgegangen ist, wird oft für die Kaufhandlung verantwortlich gemacht – „alles entscheidet sich am POS" lautet die immer wieder zu hörende Formel. Eine kaufauslösende Wirkung hat dieser Impuls jedoch nur vor dem Hintergrund einer Erfahrung mit dem Produkt. Vielleicht ist es eine authentische Erfahrung über alle fünf Sinne mit diesem Produkt, mit der Produktkategorie oder mit dem Einzelhändler – eine Erfahrung, die weit zurück in die Vergangenheit weisen kann. Diese Erfahrung am Ursprung des Prozesses ist die „Ursache", die vielleicht entscheidend ist für den Kauf im Jetzt.

Anders ausgedrückt: Dass der Kunde auf den Impuls, der von der Warenpräsentation ausgeht, in bestimmter Weise antwortet, hat mit einer *Disposition* zu tun und einer daraus folgenden Geneigtheit, auf den Impuls auf diese oder jene Weise zu reagieren. Diese Disposition hat möglicherweise mit Erfahrungen zu tun, die früher in der Biografie des Kunden gemacht wurden oder vielleicht erst am Vorabend des Kaufes. Es kommt darauf an, diese zu erkennen, damit der Marketer das Zusammenspiel mit den Impulsen entlang der Prozesskette und schließlich am *Point of Sales* richtig organisiert.

3.2 Der „leitende Gesichtspunkt", der alles überschaubar macht

Das Feld, das wir untersuchen möchten, ist breit. Begrenzen wollen wir das Feld nicht willkürlich, indem wir etwas abschneiden in der Breite oder in der Länge, um es uns einfacher zu machen. Vielmehr suchen wir nach einem Gesichtspunkt, der nur bestimmte Aspekte im Marktgeschehen hervorhebt. Die Anzahl der Aspekte soll gering sein, um sie überblicken zu können. Zudem sollen sie die Ansatzpunkte hervorheben, bei welchen man von außen auf das Geschehen einwirken kann.

Der Gesichtspunkt, unter dem wir das Kaufverhalten im Markt abbilden, muss radikal vereinfachen. Anders können wir die Vielgestaltigkeit und Komplexität, die wir vorfinden, nie bewältigen. Wir sind gehalten, rigoros zu vereinfachen – aber *nicht* beliebig.

Die Suche nach einem „leitenden Gesichtspunkt", unter dem das menschliche Verhalten mit seinem Variationsreichtum und seinen Nuancen überblickbar wird, hat die Psychologie immer begleitet. Etwas weniger vordringlich war diese Suche zurzeit der klassischen Tiefenpsychologie, damals standen eher die „Wesensschau" und das „Sich-Hineinfühlen" in den Menschen, um daraus das Verhalten des Menschen zu „verstehen", im Vordergrund. Als aber die pragmatisch ausgerichtete Psychologie sich durchzusetzen begann, jene psychologische Richtung, welche das Verändern von Verhalten ins Zentrum stellte, rückte die Frage nach dem leitenden Gesichtspunkt immer mehr ins Zentrum.[9]

3.3 Der leitende Gesichtspunkt, den die Behavioristen empfehlen

In einer sehr radikalen Form hat der *Behaviorismus,* ursprünglich von John B. Watson, einen solchen leitenden Gesichtspunkt eingeführt. Er postulierte 1913 ein System, in dem er nur und ausschließlich äußere *Stimuli* zuließ für eine wissenschaftliche Analyse von Verhalten, welches er als Antwort auf ebendiese *Stimuli* auffasste. Er wollte nichts davon wissen, was sich innerhalb des Organismus abspielt, weil er die Auffassung vertrat, dass eine sorgfältige Analyse der den Organismus umgebenden *Stimuli* ausreiche, um Prognosen über dessen Verhalten abzugeben.[10]

Später griff Iwan Petrowitsch Pawlow diese Sichtweise auf. Ihm gelang es, reflexartiges Verhalten zu verändern und es zu erzeugen. Mit seinem berühmt gewordenen Hundeexperiment konnte er aufzeigen, wie Reflexe, die nicht zum angeborenen Verhaltensrepertoire gehören, allein durch Manipulation der äußeren Bedingungen *angelernt* werden können.[11] Zu diesen Reflexen zählen auch emotionale Reaktionen des Menschen, auf die man nun Einfluss nehmen konnte, indem man die Pawlow'schen Erkenntnisse – durchaus mechanisch – anwendete. Das machte seine Untersuchungen brisant.

---

9   Eine entscheidende Wende in dieser meta-theoretischen Betrachtung und Ausrichtung der Psychologie ist nicht zuletzt von Charles S. Peirce herbeigeführt worden, der als Begründer des Pragmatismus bezeichnet wird. Siehe dazu Pap2 (2002), S. 40 ff.
10 John B. Watson hat im Jahre 1913 eine Art Manifest veröffentlicht, indem er postulierte, dass Psychologie als Untersuchung von Verhalten betrieben werden sollte. Siehe Watson (1913).
11 Das berühmte Pawlow'sche Hundeexperiment: steht für dieses Vorgehen. Gut dargestellt in: Lefrançois (2006), S. 32 ff.

Die Aussagen von Pawlow beeindruckten durch ihre Präzision, die bis zu diesem Zeitpunkt für die Psychologie einmalig gewesen war. Und es kam die Weite des Anwendungsfeldes hinzu: Immer zahlreicher wurden die Phänomene, bei welchen menschliches Verhalten mithilfe des Prinzips des bedingten Reflexes von Pawlow erklärbar wurden – und *manipulierbar*.

In diese Strömung reihte sich schließlich Burrhus Frederic Skinner ein, der wohl berühmteste Psychologe seit Sigmund Freud. Er übernahm das Grundprinzip von Pawlow und erforschte damit das sogenannte „instrumentelle Lernen", das Lernen am Erfolg. Wird ein Verhalten an den Tag gelegt, das umgehend von positiven Konsequenzen gefolgt (umgangssprachlich: *belohnt*) wird, dann steigt die Auftretenswahrscheinlichkeit eben dieses Verhaltens: Es wird in Zukunft häufiger auftreten. Skinner zeigte auf, aufgrund welcher äußerer Faktoren eine Verhaltensänderung resultiert. Er benannte, spezifizierte und quantifizierte sie und brachte viele Bedingungen in Erfahrung, die dazu beitragen können, dass ein Verhalten sich wiederholt und festigt. Skinner experimentierte ausgiebig, um schließlich Antworten auf die Frage ableiten zu können, was im äußeren Umfeld vorzukehren ist, damit ein gewünschtes Verhalten erfolgt.

Die behavioristische Sicht, in ihrer rigorosen Anwendung, lässt in der Analyse menschlichen Verhaltens nur *objektiv feststellbare* Sachverhalte zu, also Reaktionen des Menschen sowie die Umgebungsfaktoren. Von diesen Umgebungsfaktoren gibt es solche, die dem betreffenden Verhalten vorausgehen und solche, die dem Verhalten folgen. Außerdem können die Umgebungsfaktoren in verhaltensfördernde oder verhaltenshemmende Faktoren eingeteilt werden. Der Behaviorist sucht nun nach Zusammenhängen zwischen den Umgebungsfaktoren und dem Verhalten. Er will Regelmäßigkeiten aufdecken.

Abbildung 1 zeigt eine schematische Darstellung: Das Verhalten (R für *Reaction*) steht im Zentrum; dem Verhalten voraus geht eine bestimmte Umfeldkonstellation (S für *Stimuli*) – hier in die beiden Kategorien „Auslöser" und „Hemmer" aufgeteilt, abhängig davon, wie sie sich auf das folgende Verhalten auswirken. Nach Vollzug des Verhaltens findet man eine neue Umfeldkonstellation (C für *Consequences*) vor, unterteilt in „Belohnungen" und „Bestrafungen", je nachdem, ob sie sich auf die Fortsetzung des Verhaltens förderlich auswirken oder hinderlich.

Der Vollzug des Verhaltens führt das Individuum in ein neues Umfeld. Dort treten wiederum *Stimuli* auf, die zu einem erneuten Verhaltensschritt führen können und so weiter: Auf diese Weise bauen sich Handlungsketten auf.

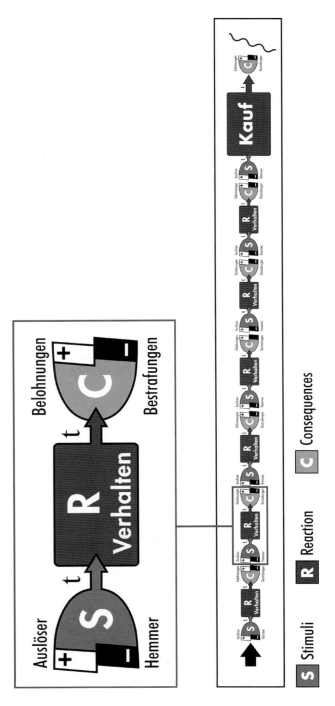

Abbildung 1: Das *Stimuli-Reaction*-Schema und die Verkettung von Verhalten

3.4 „Überholt" sei der Behaviorismus

Die rigorose Sicht von Skinner rief zu seiner Zeit einen Sturm der Entrüstung hervor, speziell bei den Psychologen. Diese beklagten, dass die „Komplexität" des menschlichen Verhaltens nicht gebührend berücksichtigt werde. Sie wollten sich mehr mit den „innerseelischen Zuständen" befassen, die vielschichtig seien, sie wollten Zwischentöne berücksichtigt wissen und aus ihnen heraus menschliches Verhalten verstehen. Simplifizierung wurde Skinner vorgeworfen, und vorschnell wurde im alten Europa der behavioristische Ansatz als „überholt" abgetan – gar von „überwinden" war die Rede. Heute noch scheint es unter Psychologen zum guten Ton zu gehören, das Wort „Behaviorismus" mit „veraltet" abzuqualifizieren, um auf neuere Ansätze überzuleiten, die der Komplexität gerecht würden ...

So intensiv diese behavioristische Sichtweise durch die Tiefenpsychologen bekämpft wurde, so nachhaltig hat sich das System von Skinner durchgesetzt. Mit Erfolg, wie ich meine, wenn man dessen Einfluss auf die Therapie als Maßstab nimmt: Das Prinzip der Verhaltensmodifikation von Skinner hat sich in der Praxis durchgesetzt und hat sich wie selbstverständlich in die neueren Therapieansätze (auch der klassischen Psychologie) integriert.

Das Unverständnis, welches die der Tiefenpsychologie verpflichteten Repräsentanten dem behavioristischen Ansatz von Skinner entgegenbringen, ist mit der Vernunft schwer nachzuvollziehen. Es mutet wie ein vorsätzlich herbeigeführtes Missverständnis an, welches man weidlich kultiviert hat, und es scheint, dass hier Reflexe bei den Psychologen angesprochen worden sind, die ihnen den Zugang zum Konzept von Skinner verwehrt haben.[12]

Skinner nämlich hat die Existenz von „inneren Vorgängen" in der menschlichen Psyche nie geleugnet, im Gegenteil, er wollte sie auch erklärt haben. Aber er hat vor der *Unschärfe* gewarnt, wenn der Mensch über diese „inneren Vorgänge" berichtet. Er hat die Introspektion – das „In-sich-hinein-Hören" – als Methode

---

12 Das Skinnersche Erklärungsprinzip wird von der klassischen Psychologie immer wieder angefeindet. Es wird von ihr beharrlich, mittlerweile seit fünf Jahrzehnten, als „überholt" abgetan. Skinner selbst war an dieser Polemik insofern nicht ganz unbeteiligt, als er die Psychologen als „Mentalisten" bezeichnet hatte, die, abgekapselt von der empirischen Forschung, sich auf innere und mentale Vorgänge konzentrierten, die sie mit den Mitteln der Introspektion zu ergründen trachten. Die Polemik hatte aber die erfreuliche Nebenwirkung, dass Skinner selber sich den Fragen der Methodik äußerst intensiv und mit weitem Blick genähert hat. In seinem Spätwerk „About Behaviorism" ist er auf diese methodischen Aspekte eingegangen. Die Lektüre ist ein Genuss für jeden sozialwissenschaftlich Interessierten. Siehe Skinner (1976).

nicht verworfen, sondern hat sie gar als Quelle postuliert, um Hypothesen zu generieren. Aber er hat aufgezeigt, wie Berichte über innere Gefühlszustände *gefärbt* sind von allerlei Erwartungsmustern, denen sich der Berichtende ausgesetzt glaubt. Und derjenige, der zuhört und die Berichte interpretiert, der Analyst, ist Deutungsmustern unterworfen. Auch diese folgen oft dem, was sozial erwünscht wird bzw. sie sind vom Zeitgeist der jeweils interpretierenden Psychologen geprägt.

Die Unschärfe ist das eine, was Skinner an Berichten über das, was „innerhalb der Haut" abläuft (wie er sich ausdrückte), bemängelte. Das andere sind die Zirkelschlüsse, zu denen die introspektive Sicht verleitet: Fragt man uns, warum wir nicht zu Abend essen, dann antworten wir „weil ich keinen Hunger habe." Wir haben oft Hunger, wenn wir essen und ziehen daraus die Folgerung, dass wir essen, *weil* wir hungrig sind. Und da das Gefühl „hungrig sein" dem Verhalten „essen" oft vorangeht, erleben wir dieses Gefühl ganz automatisch als *Ursache*. Unser Erkenntniswunsch ist somit gestillt, aber wir sind keinen Schritt weiter.

3.5 Wie das behavioristische Prinzip helfen kann, die Vorgänge im Markt überblickbar und steuerbar zu machen

Wenn der Marktforscher den Konsumenten fragt, warum dieser eine Eiscreme gekauft habe und der Konsument antwortet „ganz spontan – weil ich Lust darauf verspürte," dann erzeugt der Bericht dieses Marktforschers ein „Evidenzerlebnis" bei uns: „Aha, darum!" denken wir. In Bezug auf die Maßnahmen, die wir nun ergreifen sollten, sind wir aber genauso weit wie vor der Befragung. Zielführend wäre, wenn wir das Rezept von Skinner befolgten, nämlich die Frage nach den äu*ßeren Bedingen* stellten, die dem Kauf von Eiscreme vorausgegangen sind. Was sind die Außentemperatur, die Tageszeit, die Örtlichkeit sowie die Vor-Erfahrung, welche eine Disposition zum Verhalten erzeugt haben, Eiscreme, oder genauer *diese* Sorte von Eiscreme, zu kaufen?

Skinner ignorierte weder die „innerpsychischen Vorgänge" im Menschen noch die subjektiven Berichte darüber. Er stellte aber den Vorteil heraus, von dem man profitiert, wenn man sich auf objektive Sachverhalte konzentriert, also die äußeren Bedingungen feststellt, die dem Verhalten vorausgehen und das daraus resultierende Verhalten, das wir beobachten können.

Mit dieser Beschränkung auf das objektiv Feststellbare ist es ihm gelungen, grundlegende Gesetzmäßigkeiten herauszuarbeiten sind. Mit diesem Vorgehen hat Skinner Regelmäßigkeiten im menschlichen Verhalten aufgedeckt. Daraus hat er Rezepte ableiten können, wie man Verhalten verändert (z.B. pathologisches Verhalten abbauen), und wie man neues Verhalten herbeiführen und stabilisieren kann (z.B. gesundes Verhalten fördern).

Diese Rezepte, um eine Verhaltensveränderung herbeizuführen, sind nicht nur kristallklar und eindeutig, sie funktionieren auch. Die Wirkung der sofortigen Verstärkung (*Law of Effect*) zum Beispiel, womit Verhaltensänderungen herbeigeführt werden können, die verblüffend sind und zuweilen bizarr.[13] Oder das Herbeiführen von Verhaltensketten, von komplexen Abfolgen von Verhaltensschritten, die mit dem sogenannten *Behavioral Shaping* in kurzer Zeit aufgebaut und stabilisiert werden können: Die Dressurprogramme mit Zirkuspferden entstehen auf diese Weise.[14]

Das Bedeutende an Skinner ist, dass er Gesetzmäßigkeiten ans Licht gebracht hat, *ohne* mentale Konstrukte wie „Gefühle", „innere Wahrnehmungen" und andere seelische Zustände zu Hilfe zu nehmen. Es handelt sich um Gesetzmäßigkeiten, die *überprüfbar* sind: Sie können an der Erfahrung scheitern, oder sie stellen sich als gültig heraus. Somit erübrigen sich die introspektiven Berichte von den Menschen, die ein Verhalten vollzogen haben oder ein solches erwägen. Dieses Vorgehen schützt vor der bemängelten Unschärfe, die entsteht, wenn man sich auf Berichte über innere Zustände stützt. Es schützt auch vor den subjektiven Deutungstendenzen, denen wir als Analytiker unterliegen, sowie vor Zirkelschlüssen.

Den *Behaviorismus*, wie er insbesondere von Skinner postuliert wird, erachte ich als eine äußerst nützliche Orientierung, wenn wir Vorgänge im Markt verstehen wollen. Und vor allem, wenn wir nach Maßnahmen suchen, um auf diese Vorgänge gestaltend Einfluss zu nehmen. Die Erfolge, welche der behavioristische Ansatz in der Psychotherapie verzeichnen konnte, dürfen zuversichtlich stimmen.

Deshalb werden wir diese Sicht übernehmen, wenn wir Kaufprozesse analysieren. Allerdings werden wir nicht gänzlich auf die introspektiven Berichte von Konsumenten verzichten. Wir werden auch diese in einem zweiten Schritt beiziehen und uns auf die Analyse des Verhaltens stützen, wenn es um die *Inter-*

---

13 Siehe Seite 159.
14 Siehe Abschnitt 4.5.1.

pretation geht. Dann werden diese Berichte für unser empathisches Verständnis nützlich sein. Und zudem inspirieren sie uns zu einzelnen Maßnahmen z.B. für die Ausgestaltung der Kommunikation. Dabei greifen wir nicht selten auf die Worte zurück, die der Konsument an dieser Prozessstelle verwendet – mit dem Vorteil, dass er uns dann auch versteht.

3.6 Welche Messinstrumente und welche Daten brauchen wir?

Wir wollen unseren Blick auf objektiv feststellbare Sachverhalte richten: auf Handlungen des Konsumenten und auf die Faktoren, welche diese Handlungen begünstigen oder sie hemmen. Letztlich interessiert uns die *Kauf*handlung, aber auch die der finalen Handlung vorangegangenen Schritte sind wichtig, denn auf sie können wir Einfluss nehmen, oft mit weit höherer Wirkeffizienz als in Bezug auf die finale Kaufhandlung. Kurz: Wir wollen alle Handlungen erfassen, auch die dem Kaufakt vorangegangenen Handlungen. Wir reihen sie zu Handlungsketten auf.

Eine „Handlung" fassen wir wörtlich auf: Es geht um eine Bewegung des Körpers des Menschen im Raum. Eine Handlung ist *räumlich* und *zeitlich* festzumachen: Sie läuft ab wie ein Film. In diesem können wir mit der Zeitlupe den Bewegungsablauf verfolgen (z.B. der Konsument vor dem Regal). Das Hintereinander aller Handlungen liefert die gefilmte Geschichte.

Handlungen haben aber in der Regel einen Zweck: Sie stehen im Dienste von etwas – es sind „Um-zu-Handlungen". Jemand sucht die Sportabteilung im Warenhaus auf, *um* sich über neue Modelle von Jogging-Schuhen ins Bild zu setzen; in den Bus wird eingestiegen, *um* ins Stadtzentrum *zu* gelangen.[15] Aus solchen „Um-zu-Handlungen" bilden sich Handlungsketten, die das Tagesprogramm einer Person bestimmen – und eine Kaufhandlung mitverursachen können. Es handelt sich gewissermaßen um „fremde Funktionskreise" – aus einem anderen Lebensbereich stammend –, die in Kaufprozesse hineinspielen und für den Ausgang bestimmend werden können.

---

15 Die vielen Handlungsketten, die unseren Alltag durchziehen, hat M.W. von Cranach erstmalig untersucht; siehe von Cranach (1980), siehe auch Pulver (1991).

Ein Beispiel: Um den Spanischkurs zu besuchen, haben Sie die Ladenöffnungszeiten verpasst, sind am Bahnhof eingetroffen, und hier haben Sie das Nötigste für das Nachtessen im Kiosk eingekauft (einkaufen müssen): fertig zubereitete Ravioli mit Tomatensauce der Marke *Hilcona*. Der Kauf eben dieser Marke ist kausal mit dem Spanischkurs verknüpft – auf einer höheren Generalisierungsebene verknüpft mit Zeitdruck, Ladenöffnungszeiten und Standort des Anbieters an Verkehrsknotenpunkten.

Es ist anzunehmen, dass wohl die Mehrzahl der heutigen Kaufhandlungen in der Folge von fremden Funktionskreisen zustande kommen. Aus diesen (produktfremden) Funktionskreisen heraus die Handlungslogik zu verstehen, wird zunehmend wichtig, um mit Marketingmaßnahmen darauf reagieren zu können. In einer Analyse von Kaufprozessen sind wir gehalten, diese Funktionskreise in die Untersuchung mit einzubeziehen.

Ferner ist der *Auflösungsgrad* eine Variable, die es zu bestimmen gilt. Eine gegebene Handlung wie etwa ein Kaufakt kann im Allgemeinen als solche zugelassen werden für die Analyse (wie z.B. das Kaufen einer Packung Chips im Supermarkt). Oder wir gliedern diese Handlung weiter auf: Das sich Orientieren im Verkaufsraum; das Zuschreiten auf die *Category*; von dort zum Regalplatz; Augenfixationen auf das betreffende Produkt und die umgebenden Produkte; in die Hand nehmen des Produktes; das Lesen der Zusammensetzung auf der Rückseite usw. Um die Ansatzstellen für Marketingmaßnahmen zu identifizieren, ist es oft erforderlich, das Prozessgeschehen noch feiner aufzulösen und die Tiefenstruktur zu ergründen.

Aus der vergleichenden Verhaltensforschung wissen wir, dass gar eine *noch feinere* Auflösung des Verhaltens als die oben Beschriebene sinnvoll sein kann, indem wir etwa die Mimik eines Menschen genau betrachten: Augenbrauen anheben (in sich eine Bewegung mit großem Variationsreichtum)[16]; die Pupillenerweiterung; die Stellung der Mundwinkel usw. Erst auf dieser Ebene der Auflösung des Geschehens werden etwa die Reaktionen des Mitmenschen erklärbar. Eine bestimmte Mundwinkel-Mimik etwa kann dem Beobachter Angst einflößen und sogar einen Rückzug auslösen. Oder eine Erweiterung der Pupillen, die beim Gegenüber Zuwendung hervorruft und Sympathie erzeugt.[17]

---

16 Ekman in von Cranach/Foppa (1980).
17 Eibl-Eibesfeldt (2004).

Eine solche Feinauflösung von Verhalten kann für das Marketing durchaus sinnvoll sein. Es wird der Blickverlauf mittels sogenanntem *Eye Tracking* aufgezeichnet und gleichzeitig die Mimik des Betrachters beobachtet. Diese werden dann anhand eines Rasters codiert und vergleichbar gemacht. Daraus lassen sich Anweisungen ableiten wie ein Werbemittel – eine Anzeige, eine *Landing Page* – gestaltet oder optimiert werden muss, damit mehr Handlungen daraus resultieren.

3.7   Mit welchen Methoden beschaffen wir die Daten?

Mit welchen Methoden erfassen wir die Handlungsabfolgen im Markt, die zu Kaufhandlungen führen?

In erster Linie *beobachten* wir. Bei einer Untersuchung über die Markenwahl bei Tankstellen und Treibstoffen erfassen wir mit einer Kamera an der Tankstelle die vorbeifahrenden Automobilisten; wir fokussieren jenen, der den Blinker rechts betätigt; filmen das Zufahren; das Innehalten und dann das Auswählen einer Zapfsäule; die Vorbereitungshandlungen, bis der Einfüllstutzen in der Hand liegt; das Tank-Füllen; das Warten und Herumschauen des Automobilisten während des vierminütigen Tankvorganges; der Gang zum Shop; die Interaktion mit der Kassiererin; und schließlich das Wegfahren. Das anfallende Filmmaterial ist die Grundlage für den anschließenden Codierungs-Prozess, das Aufgliedern in Handlungen und Handlungsabfolgen sowie das Feststellen von Faktoren im Umfeld, die auslösend sind (oder hemmend), und die jeweiligen Handlungen, die darauf folgen.

Nach diesem Prinzip wird die gefilmte Episode anschließend auf einem Prozessraster *codiert* und damit der quantitativen Analyse zugänglich gemacht. Als Ergebnis dieses Codierungsvorganges fallen die Handlungsketten an, wie bereits dargestellt.[18]

Somit liegen die am *Point of Sales* beobachteten Kaufprozesse vor. Daraus kann man erkennen, wie die Vorgänge am Verkaufspunkt zu steuern sind, um das Kaufpotenzial gut auszuschöpfen (mit Kiosk-Produkten, Zubehören usw.), aber auch, um den Kauf angenehm zu gestalten in der Hoffnung, dass uns der Konsument mit wiederholtem Besuch dankt.

---

18   Siehe Abschnitt 5.4.

Was wir mit dem Registrieren der Kaufprozesse am *Point of Sales* noch nicht wissen, ist, *warum* er diese Tankstelle aufgesucht hat. Dazu müssen wir den Bogen weiter spannen und die Situation in Erfahrung bringen, die zum Tanken geführt hat: Wie groß war der Tankinhalt, über den er noch verfügte? War er auf dem Hinweg zur Arbeit oder auf dem Rückweg, in seiner Freizeit, in Begleitung von jemandem? Welche Situation antizipierte er: Hatte er am nächsten Morgen eine längere Reise vor, wollte er heute keinesfalls zu spät zur Arbeit kommen usw.? Über diese unmittelbare Situation hinausgehend ist auch seine Vorerfahrung aufschlussreich, um dem *Warum?* auf die Spur zu kommen. Welche Erfahrung hat er früher gemacht mit dieser Tankstelle, mit anderen Tankstellen dieses Anbieters – und mit jenen der Mitbewerber? Und schließlich sind Gewohnheitsmuster relevant, um das *Warum?* zu verstehen: Füllt er den Tank immer, *wenn* … er am Wochenende beim Großeinkauf ist; … er Lust hat nach Süssigkeiten; … der zweitletzte Tropfen Treibstoff aufgebraucht ist usw.

Diese Vorgeschichte ist der Beobachtung *nicht* zugänglich – über sie kann uns nur der Konsument selbst berichten. Wir können mit der geeigneten Gesprächstechnik dem Konsumenten helfen, diese Geschichte abzurufen aus seinem „episodischen Gedächtnis". Und wir können die daraus hervorgehende Verbalisierung aufzeichnen, den Ton und allenfalls den Erzähler dabei filmen. Daran anschließend codieren wir nach dem gleichen Prinzip wie die Sachverhalte, die wir am *Point of Sales* beobachtet haben.

Anschließend können die beobachteten und die erzählten Episoden zusammengefügt, aneinander gehängt werden, wodurch die vollständige Kaufgeschichte entsteht. Zunächst ist diese Kaufgeschichte immer noch auf singulärer Basis und bezogen auf ein bestimmtes Individuum, auf jenen Konsumenten, den wir beobachtet haben und der uns die Vorgeschichte erzählt hat.

Diesen Vorgang wiederholt man bei einer Vielzahl von Konsumenten, bei einem im Voraus definierten Untersuchungs-Sample, welches ein repräsentatives Abbild des Geschehens im Markt verspricht.

3.8 Das Aggregieren: Wie gewinnen wir die Übersicht über die zahlreichen individuellen Kaufvorgänge?

Nun liegen individuelle Kaufprozesse analysiert und codiert vor uns als Abfolgen von Handlungen bestimmter Konsumenten mit ihren jeweiligen Auslösern respektive Hemmern, also die gesamte Handlungskette, die mit dem Kauf das vorläufige Ende gefunden hat.

Jetzt geht es um das Aggregieren, das heißt, gewissermaßen um das *Übereinanderlegen* dieser einzelnen Handlungsketten. Der Vorgang des Aggregierens erweist sich in der Praxis als nicht ganz einfach, und schließt auch Vorgänge des Vereinheitlichens mit ein. Die individuellen Kaufprozesse müssen teilweise nachcodiert werden, um eine solche Vereinheitlichung vorzunehmen. Im gleichen Zuge geht es auch um das Weglassen von einzelnen Besonderheiten: Ein Prozessverlauf beispielsweise, der sich bei nur einem einzelnen Konsumenten vorfindet oder bei nur sehr wenigen, muss übergeführt werden auf ein allgemeineres Muster. Dies ist ein iterativer, mehrstufiger und IT-gestützter Prozess. Letztlich sind aber die analytischen und synthetischen Fähigkeiten der daran beteiligten Personen entscheidend für die Qualität der Resultate.

Für die Darstellung aggregierter Prozesse bietet sich eine Vielzahl von Möglichkeiten an. Die individuellen Prozesse können aus räumlicher oder zeitlicher Sicht an Wegmarken festgemacht werden: Orte, welche eine Vielzahl (oder alle) Käufer durchschreiten (z.B. die Schwelle zum POS), oder zeitlich definierte Phasen, in denen bestimmte Handlungen vollzogen werden.

Oder man verzichtet ganz auf eine zeitlich/räumliche Achse und wählt die *funktionale Beziehung* als Ordnungsschema: Welche Handlung steht jeweils im Dienste einer übergeordneten Handlung? Daraus entstehen vielstufige Kaskaden, welche vergleichbar sind mit den sogenannten „Mittel-Zweck-Hierarchien", die man von betriebswirtschaftlichen Analysen her kennt. In der Praxis haben sich Kombinationen durchgesetzt, wobei in der Regel nicht mehr als zwei verschiedene Dimensionen gleichzeitig angewendet werden, um das „intuitive Lesen" dieser Prozess-Landkarte nicht unnötig zu erschweren.

3.9 Die Interventionspunkte aufdecken: Wo und wie können wir auf den Prozessverlauf Einfluss nehmen?

Das Analysieren eines Kaufprozesses ist ein mikroskopisches Unterfangen: Kleinste Einheiten werden der Analyse zugeführt, gewissermaßen die Atome von Handlungsabfolgen, welche sich zum Gesamtprozess aneinanderreihen. Sofort kommt die Frage auf: Weshalb so genau, weshalb dieser hohe Auflösungsgrad? Was nützt es dem Unternehmen, das doch nach robusten Größen Ausschau hält, um im Massenmarkt etwas zu bewegen?

Um „robuste Stellhebel" geht es tatsächlich. Wir wollen jene wenigen Stellen im Netzwerk der Kaufprozesse aufspüren, wo ein Unternehmen eingreifen *kann* und wo das Unternehmen etwas bewirkt, wenn es dort eingreift. Wir sprechen von „Schlüsselstellen", jenen wenigen Orten im Prozessverlauf, wo es sich lohnt, die Instrumente des Marketings anzusetzen und zu fokussieren. Jene Stellen, wo wir auf einen *Hebeleffekt* treffen gemessen am ultimativen Ziel, also z.B. Kaufhandlungen auszulösen.

Auch das Aufdecken dieser Schlüsselstellen ist ein *iterativer Vorgang*. Aus der Vogelperspektive sucht man erste Anzeichen von Schlüsselstellen, dann erst tritt man näher und geht tiefer in die Analyse.

Erste Hinweise erhält man dadurch, dass man einem Erfolgsprozess den korrespondierenden Misserfolgsprozess gegenüberstellt: Man stellt dem Prozessverlauf, der mit dem Kauf des betreffenden Produktes endet, welches das Unternehmen fördern möchte (Erfolg), jenen Prozess gegenüber, der bei der Konkurrenz ankommt: Das *Konkurrenz*produkt wird gekauft oder eine Substitutionslösung wird gewählt (Misserfolg). Wenn Erfolgsprozesse diesen Misserfolgsprozessen gegenübergestellt werden, gibt es Bruchstellen, die man in den codierten Prozessdarstellungen mit bloßem Auge erkennen kann.

Hier setzt die vertiefte Analyse ein. Was passiert an dieser Stelle, wo Erfolg und Misserfolg offensichtlich auseinanderklaffen? Details beginnen zu interessieren: Wer handelt an dieser Stelle nach dem „Erfolgsschema"? Sind es etwa bestimmte Kundengruppen? Auch interessieren die Vorgeschichten jener Personen, die sich „richtig" verhalten im Vergleich zu den Misserfolgsfällen. Und immer wieder sucht man nach charakteristischen Verhaltensmustern im Prozessverlauf, die dem Erfolg vorausgehen, nach *homogenen Verhaltensmustern*, die zum Kauf führen.

Statistische Analysen lassen oft solche „matchentscheidende" Unterschiede erkennen. Cluster-Analysen können helfen, homogene Verhaltensmuster aufzudecken, die mit dem Erfolg korrelieren. Erst wenn solche Interventionspunkte aufgrund von quantitativen Vergleichen ausreichend identifiziert und eingegrenzt sind, beginnen die aufgezeichneten Beobachtungen an dieser Prozessstelle zu interessieren. Wie verhält sich der Konsument, wenn er zum Beispiel vor dem Regal steht, wenn er mit den Augen die sich vor ihm präsentierenden Produkte absucht, wenn er seinen Arm ausfährt und das Produkt ergreift, es dreht und von hinten betrachtet usw.?

Erzählt der Konsument uns die Episode, so ist auf Folgendes zu achten : Wie ist seine Mimik bei der Schilderung, was sagen uns seine Augen, wie ist die Wortwahl, die Betonung und der Sprachfluss? Genau hinschauen werden wir bei diesen Schlüsselstellen. Hier erkennen wir Ansatzpunkte, um gestaltend einzuwirken in das Prozessgeschehen.

Diese Interventionspunkte, die Stellen im Prozess, wo das Unternehmen einwirken kann, sind zahlreich. Überall gibt es Umfeldfaktoren, die man „manipulieren" könnte, oder man entdeckt Kundengruppen, die sich an bestimmten Prozessstellen nach gleichem Muster verhalten und nach ganz bestimmten Maßnahmen rufen.

Für praktische Zwecke – für das Marketing eines Unternehmens – ist man gehalten, jene Interventionspunkte aufzuspüren, bei deren Manipulation eine *massive* Beschleunigung des Kaufprozesses eintritt, oder wo *Massen* von Kunden ihr Verhalten umschwenken zum angebotenen Produkt. Es sind eben die erwähnten *Schlüsselstellen,* diese wenigen Punkte auf dem komplexen Kaufprozessmuster, an denen das Unternehmen eingreifen kann. Es entsteht dann ein Hebeleffekt und dadurch können wesentlich mehr Kunden zum Kaufabschluss geführt werden.

3.10 Vom „radikalen" zum „pragmatischen" *Behaviorismus*

Vom *Behaviorismus* geht eine erfrischende Brise aus. Zunächst hat der *Behaviorismus* den sogenannten *Mentalismus* aufgebrochen: Schon immer haben sich die Menschen hauptsächlich mit ihren Gefühlen und ihrem Seelenleben befasst oder mit dem Seelenleben ihrer Mitmenschen. Verhalten hat man in engem Zusammenhang mit den seelischen Zuständen verstanden. Der Behaviorist hat nun nach den Bedingungen dieser Seelenzustände gefragt und nach Bedingungen speziell im äußeren Umfeld gesucht.

Dieses Vorgehen hat zu einem Durchbruch in der Psychologie geführt. Mit viel Enthusiasmus haben die Forscher eine Gesetzmäßigkeit nach der anderen aufgedeckt, die wie *mechanisch* funktioniert. Wenn man sie anwendet, folgt die vorausgesagte Wirkung mit an Sicherheit grenzender Wahrscheinlichkeit. Plötzlich traten *Regelmäßigkeiten* hervor: Auf bestimmte Umfeldbedingungen folgen bestimmte Verhaltensweisen regelmäßig und immer wieder. Allein anhand dieser Umfeldfaktoren kann man Verhalten prognostizieren und schließlich, durch Variation dieser Faktoren, auch kontrollieren. Die *inneren* Zustände des handelnden Menschen – was sie berichten über ihre Befindlichkeiten, ihr Seelenleben oder ihre Gefühle – kann man als Begleiterscheinung in die Analyse einbeziehen, wenn man das möchte. Die Behavioristen haben sie weggelassen, dafür an Eindeutigkeit der Aussagen gewonnen.

Die Seelenzustände des so funktionierenden Menschen könnte man durchaus ausblenden, zweifelsohne mit Gewinn für die analytischen Zwecke. Aber sie sind nun einmal da, und sie beeinflussen uns Menschen ständig. Es fragt sich nun, ob wir für praktische Zwecke – für das Marketing eines Unternehmens – diese seelischen Zustände nicht doch einbeziehen wollen, wenn es darum geht, Schlüsse zu ziehen für Maßnahmen wie: Was ist zu unternehmen? Wie gestaltet man Maßnahmen aus? Was ist die richtige Umsetzung einer Werbebotschaft?

Meine Antwort ist Ja: Seelische Zustände oder Befindlichkeiten, die der Konsument äußert, zeigt oder sonstwie offenbart, darf man in eine Analyse einbeziehen. Allerdings sollte strikt eine Reihenfolge beachtet werden: Wir stellen die Prozesse fest, die im Markt ablaufen und dokumentieren sie so detailliert wie möglich. Auch beim Aufdecken der Schlüsselstellen lassen wir uns noch von den quantitativen Analysen leiten, wie sie dem behavioristischen Schema entsprechen. Erst wenn es um das *Interpretieren* geht, lassen wir uns stimulieren durch die Gefühlsregungen, die der Konsument zum Ausdruck bringt. Wir lassen nonverbales Ausdrucksverhalten zu und geben uns ganz der „Wesensschau" hin, wie es die Phänomenologie von Edmund Husserl empfiehlt: „Wirklichkeit" sei ein steigerungsfähiger Begriff, sagt er.[19] Und die Anschauung hilft, das Geschehen in einem noch höheren Grade zu verstehen.

---

19   Zitiert in: Fellmann (2006), S. 43.

Dies bedeutet konkret: Das Beobachten von (sich nicht beobachtet fühlenden) Konsumenten führt zu einem Verständnis mit Tiefenwirkung. Das Anschauen und Zuhören der persönlichen Berichte dieser Konsumenten, ihre Mimik und ihr Tonfall, fördern das intuitive Verstehen und mobilisieren die Kreativität: Wie können wir dem Konsumenten entgegenkommen, wie können wir ihm das Kaufen erleichtern? Was sagen wir ihm an der betreffenden Prozessstelle, damit er sich uns nähert – wie sagen wir es, damit er uns zuhört und uns versteht?

3.11 Ein Beispiel zur Veranschaulichung

Das folgende Beispiel zeigt, wie die Sicht auf die Kaufprozesse von Konsumenten die Schlüsselstellen aufdecken kann und die Umsätze fördern hilft. Das Beispiel stammt aus der Welt der *Fast Moving Goods*: Waschpulver von Unilever. Das Fallbeispiel trägt dazu bei, die Mär zu entzaubern, alles entscheide sich am *Point of Sales*, wie man das immer wieder hört. Zudem erhellt es die Bedingungen, die erfüllt sein müssten, damit sich am Point of Sale alles entscheidet. Diese Bedingungen sind nicht am POS zu orten, die relevanten Prägungen erfolgen schon weit früher im Prozessverlauf.

Im Folgenden wird die angewendete Vorgehensweise beschrieben, um die Prozesse, die zum Kauf der Unilever-Marken führten, zu erforschen. *OMO* und *Coral* standen im Zentrum:

▶ Es wurde ein Gebiet identifiziert, das für den Schweizer Markt repräsentativ schien und ländliche sowie städtische Gebiete abdeckte. Man entschied sich für den Großraum Luzern. Zwei Standorte des Retailers *Coop* wurden gewählt: ein sehr großer Supermarkt, ein sogenannter *Megastore*, in der städtischen Agglomeration sowie ein mittelgroßer Supermarkt in der ländlichen Umgebung.

▶ In diesen Supermärkten wurden Videokameras installiert. Die erste Kamera wurde am Rande der Warenkategorie „Textilpflege" aufgestellt. Sie zeichnete auf, wie die Kunden von einer anderen Kategorie herkamen und sich in Richtung des Regals bewegten. Eine zweite und eine dritte Kamera verfolgten das Hingehen zum Regal, und die vierte Kamera registrierte den Bewegungsablauf der Kunden vor dem Produkt im Regal sowie an einer Zweitplatzierung.

- Die beobachteten Konsumenten wurden anschließend an der Kasse angesprochen und um ein Interview gebeten, das am selben Tag oder am darauffolgenden Tag zu Hause stattfand.
- In diesem Interview wurde die Vorgeschichte des beobachteten Einkaufgangs in Erfahrung gebracht: Wo hatte sich dieser Einkauf oder der Bedarf abzuzeichnen begonnen; was waren die darauf folgenden Verrichtungen und die Wegetappen, die man zurücklegte, bis der Kaufort aufgesucht wurde, an dem dann unsere Beobachtung einsetzte?
- Nachdem die unmittelbare Vorgeschichte erzählt worden war, hat der Interviewer den Prozess zurückverfolgt bis an seinen Ursprung, bis zu den allerersten Erfahrungen mit Waschen, Waschmitteln oder Besorgungen. Diese ersten Erfahrungen werden meist in der Kindheit gemacht; erste Erfahrungen mit Waschen und Waschmittel-Kaufen, die man selbstständig tätigte; die Begleitumstände, die dazu geführt hatten usw. bis zur jüngsten Kaufhandlung, die man soeben beobachtet hatte.

Die Interviews mit den Konsumenten wurden auf Video aufgenommen und das Videomaterial der Codierung zugeführt. Die Episode wurde zerlegt in Handlungen, jeweilige Auslöser/Hemmer sowie Belohnungen/Bestrafungen, sofern solche artikuliert wurden. Die Handlungen wurden aneinandergereiht, woraus die (singulären) Handlungsketten hervorgingen, die den Kaufprozess des einzelnen Kunden wiedergaben. Es folgte darauf das Aggregieren, welches schon erwähnt wurde. Die aggregierten Kaufprozesse von insgesamt 120 Konsumenten gibt das Prozesschart wieder (siehe Abbildung 2).

Nun ging man an die Analyse: Es sollten die Schlüsselstellen aufgedeckt werden, um künftige Marketingaktivitäten darauf zu fokussieren.

Im Folgenden wird der sich einstellende Erkenntnisprozess ausschnittweise und zusammengefasst vorgestellt und erläutert:

Im Vorfeld, bevor die Kaufprozesse von Waschmitteln mit der Kaufprozess-Analyse transparent gemacht wurden, schienen alle Fakten die gängige Theorie zu bestätigen: Wenn (Preis-) Aktionen durchgeführt werden, dann steigen die Absatzzahlen. Soviel steht fest. Aber die *Professionals* des Marketing gehen einen Schritt weiter und sind sofort mit einer Theorie zur Hand: Die Konsumenten sind nicht mehr loyal – wo es gerade billig ist, dort greift der Konsument zu. *Ergo*: mehr Preisaktionen gleich mehr Umsatz.

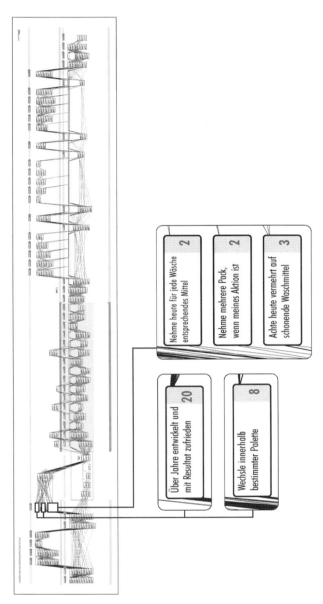

Den «gefestigten Käufern» auf der Spur:
▲ Insgesamt **71%** aller Waschmittel-Käufer können als **«Gefestigte»** bezeichnet werden.
▲ Es interessiert nun:
  Gibt es einen **charakteristischen Werdeprozess** zum «Gefestigten»?
▲ Weshalb hat man die «Gefestigten» bisher übersehen?
  Wurden **Aktionsgelder verschleudert?**

Abbildung 2: Kaufprozess von Waschmitteln für *Unilever*

Wenn man nun, nach erfolgter Analyse der Kaufprozesse, genauer hinschaut, stellt man fest, dass dies nicht stimmt. Mehr noch, es handelt sich um einen gefährlichen Trugschluss, der zu mehr Preisaktionen verleitet und das finanzielle Resultat für das Unternehmen zunehmend verschlechtert. Wenn man den Längsschnitt der Prozessverläufe anschaut und auszählt, wie viele Käufer als „gefestigt" zu bezeichnen sind, entdeckt man Erstaunliches:

- ▶ Ganze 71 Prozent aller Konsumentinnen kaufen stets die gleiche Marke. Wir nennen sie die „Gefestigten".
- ▶ Die Regelmäßigkeit, die mit der Verhaltensanalyse aufgedeckt wurde, sieht wie folgt aus: Der Konsument betritt den Supermarkt und stellt fest: „Meine Waschmittelmarke ist heute nicht in Aktion. Kein Problem, vielleicht das nächste Mal." Später dann folgt der nächste Einkauf: „Meine Marke ist wieder nicht in Aktion," stellt er fest. „Schauen wir das nächste Mal." Der Tag ist gekommen, „seine" Marke gibt es mit Rabatt – jetzt wird gekauft, gleich das Dreifache von dem, was der Kunde eigentlich braucht.

Das ist die typische Kaufgeschichte von den 71 Prozent „Gefestigten", das heißt von loyalen Kunden. Die Kunden schieben ihre Einkäufe auf der Zeitachse lediglich hin und her; sie langen dann zu, wenn „ihr" Produkt in Aktion ist. Das wird dann vom Management als Umsatzausschlag wahrgenommen, dabei wird in Wirklichkeit kein Kilogramm Waschpulver zusätzlich verkauft.

Was bedeutet dieses Kaufprozessmuster für den Hersteller und die Kooperation mit dem Retailer? Wie wird der Gesamtnutzen von Hersteller und Retailer maximiert? Man schaut nochmals genauer hin auf die individuellen Prozesse des Kaufens und stellt nun fest: Die „Gefestigten", die 71 Prozent auf eine Marke fixierten Käufer, erweisen sich als ein *homogenes Cluster*, sobald man ihre Prozessverläufe betrachtet. Sie haben sich dieses stabile Kaufprozessmuster auf charakteristische Weise angeeignet. Es handelt sich um Prozesseigenschaften, die man bei den übrigen Konsumenten – bei den „Nicht-Gefestigten" – nicht vorfindet. Das Charakteristische dieses *Clusters* besteht in Folgendem:

- ▶ Im Zuge ihrer ersten Konsum- und Kauferfahrungen, die teilweise weit zurückliegen, berichten sie in *lebhaften Bildern*, wie sie mit der Welt des Wäsche-Waschens Bekanntschaft gemacht hatten: Mutter, Großmutter, die Waschküche, Gerüche werden verbalisiert, man erinnert sich an Mahlzeiten usw.

- Es tritt dann ein *typisches Ereignis* ein, über das die Konsumenten im Zuge ihrer Kauferfahrung berichten: Auszug aus dem Elternhaus, Umzug, eigene Wohnung, Partnerschaft, teilweise auch Heirat und Kinder.
- Eine *extensive Exploration* folgt bei den „Gefestigten": Sie probieren weit überdurchschnittlich viele verschiedene Anbietermarken aus – 2,3-mal mehr (!) im Vergleich zu den „Nicht-Gefestigten".
- Sie landen mehrheitlich bei jener Marke (oder jenem Einzelhandelskanal), welche(r) *nicht* im Elternhaus präferiert wurde, und zwar um das 2,5-mal häufiger im Vergleich zu den nicht loyalen Käufern.
- Dieser Marke bleiben sie dann treu – sie neigen nicht zum „Springen".

Mit diesem Prozessmuster ist das *Cluster* beschrieben und eingegrenzt. Jetzt geht es darum, das Marketing neu auszurichten auf diese Erkenntnis. Zunächst können die Fragen präziser gestellt werden:

- *Wer* zählt zu dem Segment der „Gefestigten", der auf diese charakteristische Weise sich dieses Muster aneignet? Gibt es Merkmale, womit der Brückenschlag möglich wird zu den gängigen Analyseergebnissen, über die die Medien in Bezug auf ihre Leserschaft und Zuhörerschaft verfügen? Wie wird ein Brückenschlag zu den auf dem Adressbrokermarkt angebotenen Dateien möglich? Korrelationen hat man in diesem Fall finden können, insbesondere mit Adressdateien, die erhältlich sind.
- Offenbar gibt es eine *kritische Phase* auf der Lebensachse dieser loyalen Konsumenten, dort, wo ein Explorieren und aktiv nach neuen Waschmittelangeboten Suchen stattfindet. Gibt es Medien oder Adressdateien, die mit diesem Zeitpunkt korrespondieren, damit man die heranwachsenden Zielgruppen zeitpunktgenau ansprechen kann?
- Wie ist dieses *Cluster thematisch* zu adressieren, damit man die Ansprechbarkeit trifft, die Motivationen und Antriebe, die zu diesem Zeitpunkt vorherrschen?
- Wie lautet das *Angebot* an dieses *Cluster*, jenes von *Unilever* – damit die Kunden den Weg zur „richtigen" Marke finden?
- Welche *Kooperationsformen* gibt es mit dem betreffenden Retailer? Es gibt wohl gemeinsame Interessen, doch welche Rolle kann der Retailer spielen und welche der Hersteller? Gibt es zum Beispiel „Sender-Rollen", die sich speziell für den Retailer eignen – und solche für den Hersteller? *Win-Win-*Punkte sind gesucht.

▶ Und schließlich: Dem Signal „Aktion" oder „Rabatt" scheint eine Schlüsselrolle zuzukommen. Wie aber ist der Rabatt einzusetzen, wo und wie häufig, und wie zu dosieren, damit der Kaufimpuls gerade noch eintritt – und die *Erlösminderung minimal* ausfällt?

Die Fragen sind präziser formuliert. Die Antworten lassen sich finden, zum Teil unmittelbar und sehr rasch. Für andere Aspekte – z.B. Inhalt und Form der *Cluster*-Ansprache – lassen sich Lösungen entwickeln; die Leitplanken sind gesetzt und sie sind sehr konkret.

4. Was Kaufprozesse von heute auszeichnet: Fünf wiederkehrende Prinzipien

Man ist geneigt anzunehmen, dass aus 170 empirisch erforschten Kaufprozessen von Konsumenten gewisse allgemeine Strukturen hervortreten würden, dass branchenübergreifende Muster zu erkennen wären, die das Kaufen und Konsumieren der Kunden von heute abbildeten. So würde man meinen.

Zugegeben, das war auch unsere Erwartung. Im Zuge von immer mehr Studien, die sich hintereinander reihten, kam immer wieder die Hoffnung auf, jetzt das *allgemeine Muster* aufzudecken. Aber dann begann wieder eine neue Studie, und wir konzentrierten uns wieder aufs Methodische: die Daten einsammeln, minutiös, ohne das Objekt der Untersuchung zu beeinflussen, und schließlich die Daten ordnen. Zudem ist die Untersuchungsmethodik der Verhaltensanalyse auf das *Einzelne* gerichtet: Man geht auf die Kaufprozesse von Individuen ein und versucht diese so exakt und so detailliert wie möglich nachzuzeichnen. Nicht das Allgemeine hat man im Auge, sondern das Individuelle, analog zum Botaniker, der die Blumen in einer Gegend erfasst. Staubfäden werden gezählt und vermessen, Blütenblätter und Kelchblätter kategorisiert, und alles wird immer wieder ausgezählt. Was am Ende das Ergebnis seiner Forschungsarbeit sein wird, ist ungewiss.

So ist auch das Bild, das sich nach 30, nach 50 und nach 100 Kaufprozess-Analysen herausgestellt hat, solchen von Körperlotionen oder von Waschpulver; von Automobilen oder von Fernsehgeräten; von einer Lebensversicherung oder von Hypotheken. Das Bild ist vor allem eins: *vielfältig*. Es gelingt kaum, Strukturen aufzudecken, die vergleichbar wären und die unterschiedliche Produktkategorien verbinden könnten.

Hingegen gelingt es, gewisse Prinzipien herauszuschälen, die man immer wieder in Kaufprozessen von Konsumenten vorfindet. Allgemeine Prinzipien, die sich wiederholen in den Kaufprozessen von unterschiedlichen Produkten und unterschiedlichen Dienstleistungen. Diese Prinzipien können an unterschiedlichen Stellen in den Prozessen auftreten. Sie sind als universell anzusprechen, weil sie immer in ähnlicher Weise funktionieren und den Verlauf von Kaufprozessen bestimmen können.

Wir beschreiben diese Prinzipien und versuchen zu verstehen, wie sie einzusetzen sind, um gesetzte Ziele zu erreichen, also (hauptsächlich) Kaufabschlüsse herbeizuführen. Wir sprechen dabei von fünf *Wirkgesetzen*:

- *Wirkprinzip 1:* Die Antriebe, die Kaufprozesse in Gang setzen, sind generisch.
- *Wirkprinzip 2:* Situative Faktoren gewinnen zunehmend die Kontrolle über Kaufprozesse.
- *Wirkprinzip 3:* Unterhalb der Schwelle des Bewusstseins klinken sich Handlungsautomatismen ein.
- *Wirkprinzip 4:* Schlüsselhandlungen setzen Prozesse in Gang.
- *Wirkprinzip 5:* Pure Gewohnheit stabilisiert das Kaufen.[20]

Und schließlich richten wir ein spezielles Augenmerk auf den *Brand* und suchen nach Spuren dieses *Brands* in den Kaufprozessen.

4.1 Wirkprinzip 1: Die Antriebe, die Kaufprozesse in Gang setzen, sind generisch

Wir wählen den Kaufprozess, der zu *Opel* führt, als Beispiel, um das genannte Wirkprinzip zu illustrieren.[21] *Opel* ist auf dem schweizerischen Markt eine der führenden Marken, mal an der Spitze vor VW und Toyota, mal auf dem zweiten Platz. Mit der Verhaltensanalyse hat man den Kaufprozess von 140 Käufern nachgezeichnet, die von einer anderen Marke gewechselt haben hin zu *Opel*. Davon waren hundert Fälle „erfolgreich" (sie haben *Opel* als Alternative in Betracht gezogen und schließlich auch gekauft) und vierzig „nicht erfolgreich" (sie haben *Opel* in Betracht gezogen, aber dann einer anderen Marke den Vorzug gegeben).

Die aggregierten (individuellen) Kaufprozesse sind in Abbildung 3 wiedergegeben. Man erkennt darauf nicht weniger als *58 Handlungsschritte*, die aufeinander folgen.

---

20 Eine größere Auswahl solcher Prozesse ist darstellt in: Rutschmann (2005), S. 79ff.
21 Die Details zu dieser Kaufprozessanalyse sind dargestellt in: Rutschmann (2005), S. 81 ff.

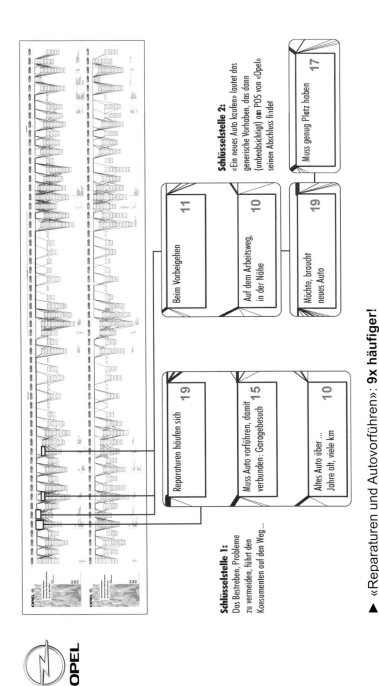

Abbildung 3: Der Kaufprozess von *Opel* mit 2 Schlüsselstellen

Wir richten unser Augenmerk auf das erste Drittel des Prozess-Charts, dort, wo der Kaufprozess seinen Anfang nimmt und der Konsument die ersten Schritte unternimmt, die ihn letztlich ans Ziel führen: den Kauf des neuen Autos. Bei diesem ersten Drittel des Prozessweges geht es um das Bewusstwerden eines Bedarfes bis hin zum Aufsuchen eines Händlers und zum Eintreten am *Point of Sales*. Dies ist, so kann man feststellen, ein „matchentscheidender" Abschnitt des Kaufprozesses – ohne dass der Konsument den Händler-POS aufsucht, wird kein Auto gekauft (in der Mehrzahl der Fälle). Und wenn das Aufsuchen des *Point of Sales* zugunsten des Händlers X ausfällt, dann – sagt uns die Lebenserfahrung – wird dieser Händler X wohl auch gute Chancen haben, den „Match" für sich zu entscheiden und das Auto diesem Konsumenten zu verkaufen. Jedenfalls sind seine Chancen besser als die eines Händlers Y, dessen POS dieser Konsument *nicht* aufsucht.

Wir schauen nun genauer hin auf das, was vom Konsumenten als „auslösend" für die erste Handlungsstufe genannt wurde, nämlich die Tatsache, sich mit einem Neuwagenkauf zu beschäftigen. Man erinnere sich an die hier angesetzte Methodik.[22] Es werden den Konsumenten *keine* Fragen gestellt – lediglich der (freie) Erzählfluss wird erzeugt. Dieses Erzählen geschieht aber im höchsten Detaillierungsgrad, welchen das episodische Gedächtnis des Konsumenten noch zulässt. Als auslösend wurde hier genannt:

- ▶ Reparaturen häufen sich (19 Fälle von 100)
- ▶ muss Auto vorführen, damit verbunden: Garagebesuch (15 Fälle von 100)
- ▶ altes Auto über … Jahre alt, viele Kilometer (10 Fälle von 100)

Diese Äußerungen betreffend die „Anschübe", die vom bisher gefahrenen Automobil herrühren, einer Fremdmarke. Zusätzlich wurde genannt (hier sind Überschneidungen/Mehrfachnennungen möglich):

- ▶ möchte/braucht neues Auto (19 Fälle)
- ▶ muss mehr Platz haben (17 Fälle)
- ▶ soll vier (fünf) Türen haben anstelle von bisher zwei (11 Fälle)

Wir nennen diese genannten Auslöser „generisch", weil sie für den Kaufprozess in dieser Kategorie („Automobile in der Mittelklasse") den Anstoß geben: Jetzt – aufgrund eben dieser Antriebslage – wird der Konsument aktiv. Zunächst fährt er seine Antennen aus: Wo erfahre ich mehr? In welcher Richtung muss ich mich bewegen? Wo kann ich schnuppern, ohne mich schon festlegen zu müssen?

---

22 Im Einzelnen dargestellt in: Rutschmann (2005), S. 61 ff.

Generisch benennen wir diese Anstöße auch, weil sie (mehrheitlich) nicht einer Marke gelten, sondern ein Handlungsmuster aktivieren und den Prozess eine bestimmte Etappe vorantreiben, der Kategorie „Automobil der Mittelklasse" entgegen. Im Fall von *Opel* haben die generischen Antriebe den Prozess bis an den *Point of Sales* geführt, ohne dass (bei einer Mehrheit der Käufer) schon Markenerwägungen ins Spiel gekommen wären.

Um diese Befunde richtig zu interpretieren, bevor man Folgerungen und Konsequenzen ableitet, gibt der nächstfolgende Handlungsschritt zusätzlichen Aufschluss: Was unternimmt der Autokäufer als Nächstes? Welchen Händler steuert er an? Vorherrschend sind auch hier Anstöße, die viel mit der Situation der Konsumenten, mit dem Standort des Händlers und wenig mit der Marke zu tun haben:

- „habe beim Vorbeigehen einen Autohändler gesehen" (11 Fälle)
- „auf dem Arbeitsweg, in der Nähe" (10 Fälle)
- „habe Flaggen wehen sehen bei einem Autohändler – der hat wohl neue Autos" (4 Fälle)

Die Artikulationen der kaufenden Konsumenten betreffen generelle Anforderungen, das, was für sie an der betreffenden Prozessstelle wegweisend war. Diese Anforderungen werden von der gesamten Kategorie erfüllt. In diesem Fall ist es ein Autohaus, von dem man „Mittelklassewagen" erwarten kann. Diese Anforderungen treiben den Prozess, bis der Konsument die Schwelle des *Point of Sales* überschritten hat.

Und weiter geht es im Prozessverlauf: Der Konsument betritt den *Showroom* des Händlers und versucht, das Angebot zu überblicken. Er hält Ausschau nach *seiner* Kategorie – er scheidet die zu großen oder zu kleinen oder zu sportlichen Modelle aus; und er schreitet hin zu jenem Modell, das in den Rahmen seiner Ansprüche passt. Dieses Modell beschaut er näher – dann (im Idealfalle) tritt der Verkäufer auf ihn zu.

Was später folgt, obliegt der Dialogführung durch den Verkäufer: Findet dieser das Gespräch? Holt er den Kunden im richtigen Rahmen ab – im Rahmen des Kunden? Kann er überzeugend die Verbindung herstellen zum ausgestellten Modell? Nun kommen die Markenerwägungen ins Spiel: Der Konsument erinnert sich an dies oder jenes, an *pro* oder *contra* der betreffenden Marke: Was er über *Opel* gehört hat? Das bringt er vielleicht ein in den Dialog mit dem Verkäufer, oder es könnte unausgesprochen bleiben. Die Machtverhältnisse sind aber mittlerweile sehr einseitig geworden, denn das ausgestellte Modell in seiner physischen Präsenz verfehlt nicht seine Wirkung; der beredte Verkäufer berieselt; die Gelegenheit, jetzt zuzugreifen und vom Sonderrabatt zu profitieren, drängt; die Freiheit zu wählen ist eingeschränkt …

Das Generische an den Kaufprozessen, vorwiegend am Ausgangspunkt und in den initialen Phasen, haben wir in einer Vielzahl von den 170 mittlerweile durchgeführten Kaufprozessanalysen feststellen können. Wir sind der Ansicht, dass dieses Prozessmuster sich auf dem Vormarsch befindet. Es ergreift zunehmend mehr Produkte innerhalb einer Kategorie und zunehmend mehr Kategorien. Die Autobranche ist nur ein Beispiel: Der Konsument hat gelernt, dass die Mehrheit der angebotenen Herstellermarken „ausreichend gut" sind im Hinblick auf Komfort, Verlässlichkeit, Sparsamkeit. Auch im Äußeren, von ein paar Premiummarken abgesehen, erkennt er kaum noch einen nennenswerten Unterschied zwischen einem *Ford* oder *Opel* oder *Nissan* oder … Und als Folge treten kategorische Kriterien als Erstes ins Spiel: die Platzverhältnisse; der Wagentyp; wie klein oder groß; Van, Limousine oder Multi Purpose Vehicle; die Preiskategorie usw. Anhand solcher Kriterien wählt der Konsument sein Produkt – das er dann bei verschiedenen Herstellern anzutreffen glaubt – ohne zwischen den Anbietern nennenswert zu unterscheiden. Die Qualität werde wohl ohnehin „ausreichend" sein.

Dieser Lernerfahrung wohnt die Tendenz inne, sie auf weitere Produktkategorien zu übertragen. Auch bei Flachbildschirmen nimmt der Konsument mittlerweile an, dass die Qualität „ausreichend gut" sei. Bei Versicherungen haben wir das gleiche feststellen können. Und auch bei Produkten des täglichen Bedarfes wie Joghurts oder Teigwaren, wobei bei diesen noch am ehesten der Einzelhändler als Orientierung für die Qualität dient.

Ich führe hier ein weiteres Beispiel an, um das Prinzip des generischen Antriebs zu illustrieren, den ich als sehr dominant erachte und welchem, nach meiner Einschätzung, eine wachsende Bedeutung zukommen wird.

Das Buchen von Ferien wurde untersucht bei Konsumenten, die soeben eine größere Ferienreise gebucht haben, eine sogenannte Pauschalreise, bei welcher im Preis alles eingeschlossen ist. Gebucht haben diese Konsumenten in einem traditionellen Reisebüro, nämlich bei *Hotelplan*, der Nummer 1 im schweizerischen Reisemarkt. Mit der Befragungstechnik der Verhaltensanalyse hat man den Prozess nachgezeichnet, den die Bucher hinter sich haben: vom ersten Gedanken an dieses „Ferienprojekt", der Jahre zurückliegen kann, über alle Phasen des Sichinformierens, Sichinspirierens und -abstimmens mit Familie oder Ferienpartner bis zum Angebot und zum Kaufabschluss.

Was hat den Prozess zum Laufen gebracht, was war auslösend, und was hat ihn kanalisiert bis zur Angebotsunterbreitung durch einen Ferienveranstalter? Hier die ersten Phasen:

1. Am Ausgangspunkt, dort, wo die ersten Gedanken an das Ferienprojekt eingesetzt haben, rangiert an erster Stelle eine bestimmte Feriendestination, die man sich „schon lange gewünscht" hatte: einmal nach Südamerika, oder auf den Seychellen, oder … Im Durchschnitt sind es drei Destinationen, die der ferienplanende Konsument im Kopf hat und um die sich alles dreht. Diese Destination dient gewissermaßen als „kognitiver Anker", an den man sukzessive Informationen anhängen kann. Man hört aufmerksam, was Freunde berichten; in der Zeitschrift liest man etwas; am Fernseher erfährt man etwas darüber etc., und wird das Vorstellungsbild immer weiter mit Leben erfüllt.

2. Nun wird ein Ferienprojekt akut: Die Urlaubsreise vom bevorstehenden Jahr wird geplant. Auslösend ist die Ferieneingabe am Arbeitsort; die Koordination mit Familie oder Freunden usw. Während am Anfang noch mehrere Feriendestinationen im Kopfe des Konsumenten miteinander konkurriert haben, rückt jetzt *eine* Destination in den Vordergrund.

3. Jetzt werden Kataloge beschafft, mehrheitlich im örtlichen Reisebüro – aber unter aktiver Vermeidung eines persönlichen Gesprächs mit dem Verkäufer. Nur Kataloge will man nehmen können. An der Prozessstelle, wo der Konsument über diese Phase berichtet, kommen die Hände ins Blickfeld der Videokamera, die eigentlich auf das Gesicht gerichtet ist. Das unterstreicht den haptischen Charakter dieser Prozessstelle: Mit „Kataloge raffen" wurde diese Stelle benannt.

4. Die Kataloge sind gesammelt worden, und sie bilden das Material, aus dem die Ferienpläne geschmiedet werden. Das wiederum erfolgt im Kreise der Familie, der Freunde, mit der Ehefrau oder dem Ehemann. Es geht ums subtile Abstimmen von möglicherweise widersprechenden Vorstellungen und Wünschen der Beteiligten. Es ist eine lustvolle Phase, von Vorfreude genährt. Aus diesem Prozess geht schließlich ein konkretes Objekt, das sich im Katalog findet, hervor. Der Ort ist definiert, häufig auch schon das Hotel – während

der Reiseanbieter noch kaum erscheint auf dem Wahrnehmungsradar des Buchers. Die Kataloge, die in den Händen des Konsumenten landen, führen zu einem Entschluss, diese oder jene Destination zu buchen.

5. Und nun geht man zum Buchen – durchaus dort, wo die Kataloge herstammen. Im Reisebüro orientiert man sich beim Berater noch über die Details, die Rabatte usw. und schreitet zum Abschluss.

Wie weit ist dieser Prozess generisch getrieben – wo beginnen die Eigenschaften des Anbieters zu greifen, dessen Image, die Marke? Das lässt sich bei diesem Prozess präzise orten:

▶ Rein generisch basiert der Prozess auf den Phasen des Wunschaufkommens. Die Destination bzw. die Vorstellung von dieser Destination treibt an.

▶ Entscheidend für den Ausgang des Prozesses (bei welchem Anbieter wird gebucht?) ist jene Prozessstelle, bei der die Kataloge *in die Hände* des die Ferien planenden Konsumenten gelangen. Die erfolgsentscheidenden Eigenschaften des Anbieters sind: der Standort der Filiale (des Reisebüros), insbesondere dessen Erreichbarkeit („liegt am Weg") und – alles überragend – die *Abwesenheit* von Beratern, die zum Dialog drängen. Was zählt, ist das „Sich-selber-Bedienenkönnen", das Kataloge einsammeln – ohne dies dem Berater gegenüber begründen zu müssen („ich komme ja wieder"), und ohne sich als Ladendieb zu fühlen.

▶ Erst nachdem die ersten vier Prozessphasen durchschritten sind, kommen Anbietervorteile ins Spiel sowie Renommee, Qualität und weitere Charakteristiken des Reiseanbieters. Der Prozess ist zu diesem Zeitpunkt in Fahrt und es bräuchte schon erhebliche Gegenkräfte, um den potenziellen Kunden noch abzulenken und nicht in jenes Reisebüro zurückzuführen, das die Kataloge für ihn bereitgehalten hat.

Dieser geschilderte Prozess ist für die meisten Menschen nachvollziehbar und an sich nicht so überraschend. Doch leider setzen die Anbieter, also die großen Reiseveranstalter und ihre Einzelhändler, die Reisebüros, diese Prozessdynamik nicht um. Ja, sie stemmen sich dagegen mit viel Marketingaufwand. Sie stellen ihre Beratungskompetenz in den Vordergrund; aufwändige Verkaufslokalitäten mit vielen freundlichen Beratern, im *Flagship Store* gar mit Champagner, Corbusier-Fauteuils – und den Katalogen diskret im Hintergrund. Sie trachten danach, den Konsumenten mit glamourösem *Branding* zu beeindrucken. Dabei befindet sich der Konsument in einer Phase, in der er sich nur mit der Destination beschäftigen will. Ihn beschäftigt die Frage: „Wo kriege ich Kataloge?"... ohne einem Berater Rede und Antwort stehen zu müssen.

Auch mit dem Konzept ihrer Retail-Formate bedienen die Anbieter alles andere als den Prozess des Konsumenten. Als Erstes begegnet der Konsument dem Berater, der eine Bedürfnisabklärung durchführen möchte – respektive der Konsument antizipiert diesen Ablauf und findet trickreich einen Weg, der am Berater vorbeiführt. Der CEO von *Hotelplan* brachte dies, nachdem ihm das Prozessgeschehen präsentiert worden war, auf den Punkt: „Wir sind Geisterfahrer auf dieser Prozessstrasse."

Dieses Generische, das den Prozess anschiebt, ist keineswegs nur auf höherwertige Konsumgüter beschränkt. Wir stoßen auf ähnliche Verhältnisse bei den sogenannten *Fast Moving Goods*.

3M zum Beispiel verlässt sich in ihrer Kommunikation häufig auf das Generische, das den Kaufprozess bewegt und stellt den Kernnutzen ins Zentrum. Mit Erfolg, wie das Beispiel ihres Haushaltsschwammes *Scotch Brite* zeigt: „reinigt und kratzt nicht" lautet die Werbeaussage – obwohl die Konkurrenzprodukte die gleichen Eigenschaften haben. Und von Patrick Barwise und Seàn Meehan kennen wir das sehr illustrative Beispiel der Zahnpasta der Marke *Colgate Dental Cream*:[23] Hier nutzt der Marktführer eine Kernfunktion des Produktes als zentrale Werbeaussage, eine Kernfunktion, die von der ganzen Kategorie „Zahnpasta" erfüllt und vom Konsumenten erwartet wird: „Fördert starke, gesunde Zähne" (was so offensichtlich und selbstverständlich klingt wie „muss genügend Platz haben" im beschriebenen Beispiel von *Opel*). Barwise's und Meehan's Beispiel ergibt Folgendes:

> 55 Prozent der Käufer des Marktführers *(Colgate Dental Cream)* glauben, dass dieses Produkt „starke, gesunde Zähne" fördere. Bei der Nr. 8 gemessen am Marktanteil *(Ultrabrite)* haben wir ebenfalls 57 Prozent Käufer, welche dieser Marke „starke, gesunde Zähne" attestieren, obwohl *Ultrabrite* sich konsequent anders positioniert, nämlich mit: „macht weiße Zähne".

Der Unterschied im Marktanteil ist entstanden, sagen die Autoren, weil die *bloße Zahl* jener Konsumenten, welche den Kernnutzen der *Colgate* zuschreiben größer ist als die Zahl von Konsumenten, die den gleichen Kernnutzen (fälschli-

---

23 Barwise/Meehan (2005), S. 64.

cherweise) der Marke *Ultrabrite* zugeschrieben haben. Und nur die kernnutzentransportierende Botschaft erreicht das Verhalten des Konsumenten, könnte man noch anfügen, um die Beweiskette zu schließen.

Die Schlüsse, welche Barwise und Meerhan aus ihren Untersuchungen ziehen, lassen aufhorchen: Die meisten Merkmale, die mit Millionenbudgets propagiert werden, nimmt der Kunde entweder gar nicht wahr oder hält sie für unerheblich, oder er schreibt sie der falschen Marke zu. Die Autoren empfehlen, sich auf diejenigen Merkmale zu konzentrieren, die dem Kunden wichtig sind – ganz gleich, inwieweit Konkurrenzmarken diese Dinge *auch* bieten. Das kann schwieriger sein, als ein offensichtliches, aber banales Unterscheidungsmerkmal zu erfinden (beispielsweise die Zahnpasta rosa zu färben). Oft ist es aber der einzige Weg, um *Shareholder-Value* nicht über Billig-Preise, sondern durch Differenzierung zu schaffen, geben die Autoren zu bedenken. Das Ziel sollte aber sein, Differenzierung nicht durch „Anders-sein-Wollen" zu erreichen, sondern durch mehr Durchschlagskraft bei der zentralen Botschaft, die dem Konsumenten wichtig scheint. Das ist doch erstaunlich und weicht ab von dem, womit man sich im Marketing traditionellerweise befasst.

Wenn man sich mit Kaufprozessen empirisch auseinandersetzt und somit sieht, wie die Kaufprozesse tatsächlich ablaufen im Markt, dann treten die generischen Aspekte in den Vordergrund. In diesen generischen Phasen bahnt sich Entscheidendes an: Ob der Prozess überhaupt richtig in Fluss kommt, welche Richtung der Prozessverlauf einschlägt usw. Erst gegen Ende bewegt er sich auf ein spezifisches Angebot zu, auf eine bestimmte Marke. Erst im Wiederholungsfall, wenn die Erfahrungen mit dem Produkt positiv ausfallen, dann steuert der Konsument allenfalls die betreffende Marke direkt an.

Wenn man sich hingegen mit Leuten aus dem Marketing unterhält, so läuft alles gerade umgekehrt. Man spricht praktisch nur über die Marke: Welche Vorzüge sie – die eigene Marke – habe, worin man sich *abhebe* von der Konkurrenz, und wie *kreativ* man all dies an alle Konsumenten kommuniziere. Die Phase der Bedarfsentstehung, die jeder Markenerwägung vorausgeht, die ersten Schritte, die der Konsument vollzieht, um sich einem Angebot anzunähern, die erscheinen wie Niemandsland. Kein Anbieter kümmert sich um dieses Terrain. Alle schauen herunter auf den eigenen Nabel – und klopfen sich gegenseitig auf die Schultern (um das körperliche Bild noch zu vervollständigen).

Die Schlussfolgerungen nun noch konkret, auf die beschriebenen zwei Beispiele bezogen (Kauf eines Automobils oder Buchen einer Reise): Im ersten Fall macht sich noch der Händler bemerkbar. Der *Opel*-Händler kennt die Phasen des

„Sich-gerne-unverbindlich-Orientierens" besser als der Produkthersteller, und er bedient diese Phase mit seinem Händlermarketing. Dies macht er eher pragmatisch, seinem Bauchgefühl folgend, während der Hersteller alles daran setzt, die Marke ins Spiel zu bringen: eindrücklicher „Markenauftritt" am POS, wie es im Jargon heißt, homogen usw. – was der Phase des „Sichannäherns" durch den Konsumenten nicht eben entgegenkommt …

Oder im Beispiel der Reisebranche: Im Hinblick auf das Durchsetzen der Markenidentität – in der Schweiz *Kuoni*, *Tui* und *Hotelplan* – findet der Wettlauf statt. Jeder möchte sich eindrücklicher, schöner, kreativer in Szene setzen, und die *Branding*-Botschaften werden mit großem Werbedruck verbreitet. Doch sie erreichen den Kunden nicht – dieser befasst sich erst mit der Wahl „seiner" Destination und nachher mit: „Wie kann ich die Kataloge in die Hände bekommen – ohne einem Berater Erklärungen schuldig zu sein?"

Die Bemühungen des klassischen Marketings zielen an den wichtigen Phasen des Kaufprozesses vorbei. Darin erblicken wir das Potenzial, das es auszuschöpfen gilt. Das kaufprozessorientierte Marketing hilft, sich dort ins Prozessgeschehen einzuschalten, wo man etwas ausrichten kann, vor allem, weil die Konkurrenz diese Phasen ignoriert. Und dann die taktischen Vorkehrungen treffen, damit der erzeugte Kundenstrom auch ans eigene Angebot führt – was in der Praxis nicht allzu schwierig ist.

Was bedeutet dieses Wirkprinzip 1 für das praktische Marketing? Bietet sich dieses Prinzip an, um gestaltend Einfluss zu nehmen auf das Geschehen im Markt?

In der Tat, würde ich meinen. Es ist sogar ein besonders ergiebiges Prinzip für das Marketing. Aber es bedeutet auch Abstand zu nehmen von ein paar *Klischees*, die das Marketing und vor allem die Werbung dominieren, nämlich besonders „kreativ" zu sein, „anders" zu sein usw. Dieses Bedürfnis ist in der Berufsgruppe der „Werber" weit verbreitet. Kreativität ist aber in einer anderen Hinsicht gefragt: Wie kann man generische Antriebe ansprechen? Wo in dieser frühen Prozessphase ist der Konsument anzusprechen, und was müssen wir (an dieser Prozessstelle) anbieten, damit er den ersten Schritt vollzieht, z.B. wenn der Konsument sich mit „häufig auftauchenden Reparaturen" plagt (Auto-Beispiel), oder wenn er das Auto bei der Prüfstelle vorführen soll, oder wenn er ein Auto mit «mehr Platz» sucht?

Ingeniös muss das Marketing sein, um den Konsumenten mit generischen Antrieben abzuholen. Er muss viel eher erfinderisch sein als „kreativ". Hier bieten sich ganz neue Spielwiesen an für die Menschen, die im Marketing tätig sind.

4.2 Wirkprinzip 2:
Situative Faktoren gewinnen zunehmend die Kontrolle über Kaufprozesse

4.2.1 Kleine Ursache – große Wirkung

Situative Faktoren gewinnen zunehmend Bedeutung für das Marketing. Selbst kleine, unscheinbare Gegebenheiten in der Situation beeinflussen das Verhalten und vermögen den Handlungsstrom zu lenken. Und somit haben sie Folgen. Die Folgen solcher situativen Faktoren können bedeutend sein für ein Unternehmen – durchaus *erfolgsentscheidend*. Hier ein Beispiel:

> Zusammen mit *Coop*, der Nummer 1 im schweizerischen Einzelhandel, wollten wir dem Prozess auf die Spur kommen, welcher den Konsumenten in einen Supermarkt führt, dort in die verschiedenen *Categories*, dann ans Regal, an das Greifen nach einem bestimmten Produkt, an das Legen desselben in den Korb oder Wagen, an das Aufsuchen der nächsten *Category* usw. und schließlich an das Gehen zur Kasse. Über Video beobachteten wir diesen Prozess des Einkaufens. Ein Fokus lag beim Eingangsbereich: Wie schreitet die Kundin zum Eingang, wie ändert und orientiert sich die Geschwindigkeit? Welche Bahn schlägt sie ein, wenn sie die Verkaufsfläche betritt? Zunächst hat sich der *Rechtsdrall* des Menschen bestätigt. Wir bewegen uns bevorzugt entlang der rechten Wand. Das ist ein durchaus bekanntes Phänomen, das z.B. auch in Japan zu beobachten ist, wo auf der Straße Linksverkehr herrscht. Man kann dies als Indiz für ein Verhaltensprogramm in uns Menschen werten, das genetisch festgelegt ist.
>
> Nun hat man die Perspektive eingeengt, einzelne Bewegungsabläufe der Kunden betrachtet und auf sich häufig wiederholende Muster abgesucht. Und da ist ein überraschendes Muster ans Licht gekommen: Der den Raum abschreitende Mensch neigt dazu, seine rechte Schulter leicht vorzuschieben, und gleichzeitig tendiert sein Blick nach links. Das vergrößert die Wahrscheinlichkeit, dass die hübschen, kleinen, roten Einkaufskörbchen, die sich links des Konsumenten darbieten, *häufiger* beachtet werden im Vergleich zu den großen Einkaufswagen, die rechtsseitig der Wand entlang aufge-

reiht waren. Die Chancen für die kleinen Körbchen waren also gut: Der Konsument sieht sie und greift nach ihnen (dabei wird er sich wohl sagen, „da bin ich schnell wieder raus; wollte ohnehin nicht viel kaufen; sollte auf mein Budget achten" etc.). Kurz, die Körbchen wurden bevorzugt. Das Muster war augenfällig. In unserem Experiment *vertauschte* man über Nacht die Seiten, am nächsten Morgen waren *links* die großen Einkaufswagen, *rechts* die kleinen, roten Körbchen. Beim Zählen der Körbchen und Wagen, die sich im Umlauf auf der Ladenfläche befanden, stellte man fest: Die Rate der großen Einkaufswagen *erhöhte* sich um 18 Prozent! Und in der Folge erhöhte sich die Verweildauer der Kundin im Supermarkt. Die Chancen, die Weinauslage in der gegenüberliegenden Ecke des Supermarktes aufzusuchen, standen gut. Die Drei-für-zwei-Aktionen wurden mehr genutzt mit dem bequemen Einkaufswagen. Es wurde ganz einfach mehr gekauft.

Eine kleine Ursache – hier am *Point of Sales* – mit großer Wirkung. Solche „kleine Ursachen" findet man auf der ganzen Länge von Kaufprozessen. Ihnen auf die Spur zu kommen, kann wichtig sein für das Marketing. Das wird vor allem dann der Fall sein, wenn diese kleinen Ursachen mit *hoher Regelmäßigkeit* auftreten. Man wird diese regelmäßig auftretenden situativen Faktoren dann feststellen wollen und sie nutzen.

Somit stellt sich die folgende Frage: Wie kann man diese Faktoren einbauen in ein Konzept, damit sie mit Hebelwirkung den Erfolg für ein Unternehmen verstärken? Man will vielleicht Einfluss nehmen auf diese „kleinen Ursachen", die man im situativen Umfeld entdeckt oder will sie gar künstlich herbeiführen, damit die Kaufprozesse den gewünschten Verlauf nehmen, also beim Produkt enden, das man verkaufen möchte.

Allerdings ist es nicht ganz einfach, den Überblick zu gewinnen über die situativen Faktoren, denn sie sind vielfältig und groß an der Zahl. Außerdem: Von allen situativen Faktoren, die im Vorfeld einer Handlung feststellbar wären, wenn man nach ihnen suchte, ist jeweils nur ein kleiner Ausschnitt relevant, d.h. nur wenige Faktoren begünstigen oder hemmen eine Handlung tatsächlich und haben somit Folgen.

4.2.2 Wir neigen dazu, die situativen Faktoren systematisch zu übersehen

Es ist aber auch erstaunlich, wie gering das Interesse an diesen situativen Faktoren zu sein scheint. Weder die anwendungsorientierte Marketingforschung befasst sich gern damit noch die Theorie. In Letzterer wird allenfalls auf situative Faktoren verwiesen, um damit zu sagen, dass man das Verhalten im Einzelfall oft nicht prognostizieren könne. Situative Faktoren seien störend. Pauschal verweist man auf sie, ohne die situativen Faktoren einzeln zu benennen oder eine Anweisung zu geben, wie man sie ins Spiel bringen könnte.

Offensichtlich haben wir es hier mit dem Phänomen zu tun, welches Karl Popper beklagt:[24] Wir unterliegen einer Tendenz, situative Faktoren systematisch zu übersehen, wenn wir menschliches Verhalten verstehen wollen. Intuitiv suchen wir nach den „inneren Beweggründen", die wir den handelnden Menschen zuschreiben. Popper weist an verschiedenen Stellen auf diese Tendenz hin und er vermutet, es handle sich um ein genetisch verankertes Denkschema, dem wir Menschen unterliegen.[25] Immer wieder übersehen wir die „Logik der Situation" in unserem Eifer des Erklären-Wollens. Bevorzugt ziehen wir „Motive" herbei, wenn wir menschliches Verhalten interpretieren. Popper formuliert das so:

„Wir können sagen, dass sich unsere Handlungen in weitem Ausmaße aus der Situation erklären lassen, in der sie stattfinden. Eine Erklärung aus der Situation allein ist natürlich nie möglich; wenn wir erklären wollen, warum ein Mensch beim Überqueren der Straße den Fahrzeugen in bestimmter Weise ausweicht, so werden wir vielleicht über die Situation hinausgehen müssen; wir werden Bezug nehmen müssen auf seine Beweggründe, auf einen „Instinkt" der Selbsterhaltung, auf einen Wunsch, Schmerzen zu vermeiden. Aber dieser psychologische Teil der Erklärung ist sehr oft trivial im Vergleich zu der detaillierten Bestimmung seiner Handlungen durch das, was man die *Logik der Situation* nennen könnte; und außerdem ist es unmöglich, alle psychologischen Faktoren

---

24 Popper (1992), Bd. 2, S. 105 ff.
25 Es gibt mittlerweile auch aus der experimentellen Sozialpsychologie zahlreiche Hinweise, dass wir hier zu einer gewissermaßen „angeborenen Wahrnehmungsverzerrung" neigen und wir die Tendenz haben, die Logik der Situation zu unterschätzen. Die sogenannte Thomas-Theorie, ist ein solches Phänomen: Festgeprägte Einstellungen (*stereotype*s) treten zurück, die „Gründe" des Handelns werden vom handelnden Menschen nachträglich re-interpretiert. Und aus der Psychologie kennt man den sogenannten „Attributionsfehler", er steht für die Tendenz, die Persönlichkeitseigenschaften zu überschätzen und die situativen Einflüsse zu *unterschätzen*.

in die Beschreibung der Situation einzubeziehen. Die Analyse von Situationen, die Situationslogik, spielt im sozialen Leben wie auch in den Sozialwissenschaften eine sehr wichtige Rolle. Sie ist *die* Methode der ökonomischen Analyse."[26]

Für das Marketing fassen wir das so zusammen: Es bringt wenig, sich über die Motive der Konsumenten auszulassen – dies ist komplex und trivial zugleich. Es bringt aber erstaunlich viel, die Situation sehr genau ins Auge zu fassen. Dann wird es interessant: (großer) Einkaufswagen links anstatt rechts – sehr einfach, und die Wirkung ist verblüffend, es wird mehr gekauft. Das Beispiel der Einkaufskörbchen steht hier symbolisch für kleine Ursachen mit großen Folgen.

4.2.3 Die Vielfalt der situativen Faktoren in eine Ordnung gebracht

Eingangs haben wir gesagt, dass es nicht einfach ist, den Überblick über diese situativen Faktoren zu gewinnen. Es sind sehr viele, und – das kommt komplizierend hinzu – sie erreichen den handelnden Menschen aus ganz unterschiedlichem Radius. Sie erreichen ihn gewissermaßen aus dem Makrogeschehen, z.B. bedingt durch die aktuelle Lebenssituation. Ein Beispiel, um das zu veranschaulichen: Ein junger Mann hat soeben das Studium begonnen und ist vom Elternhaus ausgezogen, woraus Situationen gehäuft hervorgehen, bei welchen er sich in City-Lagen aufhält; er zum nächsten Unterhaltungsangebot eilt; die Zeit knapp ist und er somit auf *Fast Food*-Angebote bevorzugt reagiert. Der Studiumsbeginn dieses jungen Mannes ist hier gewissermaßen als „Großwetterlage" zu bezeichnen. Diese hat – über eine kaskadenartige Verkettung – eine Mikrosituation von bestimmten Ausprägungen zur Folge, was zu einer Handlung in der konkreten Situation führt: Der Student kauft heute den Hamburger beim Bahnhof.

Am anderen Ende des Kontinuums stehen die situativen Reize aus dem Nahbereich: Der Konsument öffnet den Briefkasten, sortiert seine Post, sein Auge fixiert einen Umschlag mit der Aufschrift „Wichtig für Sie!" – und schon fährt der Zeigefinger aus, um den Umschlag zu öffnen (mit bekannten Folgen: Das Sonderangebot von Weinen wird bestellt). Es ist hier gleichsam der Mikrokosmos, aus dem die situativen Reize hervorgehen, im Vergleich zum Makrokosmos, den wir als „Großwetterlage" bezeichnet haben.

Wir wollen das anhand von zwei weiteren Beispielen verdeutlichen, die das jeweils Typische von situativen Faktoren zeigen:

---

[26] Popper (1992), Bd. II, S. 114 ff.

- Die Mutter hat heute Morgen vor, die Kinder in die Schule zu bringen – und hat *nicht* geplant, einkaufen zu gehen. Auf dem Weg in die Schule trifft sie zufällig eine Bekannte, mit der sie einen Kaffee trinken geht im nahe gelegenen Einkaufscenter. Und schon ist der Prozess verschoben: Sie erledigt im gleichen Zug auch noch die Einkäufe – an einem Ort, wo sie sonst nicht einzukaufen pflegt. Hier fallen ihr Angebote auf, die sie nicht erwartet hätte.

  Eine bloße Verkettung von Ereignissen und Situationen hat – zufällig – ein Verhalten bewirkt, das Folgen hat. Das Zufällige dabei kann, bei genauerem Hinsehen, durchaus Regelmäßigkeiten aufweisen. Die kleine, aber prosperierende Lebensmittelkette *Volg* in der Schweiz nutzt diese Regelmäßigkeit: Jedes Ladengeschäft hat im Eingangsbereich mindestens zwei oder drei Tische mit Stühlen und offeriert eine kleine Auswahl von Gebäck und Kaffee. So wurde *Volg* zum beliebten Treffpunkt von Müttern mit Kindern.

- Ein junger Mann nimmt jeden Morgen zum Frühstück ein bestimmtes Getränk der Marke X zu sich – eine Gewohnheit. Nun ereignet sich ein Wechsel in seinem Berufsleben, er tritt eine neue Stelle an einem anderen Ort an. Als Folge davon wechselt er das Verkehrsmittel: Er fährt nun nicht mehr mit dem Auto zur Arbeit, sondern mit der Bahn. Bei der Rückkehr am Abend liegt jetzt ein (kleiner, praktischer) Supermarkt am Weg mit neuen Angeboten für die Verpflegung am Morgen vor der Arbeit. Er findet hier einen mit Cerealien angereicherten Energy-Milchdrink der Marke Y. Den kann er am Morgen auf dem Weg zum Bahnhof einnehmen. Die Marke X, sein früheres Frühstücksgetränk, wurde somit *substituiert* durch Y, mitbedingt durch äußere Umstände.

Die Beispiele zeigen, dass letztlich ein Kanal gewählt oder eben ein bestimmtes Produkt gekauft wurde, *ohne* dass das Produkt selbst (seine Eigenschaften, Image, die Claims, welche der Hersteller ins Feld führt) eine Rolle gespielt hätten – es war die *Situation*, die letztlich die Kaufhandlung verursacht hat. Außerdem sollen die Beispiele zeigen, dass der Faktor „Situation" aus sehr unterschiedlicher Distanz den kaufenden Konsumenten erreichen kann. Im ersten Fall war es die Lebensphase, die – über zahlreiche intermediäre Faktoren – letztlich hineingespielt hat in den Kaufprozess und dessen Ausgang. Ein anderes Mal ist die Distanz ultrakurz: ein Reiz, der „ins Auge gesprungen" ist, hat das Brieföffnen hervorgerufen und in der Folge die Bestellung ausgelöst.

Es gibt sehr viele unterschiedliche „situative Faktoren". Hilfreich ist es, diese in grobe Kategorien zu fassen. Wir unterscheiden *fünf Kategorien*, die wir aufgrund ihres jeweiligen „Radius" – vom handelnden Menschen aus gesehen – in eine Reihenfolge bringen:

(1) Großereignisse im Lebenslauf

Es gibt Ereignisse in der Biografie eines Menschen mit jeweils einschneidenden Folgen auf das Kaufverhalten. Wenn wir am Anfang beginnen: Die Geburt eines Kindes hat eine charakteristische Veränderung des Konsumverhaltens der Eltern zur Folge. Vater und Mutter werden neue Gewohnheiten aufnehmen, sich von alten verabschieden, die Tages- und Wochenprojekte neu organisieren und unter Umständen neue Einkaufskanäle kennenlernen. Der Schulanfang des Kindes bedeutet wieder eine Zäsur und ebenso das Flügge-Werden. Wenn der junge Mensch von zu Hause auszieht, beginnt er sich nach neuen Mustern zu verpflegen, die Kleidungskäufe zu organisieren usw. Stationen in der Ausbildung sind weitere „Großereignisse", die sich auf die Gewohnheiten und somit auch auf das Einkaufen auswirken. Später kommen berufliche Beförderungen und Stellenwechsel hinzu, begleitet von Wohnortswechsel und neuen Verkehrswegen, die das Einkaufen wieder neu festlegen. Das Leben setzt sich fort mit jeweils charakteristischen Veränderungen in der Situation für jeden neuen Lebensabschnitt.

Das sind Großereignisse, die typischerweise mit einer Lebensphase korrelieren. Dann gibt es „Verwerfungen" – zum Beispiel bringt eine *Scheidung* vom Lebenspartner alles durcheinander, genauso wie es ein Unfall, eine schwere Krankheit oder Arbeitslosigkeit tun kann. Dabei tun sich für die Wirtschaft aber immer auch neue Opportunitäten auf.

Analog sind Großereignisse denkbar infolge von wirtschaftlichen Veränderungen und politischen oder gesellschaftlichen Entwicklungen. Sie erzeugen eine neue Situation für das Individuum und haben Folgen für das Verhalten.

(2) Ein Vorhaben, das man ausführen möchte

Jeder Mensch hat bestimmte Vorhaben, die er umsetzen möchte. Er möchte eine Sprache lernen, den Körper stärken, das Wohnzimmer neu tapezieren oder sich im Golfclub integrieren. Solche Vorhaben führen ihn an einen bestimmten *Ort* wie z.B. ins Fitnesszentrum oder auf den Golfplatz. Und dieser Ort wird dann zum Ausgangspunkt für weitere Prozesse, die regelmäßig dort initiiert werden. Auslöser sind die Menschen, die man trifft oder die Aktivitäten, die dort anknüpfen usw.

Zudem kann das Vorhaben eine charakteristische Abfolge von Verrichtungen erzeugen: Ratgeber fürs Tapezieren beschaffen, dann Leim und Farbe einkaufen; später stellt man fest, dass ein Werkzeug fehlt, das man noch braucht; schließlich die Tapeten aufziehen und dann reparieren. Ein solches Vorhaben ist der Treiber von Prozessen, die längere Zeit dauern oder über weite Strecken führen können. Bis zu 30 Kilometer werden zurückgelegt, um die richtige Schraube zu beschaffen, haben wir in einer Studie über das *Do-it-yourself*-Verhalten festgestellt. Entlang dieses Prozessweges können sich Käufe ereignen, die wir dann als „situativ" bezeichnen: Lebensmitteleinkäufe werden im Vorbeigehen erledigt und dabei neue Angebote entdeckt, die nicht in einem sachlogischen Bezug zum ursprünglichen Vorhaben stehen – eine Schraube zu beschaffen (und deshalb als „zufällig" erlebt werden).

Schaut man sich solche Vorhaben genauer an und die Prozesse, die sie jeweils in Gang setzen, so wird man *Muster* feststellen können, die sehr homogen verlaufen. Der Anbieter für Heimwerkbedarf kann den Prozess des „Tapezierens, Tapeten und Wände ausbessern" ins Auge fassen. Er wird feststellen, dass das, was der individuelle Konsument als „zufällig" oder „beiläufig" erlebt, eine Regelmäßigkeit aufweist, auf die er sich einstellen kann. Die Bedarfsentstehung von Heimwerkvorhaben (das Bemerken eines Mangels) weist eine Charakteristik auf, auf die – die Werbung eingehen kann, wenn man sie kennt. Und weiter: Ein Heimwerkprojekt hat ein wiederholtes Aufsuchen des POS zur Folge. Der Heimwerker hat typischerweise immer etwas vergessen, oder etwas ruft nach einer Nachbehandlung – auch darauf kann sich ein Heimwerkanbieter einstellen und viel Kaufkraft abschöpfen.

(3) Die Routine des Tages

Eine Kaufhandlung kann oft aus der *Tagesroutine* des Käufers heraus verstanden werden. Die bloße Routine des Tages bestimmt den Ort und den Zeitpunkt, wann man sich wo aufhält und den Reizen ausgesetzt ist, die zu Kaufhandlungen führen können. Die Tagesroutine bestimmt auch die *Befindlichkeit*, die der Mensch in einem bestimmten Augenblick aufweist – und entsprechend auch seine Reaktionsbereitschaft. Dies wird vor allem dann offensichtlich, wenn die Routine einmal unterbrochen wird. Hier ein Beispiel aus einer Verhaltensanalyse für das Gastronomieunternehmen *Mövenpick*:

Ein Konsument steht am Morgen gewohnheitsmäßig um 7:00 Uhr auf, frühstückt zu Hause ausgiebig und begibt sich dann ins Büro. Hin und wieder überhört er den Wecker und erwacht zu spät, so wie es ihm auch heute wieder passiert ist. Es reicht zu Hause nicht zu einem Frühstück, sondern nur zu einem Espresso. Im Büro überlegt er, ob er heute etwas früher als sonst Pause machen soll, bereits zwischen 10 und 11 Uhr. An sich denkt er zunächst an das übliche Stehmenü mit Sandwiches in der Kantine. Aber dann stellt er sich vor, wie es wäre, heute doch etwas ausführlicher zu essen. Er denkt an die nahe gelegene *Mövenpick*-Gaststätte mit der vorzüglichen Küche: Er kann den Grillduft schon riechen, die bunte Salate schon sehen ... heute lässt man sich verführen, er verzichtet auf den Stehlunch in der Kantine und geht zu *Mövenpick*.

Ein Einzelfall, gewiss. Aber er kann auf ein Muster verweisen. Hier: Wird gefrühstückt, dann finden die Konsumenten seltener den Weg zu *Mövenpick* mit seinem eher konventionellen Angebot. Und sie machen sich weniger Gedanken im Vorfeld, an welchem Ort sie ihren Lunch verzehren werden. Sie präferieren leichtere Kost, und sie organisieren sich spontan. Damit fällt *Mövenpick* nicht in das Set der in Betracht gezogenen Alternativen. Im Zuge der Analyse sucht man nun nach weiteren Verhaltensmerkmalen von *Mövenpick*-Besuchern und Nicht-Besuchern, bis man die Ansatzpunkte für Marketingmaßnahmen identifizieren kann.

(4) Die kleinen, unscheinbaren Faktoren

Da sind einmal die unscheinbaren Gegebenheiten entlang des zurückgelegten Weges am Ort des Einkaufens, z.B. im Supermarkt. Das Beispiel Einkaufskörbchen links oder rechts wurde schon angeführt. Man kann sich weitere Faktoren vorstellen, die auf das Zugreifen zum Körbchen folgen. Sie wirken entlang des Weges zum Regal auf das Verhalten ein: enge Durchgänge zwischen den Regalen etwa, die man meidet (speziell das weibliche Geschlecht meidet diese, wie Untersuchungen festgestellt haben) oder von Licht durchflutete Zonen, die bevorzugt aufgesucht und durchschritten werden, bis man am Regal angekommen ist. Auch hier sind es äußere Faktoren, die das Zugreifen zum Produkt fördern oder es hemmen können. Liegt das Produkt auf Brusthöhe (wo die Chance fürs Zugreifen am höchsten ist) oder auf Kniehöhe (wo die Chancen um einen Drittel herunterfallen)? Faktoren in der räumlichen Anordnung korrelieren auffällig mit motorischen Bewegungen des Körpers, der Arme und der Hand, die schließlich das Produkt erfasst.

Der Konsument ist allerdings nicht in der Lage, über solche unscheinbaren situativen Faktoren Auskunft zu geben. Sie dringen nicht in sein Bewusstsein. Hingegen vermag die *Beobachtung* solche Verhaltensmuster aufzudecken und Hinweise zu liefern, die zu erheblich mehr Käufen führen.

(5) *Stimuli,* die Reflexe auslösen

Nun treten wir ganz nahe ans Prozessgeschehen heran und blicken auf den Menschen, der handelt, und auf seine nächste Umgebung. Jetzt werden Orientierungsreaktionen seiner Sinnesorgane sichtbar. Die Ohren werden „gespitzt" oder das Auge „fixiert" bestimmte Punkte: Man erkennt dann z.B., dass das Auge sich stetig bewegt. Es sucht unablässig das Umfeld nach Veränderungen ab – etwas, das neu ist – und nach Signalen, die Relevanz anzeigen für das Subjekt. Orientierungsreaktionen erfolgen automatisch, ohne bewusste Absicht.

Man kann die Augenbewegungen nachzeichnen mit physio-biologischen Methoden, die als *Eye Tracking* bekannt sind. Man stellt damit fest, dass das Auge gewisse Punkte fixiert, dort rund 300 Millisekunden verharrt und dann zum nächsten Punkt springt, den es wieder fixiert. Bei diesen Fixationspunkten fließen Informationen ins Gehirn – bei den Sprüngen findet hingegen *keine* Informationsübertragung statt. Dieses nervöse und sprunghafte Absuchen des Umfeldes erfolgt *ohne* Beteiligung des Bewusstseins. Es läuft reflexartig ab und ist abhängig einerseits von der inneren Gestimmtheit und andererseits von einer bestimmten Qualität der Reize im Umfeld.

Welche Elemente aus dem Umfeld bevorzugt fixiert werden, welche Qualitäten sie aufzuweisen haben, damit sie beachtet werden, ist gut erforscht. Man kann eine „Rangfolge der Wirkung" erstellen aufgrund gewisser Charakteristiken dieser Reize. So stellt man zum Beispiel fest, dass Bilder vor Texten rangieren; Gesichter vor Ganzkörpern; runde Formen vor eckigen Formen; warme Farben vor kalten usw. In Kenntnis dieser Gesetzmäßigkeiten kann der Blickverlauf eines Betrachters gesteuert werden, womit man die Informationsübertragung ins Gehirn des Betrachters recht gut kontrollieren kann.

4.2.4 Wie die situativen Faktoren Kaufprozesse lenken

Wir haben die situativen Faktoren fünf Kategorien zugeordnet, entsprechend ihrer räumlichen und zeitlichen Reichweite: von den Großereignissen, welche das Leben eines einzelnen Menschen über einen größeren Zeitraum bestimmen können, bis zu den Mikro-Gegebenheiten, die seinen Blickverlauf nahezu zwingend determinieren. Gemeinsam ist diesen situativen Faktoren, dass sie sich „einklinken" in Kaufprozesse und auf diese Weise deren Ausgang maßgeblich bestimmen.

Wie klinken situative Faktoren sich ein in Kaufprozesse – wie muss man sich das vorstellen? Ihre Wirkung entsteht aus folgenden Eigentümlichkeiten:

▶ Diese situativen Faktoren können als *maßgebende Treiber* wirken für die Menschen, die diesen Einflüssen ausgesetzt sind. Der Schulabgänger wird eine Stelle suchen; der Familiengründer nimmt eine zusätzliche Ausbildung in Angriff, um die Karrierechancen zu verbessern; bei guter Wirtschaftslage wird man andere Feriendestinationen wählen als bei einer Rezession; der Hobby-Tapezierer wird den Baumarkt aufsuchen, auch wenn er 30 Kilometer entfernt ist und sich seine Frau dagegen ausspricht.

▶ Situative Faktoren erzeugen oft eine charakteristische Abfolge von Handlungen. Im Zuge des Vollzugs dieser Handlungen führen sie Menschen zu ganz bestimmten *Zeitpunkten* an bestimmte Orte oder an bestimmte Medien heran.

▶ Und hier – an diesem Ort oder diesem Medium ausgesetzt – sieht sich der Mensch unvermittelt bestimmten *Reizen* gegenüber. Er ist vielleicht geneigt, diesen Reizen nachzugeben: Er reagiert.

▶ Die Reizkonstellation (auf die der Konsument reagiert hat) ist eine *Nebenfolge* des in Gang gekommenen Handlungsflusses. Nie hat es eine Absicht gegeben, diese Reizkonstellation aufzusuchen,

▶ ... aber mit einer Handlung beantworten wird sie der Konsument trotzdem. Es erhöht sich die Wahrscheinlichkeit einer Kaufhandlung, die sich bei dem Konsumgüteranbieter als *Umsatz* bemerkbar macht,

▶ ... und dann ist dieser Konsumgüteranbieter vielleicht geneigt anzunehmen, dass der Nutzen seines Produktes (oder der „magische *Brand*") ihm den Umsatz beschert hat – in Verkennung der wahren Treiber des Kaufprozesses.

4.2.5 Kaufprozesse sind ungerichtete Prozesse

In groben Zügen und holzschnittartig haben wir oben das Muster aufgezeigt, dem Kaufprozesse im heutigen Alltag folgen. Man erkennt, Kaufprozesse sind – zu einem guten Teil – *ungerichtete Prozesse,* sie bewegen sich nicht notwendigerweise auf ein Ziel hin. Das erinnert an evolutionäre Prozesse. Die Evolutionstheorie bezeichnet sie ebenfalls als ungerichtet. Es fallen Gemeinsamkeiten auf:

▶ Oft kann man beobachten, dass Kaufprozesse – wie evolutionäre Prozesse – *ziellos* sind. Nicht immer, aber häufig.

▶ Ein *Antrieb* muss angenommen werden – in evolutionären Prozessen wie in Kaufprozessen – aber die Umwelt determiniert den Verlauf maßgeblich.

▶ Und zu guter Letzt: Der Kaufprozess folgt Regeln, die ihn *kausal erklärbar* machen. Das hat er gemeinsam mit den evolutionären Prozessen.

4.2.6 Wie kann der Marketingverantwortliche die situativen Faktoren in seinen Dienst stellen?

Was macht der Marketingverantwortliche angesichts einer Prozessdynamik, die nahezu autonom abläuft? Wo kann er sich noch einschalten?

Ein Antrieb ist gegeben. Der Kunde sucht einen Kernnutzen – zum Beispiel möchte er Urlaub machen. Damit befindet er sich gewissermaßen auf der obersten Ebene einer Nutzenhierarchie, die noch sehr allgemein ist. Ein weiter Weg zum konkreten Produkt liegt noch vor ihm: Möchte er in Thailand seinen Urlaub verbringen oder doch eher auf einer Mittelmeerinsel? Soll er ein Pauschalangebot wählen oder sich die Reise selber zusammenstellen? Oder im Fall von *Opel*: Soll es ein viertüriger oder ein fünftüriger Wagen sein? Wäre ein Vierradantrieb vorteilhaft und erschwinglich? Vielleicht hat er eine bestimmte Marke eines Anbieters im Auge – vielleicht ist das aber noch unbestimmt. Sicher ist: Er hat noch einen Weg zurückzulegen, und es kann noch viel Zeit bis zum Kauf vergehen. Er ist auf diesem Prozessweg den situativen Faktoren ausgesetzt, ungeschützt auf der Flanke. Diese Faktoren können den Prozess jederzeit umlenken, einen Stillstand erzeugen oder den Prozess beschleunigen.

Was ist der Spielraum für das Marketing? Was kann man tun? Es wird zunächst darum gehen,

▶ die situativen Faktoren zu *kennen:* die Übersicht zu gewinnen über die maßgebenden Faktoren und ihr jeweiliges Gewicht; des Weiteren

- geht es darum, die situativen Faktoren zu *manipulieren*, jene Situation zu schaffen, die den Prozess – im Lichte der eigenen Zielsetzung – fördert, und
- … nach Möglichkeiten zu suchen, den Konsumenten auf seinem Prozessweg anzusprechen, mit ihm zu *kommunizieren*, und ihn an jene Situationen zu führen, die man als vorteilhaft erachtet.

Das *Wissen über die situativen Bedingungen*, denen der Konsument ausgesetzt ist auf seinem Weg zum Kauf, steht ganz oben auf der Dringlichkeitsliste des Marketings. Die Anbieter von Produkten und Dienstleistungen wissen nach meiner Einschätzung wenig Bescheid über diese Faktoren. Sie sind auf ihre Produkte fixiert, ihren *Brand*, den sie – zuallererst – in ein noch vorteilhafteres und intensiveres Licht stellen möchten. Durch diese Tendenz entsteht ein Aufmerksamkeitsdefizit gegenüber den situativen Faktoren. Hier wäre ein Gegensteuern von Seiten des Marketingmanagements vonnöten.

In der Praxis wenden wir, wie bereits dargelegt worden ist, die „Verhaltensanalyse" an, welche uns Schritt für Schritt alle relevanten situativen Faktoren auf dem Prozessweg aufdeckt, den der Konsument zurücklegt. Wenn die Faktoren dann aufgedeckt sind und vor uns liegen mit ihrer relativen Gewichtung, dann kann man sich kreativ betätigen und sich Gedanken machen, wie man diese Faktoren ins Spiel bringt und sie zum eigenen Vorteil nutzt.

Wenn beispielsweise ein Einzelhändler für *Food* und *Non-Food* weiß, wie der Bedarf für den nächsten Großeinkauf eines Konsumenten heranwächst; was die Faktoren und „Faktörchen" sind; in welcher Abfolge sie ins Spiel kommen; wie die Bedarfe der einzelnen zu kaufenden Produkte heranwachsen und wie sie sich kumulieren bis zum Vorsatz, jetzt einzukaufen – wenn ein Einzelhändler die Übersicht über diese Faktoren gewonnen hat, wenn er die Muster kennt, die er bedienen kann, dann kann sein Marketing einen großen Gewinn daraus ziehen. Insbesondere, weil die Muster sehr stabil sind – die Produkte wechseln, aber das Verhaltensmuster bleibt.

Ein Beispiel, wie das Aufdecken von Mustern im situativen Umfeld helfen kann, ein sehr erfolgreiches Geschäftsmodell zu entwickeln, ist jenes der *Gratis-Zeitung* im Großraum Zürich. Es hat in der Folge die gesamte Medienlandschaft in der Schweiz umgepflügt. Das Modell Gratis-Zeitung nutzt die Veränderung von situativen Faktoren, die zur gleichen Zeit bei einer Vielzahl von Konsumenten eingetreten ist. Das Beispiel zeigt außerdem, wie die oben bezeichneten „fremden Funktionskreise" ins Geschehen hineinspielen, also Faktoren, die mit dem Produkt nicht in einem thematischen inhaltlichen Zusammenhang stehen.

Das Erfolgsmodell „Gratis-Zeitung" basiert auf folgendem Hintergrund: Die Informationsbedürfnisse der Bevölkerung in Zürich waren längst gestillt, die Zeitungsdichte hoch wie nirgendwo in Europa, aber die Verkehrssituation hat unvermittelt einen fruchtbaren Boden für Gratiszeitungen geschaffen. Das Regionalbahnnetz in der Agglomeration hat sich sprunghaft verbessert, die Nutzung durch die Bevölkerung hat rapide zugenommen, und in der Folge sind *Nadelöhre* im Verkehr entstanden: An wenigen Bahnstationen strömen nun große Mengen von Pendlern vorbei.

Die Situation machte eine Gratiszeitung für diese Pendler nahezu unwiderstehlich. Sie warten auf den einfahrenden Zug; wenn es einige Minuten dauert, sehen sie sich dem Zeitungsdispenser gegenüber, der einen Zeitungsstapel parat hält mit dem Wort „*GRATIS*", das signalisiert: Zugreifen! Und schon haben die Konsumenten das Gratisblatt in der Hand und sind unversehens den Anzeigen ausgesetzt (was die Werbeindustrie bemerkt und entsprechend ihre Ressourcen umdisponiert hat). Die Konsumenten greifen zu, ungeachtet der Tatsache, ob sie eine Tageszeitung abonniert haben.

4.3 Wirkprinzip 3: Unterhalb der Schwelle des Bewusstseins ereignet sich das Wesentliche: Handlungsautomatismen klinken sich ein

Wenn wir auf Kaufprozesse blicken, die wir uns als Handlungsketten vorstellen, so können wir den Fokus unterschiedlich einstellen. Wir können sie von Ferne betrachten und sehen nur die groben Stationen. Zum Beispiel: Der Konsument stellt zu Hause fest, dass sein Vorrat an Joghurt ausgegangen ist. Er geht daraufhin zum nächsten Supermarkt und kauft dort frische Joghurts. Das ist ein Kaufprozess, beschrieben über drei Handlungsstationen: Bedarf feststellen; in den Supermarkt gehen; kaufen. Es ist gewissermaßen der *Makroprozess*, von ferne betrachtet.

Wir können auch näher treten. Dann erscheint uns der oben genannte Vorgang in einer höheren Auflösung. Allein das Feststellen, dass der Joghurt-Vorrat zur Neige geht, zerfällt in eine Vielzahl kleiner, aufeinander folgenden Handlungen: an den Kühlschrank treten; Türe öffnen; mit dem Auge den Inhalt absuchen; feststellen, dass nur noch ein Vanille-Joghurt da ist, das sich dem Verfalldatum nähert; Türe schließen; Einkaufszettel zur Hand nehmen; Bleistift suchen; notieren usw. Die Handlungskette, behalten wir diesen hohen Auflösungsgrad bei, nimmt ihren Fortgang. Dutzende von Einzelhandlungen reihen sich aneinander, bis schließlich der Supermarkt betreten wird, man sich durch die Drehspindel zwängt beim Eingang, das Körbchen erblickt (oder den großen Einkaufswagen, siehe oben), ans Regal schreitet, zugreift etc. Das ist der gleiche Kaufprozess wie oben, aber in einer feineren Auflösung. Wir bezeichnen ihn als den *Mikroprozess*.

In dieser hohen Auflösung, in der Mikrobetrachtung, erkennen wir, dass der Konsument stets vor einer Vielzahl von Handlungsoptionen steht. Er muss fortwährend (kleine) Entscheide fällen. Nehmen wir die Prozessstrecke vor dem Betreten eines Supermarktes als Beispiel: Soll der Konsument den Zehn-Minuten-Parkplatz vor dem Eingang wählen oder in die Tiefgarage fahren (Letzteres lässt ihm mehr Muße fürs Einkaufen); soll er die Einkaufstasche mitnehmen, oder sagt er sich, er nehme die paar Kleinigkeiten in die Hand (was ihn einschränken wird in der Menge des Einkaufs); geht er zuerst in die nahe gelegene Drogerie und dann in den Supermarkt oder umgekehrt (wo er im zweiten Fall die Toilettenartikel in der *Non-Food*-Abteilung des Supermarktes einkaufen wird); nimmt er beim Eingang das kleine Tragkörbchen oder den großen Einkaufswagen (womit er tendiert, von den „3 für 2-Aktionen" zu profitieren); schreitet er, weil ihm der Einkaufswagen so bequem an der Hand liegt, den Raum großflächig ab, indem er rechts ausholt (und die Wein-Auslagen aufsucht), oder geht er schnurstracks ans Kühlregal, wo die Joghurts stehen (und er so weniger Spontankäufe tätigt)? Stets *kleine Entscheide* – mit mitunter *großen Folgen*.

Wie kommen diese kleinen Entscheide zustande? Wir müssen noch näher ans Geschehen herangehen – noch tiefer eingehen. Wir sind bereits auf der dritten Stufe der Auflösung angekommen. Wir dringen gewissermaßen in den *Nano-Bereich* vor. Es leitet uns zu den Fragen: Warum greift der Konsument zum kleinen Körbchen und nicht zum großen Einkaufswagen? Warum schaut er links und nicht rechts? Warum greift er im Regal zu diesem Produkt und nicht zu jenem?

Hier, auf der untersten Ebene, wo die Kleinentscheide stattfinden, wird bestimmt, welchen Verlauf die Handlungskette einschlägt und welches Resultat am Ende anfällt: ob gekauft wird, was gekauft wird und wie viel. Hier, auf der untersten Ebene des Kaufgeschehens, finden wir die verborgenen Hebel, mit denen wir den Umsatz herbeiführen könnten, wenn wir denn genau wüssten, wo diese Hebel liegen und wie sie funktionieren.

Wir nähern uns einem sehr ergiebigen Feld für die Erforschung von Kaufprozessen. Wenn wir darüber Bescheid wüssten, wie diese kleinen Handlungsentscheide zustande kommen, dann könnten wir Marketing sehr viel effizienter betreiben. Wir könnten dann an der entscheidenden Stelle Vorkehrungen treffen, wir könnten die situativen Gegebenheiten verändern und sicherstellen, dass der Prozess den gewünschten Verlauf nimmt.

Allerdings ist das nicht ganz einfach. Denn Aufschluss über das menschliche Handeln in diesem *Nano-Bereich* zu finden, hat sich als besonders tückisch herausgestellt. Einmal sind wir selber kaum in der Lage zu beschreiben, was ganz genau abläuft in uns. Die vielen kleinen Handlungsentscheide sind – jeweils für sich betrachtet – so unbedeutend, dass wir kaum über Worte verfügen, um sie zu beschreiben, so selbstverständlich laufen sie ab. Wer von uns könnte schon Auskunft darüber geben, was in den ein bis zwei Sekunden vor dem Zugreifen zum kleinen Tragkörbchen abläuft, anstatt den großen Einkaufswagen zu nehmen im Supermarkt. Der Verhaltensforscher wird uns sagen: Ein Raum wird generell rechts herum beschritten (aufgrund eines genetischen Programms in uns); die rechte Schulter wird vorgeschoben und der Blick richtet sich nach links (der Evolutionsbiologe sagt uns, dass wir die Gefahr gemeinhin von links wähnen). Es folgen zwei oder drei Augenfixationen auf das kleine rote Körbchen (je 0,3 Sekunden pro Augenfixation wird uns der Physiologe sagen); neuronales Bereitschaftspotenzial zum Handeln baut sich auf (in 0,55 Sekunden, wird uns der Neurobiologe angeben), um am Ende in bestimmter Weise zu handeln, sich zum Tragkörbchen hinzuneigen und es zu ergreifen oder stattdessen den Einkaufswagen zu wählen.

Was in diesen Sekunden abläuft, scheint uns im Alltag kaum der Mühe wert, darüber Erwägungen anzustellen, oder nach Worten zu suchen und unser Vokabular zu bemühen. In diesem Nano-Bereich verläuft alles wie *automatisch*. Das Ergebnis allerdings ist folgenschwer für denjenigen, der einkauft – und für den Unternehmer, der den Supermarkt betreibt. Denn wir kaufen mehr ein, sobald wir den Einkaufswagen nehmen.

Uns Menschen bereitet es jedoch Mühe, anzugeben, was in den „matchentscheidenden" Sekunden vor der Handlung ganz genau abläuft. Die bloße Introspektion stößt an ihre Grenze. Und so sind wir geneigt, jenen zu fragen, der diese Handlung vollzieht: den Konsumenten.

4.3.1 Der Konsument handelt – aber er sagt uns nicht, warum

„Warum handelt der Konsument so, wie er es tut?" lautet die Kernfrage des Marketings. Und so geht man hin und *fragt* ihn. Direkt (oder auf taktischen Umwegen) lässt man den Konsumenten zu Wort kommen: Warum kauft er? Welche Gefühle haben ihn bewogen, so zu handeln oder nicht zu handeln?

Die Krux ist, dass er diese Gründe nicht nennen *kann*. Er tut es aber trotzdem: Er *nennt* Gründe, wenn wir ihn beharrlich genug fragen. Aber die Gründe sind vorgeschoben. Wenn wir uns im Marketing nach diesen Gründen ausrichten, scheitern wir in aller Regel – der Konsument handelt nicht so, wie er es uns gegenüber deklariert. Häufig handelt er gar systematisch in entgegengesetzter Weise, als er es deklamiert.

Wir sind hier an einem Paradox angelangt. Wir nennen das die „Rationalitätsfalle", auf die der Konsument hereinfällt. Wenn er Gründe für sein eigenes Verhalten angeben soll, dann schiebt er rationale Gründe vor. Oder die Gründe kommen im Kleide von „Empfindungen" daher, nämlich dann, wenn er weiß, dass diese Empfindungen von seinen Mitmenschen bejaht werden. Etwa, weil sie dem *Zeitgeist* entsprechen („ganz spontan habe ich …") oder dem *Niveau* der Gruppe gemäss sind, zu der er sich zählt („ich bin eben so …"). Solche Empfindungen sind gesellschaftlich akzeptiert, sie haben den Status von „vernünftig" erreicht – und werden ebenso gern vorgeschoben wie die rationalen Gründe. Gefühlte Gründe sind heute weit verbreitet.

Nicht nur der Konsument, auch das Management in Unternehmen fällt auf die Rationalitätsfalle herein, immer wieder. Der Manager liebt die vernünftigen Gründe, die er von Konsumenten hört, und er findet sich selbst darin bestätigt. Hierzu ein Beispiel aus der Praxis:

> *Kodak* ist im Jahr 2000 Marktführer im Bildentwicklungsgeschäft in der Schweiz, im sogenannten *Foto Finishing*. Es handelt sich dabei um ein Geschäft mit hoher Wertschöpfung von rund CHF 40.- pro Entwicklungsauftrag. Diese Aufträge werden zum großen Teil über Fototaschen generiert, verschließbare und vorfrankierte Plastiktüten, um die zu entwickelnden Filme oder CD-ROMs einzuschicken. Gleichzeitig sind die Fototaschen Träger der Werbebotschaft: In großen Mengen gestreut, sollen sie den Konsumenten zum Einsenden motivieren.

Im Laufe der Jahre wurde die Gestaltung dieser Fototaschen durch *Kodak* optimert. Man variierte jeweils gewisse Elemente der *Visuals* oder der Textaussagen, und man testete sie im Markt. Die Varianten mit jeweils den besten *Response*-Werten (gemessen an der Zahl von Bestellungen) brachte man zum *Roll-out* und streute sie in Millionenauflage. Jahr für Jahr konnte *Kodak* so die Rückläufe steigern und die Marktposition ausbauen.

Nun kam es zu einem Wechsel in der Geschäftsleitung. Ein Marketing-Mann aus der Konsumgüterindustrie wurde CEO der Schweizer Niederlassung. Er befand die Fototaschen als nicht besonders „schön"; ihm gefiel der klassische Werbeauftritt von *Kodak International* weit besser. Und der war in der Tat originell und entsprach den Idealen von kreativer Werbung. Die Geschäftsführerin des Bereiches „Foto Finishing und Versand" mahnte zur Vorsicht: Er wendete ein, dass sich die Fototaschen bewährt hätten, sie seien Jahr für Jahr kontrolliert optimiert worden.

Man einigte sich auf eine Marktforschung. Die Agentur für klassische Werbung entwarf die Fototaschen mit dem kreativen *Art Work*, und die Verantwortlichen fürs *Foto Finishing*-Versandgeschäft brachten ihre testerprobten Gestaltungsvarianten ein: typisches Direct Marketing, gewissermaßen aus dem Windkanal. Ein renommiertes Marktforschungsinstitut wurde mit einer Fokusgruppen-Studie und einer repräsentativen Umfrage betraut. Den Konsumenten legte man die Entwürfe vor – fünf Varianten mit dem klassischen *Art Work* und fünf mit bewährter Direct Marketing-Gestaltung. Es wurden Fragen gestellt im Hinblick auf Empfindungen, die ausgelöst würden, Präferenzen, wie es gefalle usw., und schließlich fragte man auch nach der Kaufabsicht: Wo würde der Konsument bestellen?

Parallel zur Marktforschung organisierte die Verantwortliche fürs *Finishing*-Versandgeschäft im realen Markt einen Test. Sie wollte wissen, wie die Reaktionen der Konsumenten waren nach Maßgabe deren Bestellvolumens und unter realen Bedingungen. Sie sendete die zehn Varianten in je 10000 Exemplaren aus und zählte die Bestellungen, die in den Tagen danach hereinkamen.

Die Marktforschung war ausgeführt, und ebenso lief der Test im realen Markt. Man war gespannt auf die Übereinstimmung.

Die Resultate überraschten. Nicht einfach, dass die Befragung von Konsumenten zu einer schwachen Prognoseleistung geführt hätte, nein, die Befragung fehlte *systematisch*, korrelierte stark negativ mit den Testresultaten im Markt. Das *Art work*, das die Konsumenten mit „gefällt" eingestuft hatten, das verwendeten sie regelmäßig *nicht* – und umgekehrt benutzten sie die Fototaschen mit dem *Art Work*, welches sie mit „gefällt nicht" taxiert haben. Die Negativkorrelation zwischen „Gefallen" und „Handeln" betrug ganze –0,74! Der Konsument handelte systematisch gegensätzlich zu dem, was er gesagt hatte.

Wir werden an späterer Stelle noch ein weiteres Beispiel anführen, das eine Marke von *Nestlé* betrifft.[27] Solche Resultate überraschen die „hartgesottenen" Direct Marketers nicht sonderlich. Sie wissen aufgrund von Erfahrungen am eigenen Leib, wie der Konsument handelt – und was er deklariert, wenn man ihn um seine Meinung fragt. Die Direct Marketers kennen die Handlungslogik und die Deklarationslogik, und sie wissen um die Diskrepanz zwischen den beiden. Aber sie sind häufig im Erklärungsnotstand und unterliegen nicht selten in der Argumentation auf höherer Etage im Management. Sie unterliegen dann, wenn Argumente ausgetauscht werden unter Managern, die von sich glauben, sich vernünftig zu verhalten und daraus auf den Konsumenten schließen, der ja das Gleiche von sich behauptet. Es kommt zu seiner *Spiegelung* von vorgeschobenen vernünftigen Handlungsbegründungen – und man fällt auf die erwähnte Rationalitätsfalle gleich zweimal herein.

4.3.2 Die wahren Gründe seines Handelns sagt uns der Kunde nicht – er kann es nicht

Oft genug legt uns der Konsument eine falsche Fährte, wenn er uns sagt, warum er handelt. *Dass* er es tut, ist gut belegt. Oben haben wir ein Beispiel aus dem Direct Marketing gewählt, denn hier tritt die Diskrepanz besonders eklatant in Erscheinung. Und die Folgen schmerzen den fürs Direct Marketing Verantwortlichen, wenn er wieder einmal den vernünftigen Begründungen gefolgt ist – und der Konsument ihm dann die Reaktion, den Response, verweigert. Im Direct

---

27 Siehe Abschnitt 5.4.

Marketing treten die Folgen so scharf hervor, weil die Resultate direkt auf die ergriffenen Maßnahmen zurückgeführt werden können und nicht Drittfaktoren, Fremdeinflüsse, Rückkoppelungen usw. das Bild verwischen.

Ob die Dinge in jenem Marketing, wo die „klassische" Kommunikation dominiert, ähnlich liegen oder sogar gleich, wäre interessant zu erfahren, aber wir sind auf Spekulationen angewiesen. Klarheit gibt es darüber noch nicht – eben wegen der erwähnten Drittfaktoren, die hier etwas schwieriger zu fassen sind. Die Kommunikationsbranche scheint aber keine Eile zu haben, dem auf den Grund zu gehen.

Zurück aber zum Grundsätzlichen: Die Praxis des Marketings ist voll von Beispielen, welche die Diskrepanz aufzeigen zwischen Handlung und artikulierter Meinung. Parallel und unabhängig vom Direct Marketing hat die empirische Forschung aber schon sehr früh die gleiche Abweichung diagnostiziert. Schon seit den Achtzigerjahren des letzten Jahrhunderts hat die Sozialpsychologie auf dieses Paradox hingewiesen. Sie hat eindrücklich belegen können, dass die Korrelation zwischen Meinung (*Attitude*) und Handlung (*Behavior*) gering ist, dass sie gegen Null tendiert und in sehr vielen Fällen negativ ist: Der Konsument handelt systematisch entgegengesetzt zu dem, was er deklariert.[28]

Im Marketing wurden diese Ergebnisse nicht zur Kenntnis genommen. Speziell an der Marktforschung sind die Erkenntnisse abgeprallt. Unverdrossen wird der Konsument um seine Meinung gefragt, und in Fokusgruppen sucht man die Orientierung für das Marketing. Die Befragungsindustrie läuft weiter.

Aber weshalb legt der Konsument uns eine falsche Fährte? Weshalb legt er in der Fokusgruppe seine Meinung dar und breitet seine „Beweggründe" vor uns aus, ausführlich und lustvoll, um dann munter in die entgegengesetzte Richtung zu handeln? Er macht das natürlich nicht mit Absicht – er selbst glaubt in aller Regel auch daran –, aber er handelt aufgrund *unbewusster Prozesse*. Und diese unbewussten Prozesse folgen einem bestimmten Muster, das für uns Marketer äußerst aufschlussreich ist. Wenn wir das Muster kennen, verstehen wir das wirkliche Verhalten von Konsumenten besser – oder überhaupt erst.

Welches sind diese Muster? Die Neurobiologie führt uns auf eine heiße Spur.

---

28 Die Sozialpsychologie hat auch einen Namen für dieses Paradox gefunden: das *Thomas-Theorem*, dem zufolge eine verbalisierte Einstellung mit dem tatsächlichen Verhalten – das immer in einer konkreten Situation stattfindet – nicht im Einklang steht, eine geringe oder gar eine negative Korrelation aufweist. Die zahlreichen empirischen Untersuchungen zu diesem Thema sind zusammengestellt und gewürdigt in: Geise (1984), S. 136.

4.3.3 Handlungen bahnen sich unbewusst an

Kaum ein anderer Psychologe seit Sigmund Freud hat unser Weltbild so dramatisch verändert wie Benjamin Libet. Er war ein leidenschaftlicher Forscher, der sich von Beginn seiner Laufbahn an mit der Neurobiologie befasst hat und speziell das Zustandekommen von *willentlichen Handlungen* (in der Fachsprache sogenannte „Willkürhandlungen") untersucht hat.[29] Er befasste sich mit dem Ausschnitt des menschlichen Handelns, den wir oben als den *Nano-Bereich* bezeichnet haben: Die Vorgänge im Menschen, die einer Handlung vorausgehen, die nur einen Bruchteil von Sekunden dauern und den Verlauf der Handlung determinieren. Er näherte sich experimentell und mit Zuhilfenahme physiologischer Forschungsinstrumente der Frage, wie Handlungen zustande kommen, ausgehend vom ersten Impuls bis zu deren Ausführung über die Motorik.

Er hat die elektrischen Hirnströme gemessen, die einer Handlung vorausgehen. Gleichzeitig hatte er aber das *bewusste Erleben* eben dieser handelnden Menschen in Erfahrung gebracht und sie befragt. Er wollte von ihnen wissen, wie sie sich fühlten, was sie dachten und was sie beabsichtigt hatten – bevor sie die Handlung ausführten. Es interessierte ihn einerseits das Zusammenspiel zwischen den neurophysiologischen Vorgängen, die er gemessen hatte, und dem bewussten Erleben der betreffenden Personen andererseits. Er wollte wissen, welchen Anteil das Bewusstsein hat an den Prozessen, die in den Menschen ablaufen. Und er wollte wissen, ob es so etwas wie einen *freien Willen* gebe, welcher über die Handlung bestimme. Wir alle sind ja überzeugt davon, dass es den freien Willen gibt. Libet wollte aber wissen, wie dieser denn hineingreift in den Prozess der Handlungsentscheide, ob er überhaupt hineinspielt oder ob wir es nur mit einem *Gefühl* des freien Willens zu tun haben.

Libet untersuchte Handlungen, welche die betreffenden Personen als willentlich ausgeführt erlebten, zum Beispiel eine Bewegung mit der Hand, um einen Knopf zu drücken. Er brachte Messsonden an den Köpfen dieser Personen an, womit er die elektrischen Impulse feststellen konnte, die vom Gehirn ausgehen, sobald es aktiv wurde. Mittels eines Elektroenzephalografen konnten diese unschwer gemessen und als Diagramm, dem EEG, dargestellt werden.

Er stellte Überraschendes fest. Bereits 550 Millisekunden *vor* der Handlung beginnt das Hirn aktiv zu werden und zeigt dies durch intensive elektromagnetische Wellen an. Es baut sich ein „neuronales Bereitschaftspotenzial" auf, das die Handlung einleitet.

---

29 Seine Befunde sind gut zusammengefasst und auf den aktuellen Stand gebracht in: Libet (2005).

Gleichzeitig erhob Libet auch, ab welchem *Zeitpunkt* der Prozess bewusst wird. Wann wird die Absicht für eine Handlung von der Versuchsperson selber wahrgenommen? Und hier kommt die zweite Überraschung: Die Handlungsabsicht wird zwar vom Menschen *vor* deren Ausführung, vor der Handlung, wahrgenommen – aber erst 350 Millisekunden *nachdem* sich das neuronale Bereitschaftspotenzial bereits aufgebaut und mit elektrischen Hirnströmen angezeigt hat. Mit anderen Worten: Der Impuls zum Handeln ist längst unterwegs, das *Bewusstsein setzt später ein* – in der Regel viel zu spät, um den Fluss noch steuern zu können, aber noch rechtzeitig, um die (inzwischen ausgeführte) Handlung nachträglich zu *rechtfertigen*. Wir sind hier beim Phänomen des *Rationalisierens* angelangt. In der Rückschau werden die „Gründe" gesucht – und prompt geliefert. Meist handelt es sich bei diesen „Gründen" um sehr „vernünftige" Aspekte, die vorgeschoben werden (siehe oben).

Ganz so zwangsläufig laufen die Prozesse der Handlungsentscheide natürlich nicht ab. Bei genauer Betrachtung *hätte* der Verstand durchaus die Chance, noch ins Geschehen einzugreifen, bevor die Handlung ausgeführt ist, nämlich rund 100 Millisekunden vor der Handlung. Doch was der Verstand hier noch ausrichten kann, ist beschränkt. Die Richtung des Prozessverlaufes ist längst eingeschlagen – was er noch tun kann, ist den Prozess zu *stoppen*. Libet sagt, ein *Veto* könne der Verstand noch einlegen. Dies macht unser Verstand allenfalls, wenn es ihm wichtig erscheint und eine Anstrengung wert.

Er handelt so, wenn zum Beispiel Gefahr droht. Dann unterbricht der Verstand den Impuls und schafft den Freiraum für umsichtiges Handeln. Damit wird es möglich, der Gefahr präventiv aus dem Wege zu gehen. Im Alltag schreitet der Verstand kaum ein. Im Alltag wird der Mensch laufend zu kleinen Entscheidungen gedrängt, zu vielen Tausenden jeden Tag – mit Konsequenzen, für die es sich kaum lohnen würde abzuwägen. Ein Handlungsentscheid führt zum nächsten – ohne dass das Bewusstsein sich einschaltet. Und so kommen denn Handlungsflüsse in Gang. Gelenkt werden sie durch diesen oder jenen Anstoß oder durch ein Hindernis, aber kaum gestoppt. So erklärt sich, wie der Tag uns vielfältig erscheint, wenn wir am Abend zurückblicken, und uns Überraschungen bot, die uns verwundern oder amüsieren.

Auf die Zeitachse gelegt, kann man die Vorgänge folgendermaßen visualisieren (siehe Abbildung 4).

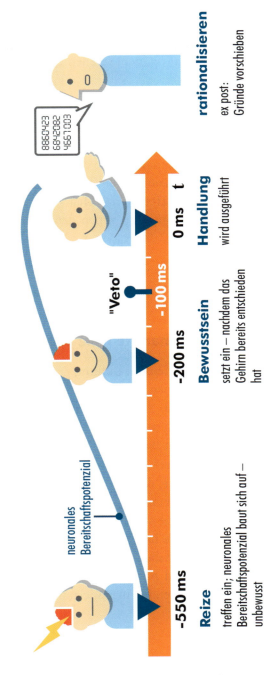

Abbildung 4: Handlungen bahnen sich an – ohne Beteiligung von Bewusstsein

4.3.4 Und so tappt man in die Rationalitätsfalle

Über die rationalen Gründe unterhält man sich vorzüglich. Der Konsument deklariert sie – sie hätten ihn bewogen, so zu handeln – und der Manager liebt sie, denn auch er verhalte sich so: vernünftig, dem eigenen „guten Geschmack" folgend und eben abwägend.

Was uns das Experiment von Libet dazu sagt: Sowohl der Konsument als auch der Manager können nur über das berichten, was sich in den 200 Millisekunden vor der Handlung abgespielt hat, nämlich ob sie ein *Veto* eingelegt haben oder nicht und wenn ja, aus welchen Gründen. Über die vorausgegangenen 350 Millisekunden hingegen können sie sich aus objektiven (biologischen) Gründen nicht äußern, denn das neuronale Bereitschaftspotenzial hat sich in den „stillen Arealen" aufgebaut, in jenen Gehirnregionen, zu denen dem Bewusstsein der Zugang verwehrt ist.

Dies ist die neurobiologische Erklärung des Phänomens *Rationalitätsfalle* (siehe Abbildung 5).

4.3.5 Und wo bleibt der sogenannte freie Wille?

Und wie steht es nun um das Gefühl, eine Handlung gewollt zu haben? Denn was immer wir getan haben – wir erleben es als *gewollt*: „Genau das wollten wir tun!" Das Gefühl ist unbestreitbar da. Aber die Neurobiologen machen hierzu eine klare Aussage:[30] Es handelt sich um eine *gefühlte* Intention, und das Gefühl ist lediglich eine Nebenfolge von biochemischen Vorgängen, die das Bereitschaftspotenzial im Gehirn ansteigen lassen und die Handlung vorbereiten. Es ist eine Nebenfolge dieser Vorgänge, die sich zeitlich verzögert im Bewusstsein bemerkbar macht, während die neuronalen Prozesse schon im vollen Gange sind. Die von der Sozialpsychologie schon lange vermutete Tatsache, dass zwischen dem Gefühl, etwas gewollt zu haben und der ausgeführten Handlung *keine* ursächliche Beziehung besteht, haben die Neurologen bestätigen können. Die gefühlte Handlungsintention wird nachgereicht und dem Fakt der Handlung angepasst. Das hat man inzwischen in einer Vielzahl von Untersuchungen bestätigen können.

---

30   Roth (2009), S. 180 ff.

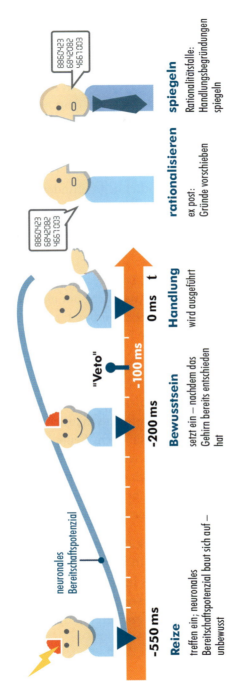

Abbildung 5: Es kommt zu einer Spiegelung der vorgeschobenen Gründe

Was bedeuten die Befunde von Libet? Was bedeutet die Feststellung, dass Handlungen sich anbahnen, ohne dass das Bewusstsein daran beteiligt ist? Sie bedeuten natürlich einen Angriff auf unsere Vorstellung vom freien Willen – die Vorstellung, die wir alle lieben und von der wir uns immer wieder gerne überzeugen. Wir glauben, Herr unserer Handlungen zu sein – doch inzwischen ist schon der nächste Impuls zu einer Handlung unterwegs, von dem wir noch nichts wissen. Für das Marketing sind die Befunde von nicht geringer Bedeutung, denn sie weisen dem Praktiker den Weg am Bewusstsein vorbei direkt zur Handlung.

Die Untersuchungen von Benjamin Libet haben um 1980 herum Eingang in die Diskussion in einer weiteren Öffentlichkeit gefunden. Die Feuilletons der *Frankfurter Allgemeinen Zeitung*, der *Zeit* und der *Neuen Zürcher Zeitung* füllten sich mit provokativen Darlegungen der Neurobiologen wie etwa von Wolf Singer oder Gerhard Roth. Und sie hatten Repliken zur Folge von geisteswissenschaftlicher Seite: Philosophen, Theologen und Rechtsgelehrte fühlten sich herausgefordert und griffen den Diskurs auf. Die Naturwissenschaften prallten auf die Geisteswissenschaften. Sie machten Ansprüche auf ein Terrain geltend, welches traditionell von den Geisteswissenschaften besetzt war. Weitere Forschungen der Neurobiologen folgten, zahlreiche Fachartikel und viele Bücher wurden geschrieben.

Inzwischen sind auch neue Methoden der neurobiologischen Forschung hinzugekommen, welche die Vorgänge im Gehirn direkter und präziser messen. Sie gestatten auch, die Vorgänge abzubilden und anschaulich zu machen. Die funktionale Magnetresonanztomografie (fMRT) steht heute im Mittelpunkt. Angewendet auf ökonomische Fragestellungen wurde die fMRT von Ernst Fehr, Bruno Frey, Karin Singer und anderen, die sich der Erforschung von menschlichem Entscheidungsverhalten angenommen haben. Mit ihren Erkenntnissen haben sie ganze Teile der Ökonomie auf eine neue und empirisch solide Basis gestellt.[31]

Zurück zu Libet. Die Resultate sind schockierend – für jeden von uns. Wenn ich entscheide, etwas zu tun, dann hat „es" in mir schon entschieden, bevor „ich" daran gedacht habe. Da sträubt sich etwas in „mir". Das kränkt unser „Ich", wie das Sigmund Freud ausdrückte, als er diesen Vorgang zu beschreiben hatte.[32] Jedoch sind die Befunde der Neurobiologie an diesem Punkt sehr eindeutig – und ungnädig.

---

31 Eine Übersicht gibt: Fehr in: Fehr/Schwarz (2002).
32 Nämlich als er beschrieben hat, wie das Unbewusste aus dem *Es* beim bewussten *Ich* angekommen ist.

4.3.6 Entscheidet der Konsument wirklich frei?

Wir haben uns hier nicht etwa in philosophischen Gefilden verlaufen. Ganz im Gegenteil, das ist der Stoff, aus dem die Debatten sind, die in den Marketingabteilungen geführt werden. Wir sind auf dem Boden angekommen, wo die abweichenden Beurteilungen zwischen Marketingabteilung und Vertrieb oder zwischen Vertrieb und Geschäftsleitung ihren Ursprung haben. Die Debatten sind lebhaft, werden leidenschaftlich geführt – und enden meistens zugunsten jener, die die Partei des Bewusstseins vertreten. Das Vernünftige obsiegt in solchen Debatten. Nur in der Realität des Marktes geht es dann vergleichsweise zu wie in einem Tollhaus.

Die Ergebnisse der Forschungsarbeit von Libet haben eine Fülle von Nachprüfungen und neuen Forschungsanstrengungen ausgelöst. Mittlerweile hat man ein differenzierteres Bild von diesen Vorgängen. Man weiß, dass die Zeitspanne von den 550 Millisekunden, die der Handlung vorausgeht, unter gewissen Bedingungen *kürzer* sein kann (z. B. wenn Gefahr droht, oder wenn wir geübt sind, auf gewisse Reize in bestimmter Weise zu reagieren wie beispielsweise beim Autofahren). Viel häufiger stellt man aber einen *längeren* Zeitraum fest, welcher der Handlung vorausgeht und sich durch das neuronale Bereitschaftspotenzial anzeigt. Von über zwei Sekunden wird hier berichtet. Mittlerweile kennt man auch die Bedingungen, unter denen die 550 Millisekunden überschritten oder unterschritten werden.[33] Man darf heute feststellen, dass die namhaften Neurobiologen wie Wolf Singer, Gerhard Roth oder Sean A. Spence und viele andere die Grundaussage von Libet akzeptieren und von folgendem Sachverhalt ausgehen:

> Handlungsentscheide bahnen sich unbewusst an; die neuronalen Aktivitäten im Gehirn sind rege, dem Bewusstsein aber noch nicht zugänglich, weshalb der Betroffene – für uns der Konsument – auch nicht darüber berichten kann, und zwar aus objektiven, biologischen Gründen. Der so in Fluss gekommene Prozess hat die Tendenz sich durchzusetzen – die Handlung wird ausgeführt –, *sofern* nicht das Bewusstsein kurz vor der Handlung sein Veto einlegt und so den Prozess zum Stoppen bringt. Das Bewusstsein schaltet sich dann ein, wenn die Konsequenzen einer Handlung als ausreichend wichtig eingestuft werden. Das ist, können wir als Marketer beifügen, in der Welt des Konsums immer seltener der Fall.[34]

---

33 Eine aktuelle Übersicht über die Befunde findet man bei Spence (2009), S. 127 ff.
34 Siehe etwa: Singer (2004), S. 30 ff. oder Roth (2009), S. 192 ff.

Die Handlungen sind im Alltag des Konsumierens zu unwichtig, jedenfalls für den Augenblick. Sie führen sich wie von selbst aus, eben reflexartig. Darüber nachzudenken wäre zu anstrengend und zeitraubend, denn schon steht die nächste Handlung an und die übernächste. Sie setzen sich fort ohne unser Zutun, die Handlungen reihen sich aneinander, gehen fließend ineinander über. *Handlungsströme* ergeben sich daraus. Sie durchziehen unser Leben, organisieren unseren Alltag.

Im Konsumalltag wird eine Handlung nur in Ausnahmefällen der bewussten Beurteilung unterworfen. Ein solcher Ausnahmefall ist die *Befragung* durch einen Marktforscher: Dann setzt die Ratio ein. Dann wird das Selbstbild herbeigezogen als Maßstab für das eigene Handeln, die kritische Vernunft setzt ein – und versucht zu begründen. Dieses Begründen hat dann aber nur wenig zu tun mit dem, was sich bereits abgespielt hat im unbewussten Strom des Handelns.

4.3.7 Exkurs: Warum tut der Konsument nicht das, was er uns sagt? Wie die Soziologie dieses Phänomen angeht

Die Neurobiologie hat uns einen Einblick geben können, wie Handlungen sich anbahnen, genauer gesagt, wie sogenannte „Entscheide" für auszuführende Handlungen tatsächlich ablaufen, nämlich weitgehend unbewusst. Das Unbewusste scheint seine eigenen Gesetze zu haben und schlägt Wege ein, denen der Verstand nicht immer folgen kann. Die Diskrepanz ist offensichtlich und mutet gelegentlich paradox an. Es ist verständlich, dass aus verschiedenen wissenschaftlichen Richtungen Erklärungsversuche unternommen werden: Die Tiefenpsychologie tut es, Siegmund Freud und C. G. Jung dazu ihren Beitrag geleistet. Aber auch die Sozialpsychologie, deren *Attitude Research* am schroffsten mit dieser Diskrepanz zwischen Meinung und Handlung konfrontiert worden ist, hat Erklärungsversuche unternommen.

Ja man kann sagen, inzwischen gibt es keine sozialwissenschaftliche Disziplin mehr, die nicht Erklärungen geliefert hätte für diese Inkonsistenzen. Widersprüche zwischen Meinungen und Handlungen aufzudecken, ist zum Lieblingsthema der Sozialwissenschaften geworden.

Nehmen wir die Soziologie. Sie hat den Terminus „Definition der Situation" eingeführt, um diesem Phänomen beizukommen.[35] Mit Definition der Situation meint sie, die jeweilige Situation aktiviere ganz bestimmte *Schemata* beim be-

---

35   Esser (1999), Bd. 1, S. 29 ff.

troffenen Menschen. *Schemata*, an denen er seine Handlung in diesem Augenblick ausrichtet. Die Situation der Befragung zum Beispiel aktiviere beim Konsument das Schema „der aufgeklärte Konsument", der Manipulationsversuche durchschaut und smart einkauft. Oder das Schema „guter Geschmack", das ihn kitschige Bilder ablehnen lässt – grüne Wiese, lila Himmel, träumerisch dreinblickende Kühe, weiße Milch und Edelweiß bei der Schokoladenmarke *Cailler* weist der Konsument als „kitschig" zurück. Das entspreche nicht seinem Geschmack, wird er uns sagen.

Ganz anders ist dann die Situation vor dem Regal. Hier fühlt sich der Konsument augenblicklich hingezogen von Schemabildern, die er *prima vista* „versteht", deren Bedeutung sich ihm automatisch aufschließt, und das sind dann eben die grünen Wiesen, der lila Himmel, die weiße Milch, die träumerisch dreinblickenden Kühe.[36] Oder ein Schild „Aktion" am *Point of Sales*, das – im Augenblick, in dem der Kunde sich dem Schild gegenübersieht – signalisiert, dass dieses Angebot besonders preisgünstig sei, aber nur während einer beschränkten Zeit gelte. Die Konsumentin wird gemäß ihrer *Definition der Situation* zupacken. Dies stimmt mit dem soziologischen Erklärungsmodell der *Schemata* überein. Gäbe es eine Distanz zu diesen Signalen, käme es zu einem Reflektieren. Und würde die Konsumentin im Vorfeld zu ihrer Meinung befragt, so würde sie möglicherweise eine abweichende Prognose für ihr Verhalten abgeben: Sie falle nicht auf Preisaktionen herein, würde sie uns dann sagen.

Wie hilfreich sind diese Erklärungen der Soziologie? Nun, sie retten das Konstrukt des „rationalen Handelns". Wenn von Rationalität kaum mehr gesprochen werden kann, dann wird der Soziologe entgegnen, dass das Verhalten bezogen auf das in der Situation aktivierte Handlungsschema durchaus rational sei. Der Soziologie spricht dann von Situationslogik. Der Verhaltensforscher könnte hierzu zudem noch ergänzen, dass man „rational" auf das im jeweiligen Augenblick aktivierte biologische Programm in uns Menschen beziehen kann.

Ja, so gesehen verhält sich der Mensch immer vernünftig. Wenn wir die Kriterien, die in der jeweiligen Situation gültig sind, als Maßstab nehmen, erscheint uns das Verhalten immer als „rational". Wir kommen aber damit gefährlich nahe an eine *Tautologie*. Aus definitorischen Festlegungen heraus ist das Verhalten des Konsumenten immer als rational zu bezeichnen. Der Marketingpraktiker wird aber einwenden, dass ihm damit wenig geholfen ist. Ihm geht es nicht

---

36 Details zu diesem Fallbeispiel finden sich in Abschnitt 5.4.

um Wortklauberei, sondern er muss Fragen der POS-Ausgestaltung beantworten können, er muss Lösungen finden für die Verpackungsgestaltung oder für die Werbung – wenn sie denn Handlungen auslösen soll.

4.3.8 Wir halten uns an das Erklärungsmodell, das die Neurobiologie anbietet

Wir wollen den Erklärungsansatz der Soziologie nicht gering schätzen, im Gegenteil. Das Konstrukt der *Definition der Situation* und jenes der *Handlungsschemata*, die in einer gegebenen Situation aktiviert werden, sind durchaus hilfreich. Sie können zu einer konsistenten Theorie führen und das situative Handeln erklären, welches wir im Markt von heute so oft vorfinden. Aber der Erklärungsansatz bleibt ein soziologischer.

Für die Zwecke des Marketings und speziell der Marktkommunikation erachten wir es als angemessen, einen Schritt weiterzugehen. Wir wollen tiefer eintauchen in das, was im Menschen abläuft und letztlich zur Handlung führt. Und da kommt uns die Neurobiologie mit außerordentlichen, aufschlussreichen Entdeckungen entgegen. Die Umrisse dieser Entdeckungen haben wir bereits dargestellt. Ausgegangen sind wir vom Modell von Benjamin Libet, der mit seinen Untersuchungen den Stein ins Rollen gebracht hat. Es folgten zahlreiche Untersuchungen von anderen Exponenten, die neuere technische Verfahren eingesetzt haben wie die Magnetresonanztomografie, welche gestattet, die neuronalen Funktionen im Gehirn zu orten und bildlich darzustellen.

Auf diesen Erkenntnissen bauen wir auf. Sie führen uns zu einem Modell, das die Wirkung von Kommunikation auf den Menschen anschaulich macht. Dieses Modell fügt die verschiedenen Erkenntnisansätze der Neurobiologie und der Verhaltensforschung zusammen und integriert sie. Und es ist für die Situation, die wir heute in der Realität der Märkte vorfinden, adäquat. Dieses Modell stellen wir in Kapitel 5 vor.

4.4 Wirkprinzip 4: Schlüsselhandlungen beschleunigen die Kaufprozesse

Um die Bedingungen zu verstehen, die zu einer Handlung führen, haben wir sehr nahe ans Geschehen herantreten müssen. Wir haben uns gewissermaßen mit dem Mikroskop das Geschehen im Nano-Bereich angeschaut: die rund 550 Millisekunden, bevor der Arm sich hebt und die Hand greift nach dem Einkaufskörbchen, dem Produkt im Regal oder dem Kugelschreiber für die Vertragsunterschrift.

Wir gehen nun zurück in die Ausgangsposition. Wir nehmen den Standpunkt ein, mit dem wir die *gesamte* Handlungskette überblicken, die mit dem Kaufakt abschließt: robuste Handlungen, welche der Konsument vollzieht, und die wir unschwer beobachten können. Oder der Konsument berichtet darüber, gestützt auf sein episodisches Gedächtnis. Wir sprechen hierbei von der *Makrosicht* auf den Prozessverlauf.

4.4.1 Schlüsselhandlungen: Hier treffen Maßnahmen auf einen Hebeleffekt

In dieser Makrosicht erkennen wir immer wieder einzelne Handlungen, die eine Schlüsselrolle einnehmen in der Prozesskette. Wenn diese Handlungen von einem potenziellen Kunden vollzogen werden, dann erhöht sich sprunghaft die Wahrscheinlichkeit, dass dieser kauft.

Solche Schlüsselhandlungen zu identifizieren, kann wesentlich sein, um das Marketing effizient auszugestalten. Man wird dann nämlich bemüht sein, eben diese Schlüsselhandlungen zu begünstigen und alle Ressourcen, die dem Marketing zur Verfügung stehen, auf diese Prozessstellen hin zu fokussieren. Eine solche Schlüsselhandlung wird dann zu einem *Etappenziel*: Ist die Etappe einmal erreicht, so steht die nächstfolgende Prozessetappe an, die schließlich der Kaufhandlung als Endziel entgegenführt.

Am Beispiel von *Opel* wollen wir dies illustrieren. Der Konsument kauft ein Automobil der Marke *Opel* – so lautet das Endziel. Im Vorfeld der Kaufhandlung haben wir nicht weniger als 55 aufeinanderfolgende Handlungen feststellen können.[37] Auf dieser vielgliedrigen Handlungskette können wir aber *Schlüsselhandlungen* identifizieren: Wenn wir diese erzeugen, ist nämlich die Wahrscheinlichkeit massiv erhöht, dass schließlich ein *Opel* gekauft wird. Im hier gewählten Beispiel ist die Handlung „Aufsuchen des *Point of Sales*" eine solche Schlüsselhandlung. Einmal den *Point of Sales* aufgesucht, die Schwelle des *Showrooms* überschritten, steigt die Wahrscheinlichkeit sprunghaft an, dass diese Kunden einen *Opel* kaufen. Im *Showroom* angekommen, beginnen neue Impulse auf den Besucher zu wirken: der Raum, die Menschen, die Autos. Sie sorgen ab hier für den Schub.

4.4.2 Den Fokus ganz auf die Schlüsselstellen richten

Entscheidend ist, dass der Konsument den *Point of Sales* des Händlers aufsucht – *nicht* entscheidend ist zunächst, aus welchem *Antrieb*. Ist es das Interesse am Kaufobjekt – oder war die Einladung einfach verführerisch, versprach Abwechslung, Unterhaltung für die Kinder etc.? Allein die Tatsache zählt, dass der Konsument die Schwelle des *Showrooms* überschreitet. Diese Handlung erst zündet die nächste Antriebsstufe, und erst damit kommt zusätzlicher Schub ins Spiel: der herzliche Empfang durch die Hostess; die Stimmung, die aufkommt, wenn viele Besucher anwesend sind; die Nähe des Produktes, das ausgestellt ist; die sanfte Dialoganbahnung durch einen smarten Verkäufer. Die Chance eines Kaufaktes steigt markant.

Es geht noch weiter. Nicht nur die Art des Antriebs zum Vollzug der Schlüsselhandlung (hier: den *Point of Sales* aufsuchen) ist unerheblich. Es kann sich an dieser Stelle geradezu als *kontraproduktiv* herausstellen, produktbezogene Motivationen ins Spiel zu bringen und diese oder jene Vorzüge der Automarke X anzupreisen. Das bringt das Kaufen ins Spiel. Und der Gedanke ans „Auto-Kaufen" ruft sofort auch die Hemmer auf den Plan: „Ich will mich ja (jetzt) nicht vorausgaben ... mein Auto tut's noch lange ... mit meiner Ehefrau habe ich noch nicht darüber gesprochen, sie möchte nämlich nach Griechenland in die Ferien, und dafür reicht das Geld dann nicht mehr ..." Und diese Hemmer stehen dem Vollzug der Schlüsselhandlung im Wege, den *Point of Sales* aufzusuchen – mit fatalen Konsequenzen für den Verkaufserfolg.

---

37 Siehe Abschnitt 4.1.

Ergo, folgt man meiner Argumentation, wird man gerade *nicht* produktbezogene Motivationen ins Spiel bringen, um die Schlüsselhandlung zu begünstigen, auf dieser Prozessstufe also *Showroom*-Frequenz zu generieren. „Anködern" will man Besucher, Hauptsache, sie überschreiten die Schwelle des Ausstellungsraumes. Das kann durch *Give aways* geschehen („Jeder Besucher erhält ein Überraschungsgeschenk"); etwas zum Essen, Knabbern oder Trinken verfehlt auch nie die Wirkung; oder die Teilnahme an der Verlosung von 1 kg Gold.[38]

Dieses Anködern – und gleichzeitige Ablenken vom Endziel „Kauf" – hat sich in der Praxis als sehr erfolgreich herausgestellt.[39] Man könnte einwenden: Wenn die produktbezogene Motivation abwesend ist und es für den Konsumenten nicht erkennbar ist, dass es um das Anpreisen des Produkts *Opel* geht, dann fühlt sich leicht die falsche Zielgruppe angesprochen. Es wird befürchtet, dass sich Besucher am *Point of Sales* einfinden, bei denen ein Kauf nicht ansteht oder nicht möglich ist, weil sie nicht über die nötige Kaufkraft verfügten. Lediglich der „Köder" habe sie angezogen.

Die Praxis hat aber zwei Aspekte als gewichtiger erkennen lassen. Erstens ist die Gemütsverfassung des Menschen äußerst wandelbar und unterliegt den jeweiligen äußeren Einflüssen. Gleichgültigkeit oder selbst ein gegenläufiger Vorsatz – „Kaufen tue ich nicht!" – kann sich verwandeln in Freude, Interesse und gar Begeisterung. Zweitens: In der praktischen Umsetzung, wenn der einladende Autohändler im beschriebenen Beispiel freundlich einlädt, dann wird er auch die „neuen Automobilmodelle" erwähnen (vielleicht sie nur visuell ganz dezent ins Spiel bringen) und die Möglichkeit einräumen, diese Modelle näher kennenzulernen. Das „Um-was-es-letztlich-Geht", das Verkaufen, kommuniziert man stets mit. Die Verkaufsbotschaft läuft gewissermaßen nebenher, ohne dass sie dominant wird. Die angesprochenen Konsumenten bemerken das von selbst – ihre Lebenserfahrung hat es sie ausreichend gelehrt, dass es letztlich ums Kaufen geht. Aber in den Vordergrund darf man die Absicht nicht stellen – das wiederum lehrt uns die Marketingerfahrung.

---

38 „*Anfüttern*" nennt das der Biologe. Der Anthropologe dagegen sieht darin ein gesellschaftliches *Ritual* und betont die symbolische Bedeutung, welche dem Akt der Verpflegung zukommt und dem Um-das-Wohl-der-Gäste-Besorgtsein, das verknüpft ist mit einer Pflicht des Entgegennehmens und gefolgt von einer Bereitschaft, die freundliche Handlung zu erwidern. Der Reziprozitätszwang setzt ein, siehe Abschnitt 5.3.

39 Dargestellt in: Rutschmann (2005), S. 95 ff.

4.4.3 Jede Handlung hat ihre eigenen Appetenzen – diese anzusprechen ist entscheidend für den Erfolg

Was ist die generelle Aussage am oben gewählten Beispiel des Automobil-Marketings? Was kann man auf andere Branchen übertragen?

Es ist zunächst die Erkenntnis, dass dem Kaufakt ein Prozess vorangeht, der als Abfolge von Handlungen aufgefasst werden kann: Eine Handlung folgt der anderen, bis der finale Kaufakt auftritt. Liegt die Handlungskette einmal ausgebreitet vor uns, dann kann man feststellen, dass jede einzelne Handlung ihre eigenen Appetenzen aufweist, wie der Verhaltensforscher sagen würde. Die Verhaltensforschung sagt uns, dass etwa bei Vögeln im Frühjahr eine Appetenz zum Nest-Bauen vorliegt. Selbstverständlich ist die Appetenz zum Nest-Bauen eingebettet in einen größeren Sinnzusammenhang, sie steht im Dienste der Brutpflege und letztlich der Fortpflanzung. Aber sie hat ihre eigenen Bedingungen, damit sie ausgelöst wird: die Jahreszeit, die Örtlichkeit, die Partnersituation und anderes mehr.

Die Brücke zum Autokauf ist nicht weit. Die Handlung „Aufsuchen des *Showrooms*" eines Konsumenten hat ihre eigenen Appetenzen. Die Tatsache, dass der Angesprochene „persönlich" eingeladen wird, ehrt ihn; die Gastfreundschaft erwidert man; die Neugierde wird beflügelt. Das „Eingebettet-Sein" in den größeren Sinnzusammenhang – der Händler möchte seine Autos verkaufen – ahnt man zwar, aber das stört die Handlungsbereitschaft im Augenblick nicht merklich.

Auch andere Handlungsstationen auf dem Prozessweg des Kaufens weisen spezifische Appetenzen auf. Der Besuch einer *Landing Page* hat beispielsweise seine eigenen Appetenzen, die nichts mit dem Produkt oder seinem Nutzen zu tun haben müssen. Ein Produktanbieter bedient aber (klugerweise) diese Besuchs-Appetenzen, zum Beispiel mit der Aussicht, „Jeder Landing Page-Besucher kann mit etwas Glück 1 kg Gold gewinnen" oder erfährt etwas über sich (ein „Selbst-Test") oder er trifft, virtuell, andere Menschen aus der gleichen Szene. „Instant Happiness" nennen wir das, was auf die jeweilige Appetenz gerichtet wird.

Solche spezifischen Appetenzen, die mit dem Produkt und seinem Nutzen in keinem Zusammenhang stehen, treffen wir oft am *Ausgangspunkt* von Kaufprozessen an. Das „Sich-auf-den-Weg-Machen" hat nicht notwendigerweise etwas mit dem Ziel zu tun. Das Sichlösen von einer Örtlichkeit, Explorationsdrang oder pure Bewegungslust kann am Ursprung den Anstoß erzeugen.[40]

---

[40] Wie Untersuchungen von Von Cranach anschaulich zeigen oder Untersuchungen von Fred Fischer über das Wegverhalten von Tier und Mensch; Von Cranach (1980); Fischer (1972).

4.4.4 Der Unterschied zur Maxime der Markenführung ist eklatant

Ich gestatte mir an dieser Stelle für kurze Zeit den Blick zurück auf die traditionelle Theorie der Markenführung. Diese stellt das Endziel in den Vordergrund, also die Marke, ihre Charakteristik und ihre Eigenschaften. Hinübertragen möchte man diese Markenbotschaft, verpflanzen in die Köpfe der Konsumenten, wird etwa gesagt. Jeder Ort auf dem Prozessweg ist dafür recht, auch eine Schlüsselstelle, also eine Prozessstelle, an der der Kaufprozess massiv beschleunigt werden kann (beim Beispiel des Automobil-Kaufes das Aufsuchen des *Showrooms*). So wird das traditionelle Automobil-Marketing auch beim *Showroom*-Besuch alle Mittel darauf fokussieren, dem Besucher den „*Spirit* der Marke rüberzubringen" wie es im Jargon heißt. Man wird bemüht sein, die Identität der Marke erlebbar zu machen, die Marke zu inszenieren. Bereits in der Einladung wird diese Markenbotschaft in den Vordergrund gestellt.

Ein Vorgehen, das auf der Prozesssicht basiert, setzt anders an: Es fragt nach den *Handlungsbereitschaften*, die der Konsument an der betreffenden Prozessstelle aufweist. Es bedient die Appetenzen, die an dieser Stelle freigelegt sind, die es anzusprechen gilt, damit die Handlung vollzogen wird. Oder es nimmt die Hemmer in den Fokus, die sich der Handlung entgegenstellen und baut diese ab. Hauptsache ist, der potenzielle Kunde handelt.

Entsprechend wird die Werbung eklatant anders aussehen, visuell und textlich. Es gilt die Maxime *Form follows Function,* und die Funktion lautet: Kundenfrequenz generieren in den *Showroom* des Händlers! Die Wirkung dieser Werbung ist messbar, *Showroom*-Besucher lassen sich zählen und die Umwandlungsquoten ausweisen, genauso wie die Anzahl der Probefahrten, die Zahl daraus generierter Angebote und schließlich die Umwandlung zu Kaufabschlüssen.

4.4.5 Schlüsselstellen aufdecken – Schlüsselstellen kreieren

Zurück zur Sicht auf die Prozesskette in ihrer gesamten Länge. In diesem Zusammenhang gilt es, die Schlüsselhandlungen zu identifizieren. Es handelt sich um Zwischenstationen auf dem Weg zum Kaufen. Meist sind es Handlungen, die der Konsument bevorzugt vollzieht vor dem Kaufen – eine Probefahrt etwa bei Automobilen; eine Degustation bei Weinen; ein unbekümmerter Ausstellungsbesuch, bevor ein neues TV-Gerät gekauft wird. Das sind manifeste Schlüsselstellen. Hier geht es bloß darum, diese Schlüsselstellen aufzudecken, um dann die Kommunikation und andere Maßnahmen darauf zu fokussieren, Probefahrten,

Degustationen oder Ausstellungsbesuche zu generieren. Um manifeste Schlüsselstellen zu identifizieren und Kaufprozesse transparent zu machen, eignet sich die Verhaltensanalyse, wie wir sie dargestellt haben.

Es gibt aber auch den Fall, in dem die Schlüsselstellen *latent* sind, also von der Mehrzahl der kaufenden Kunden noch nicht beschritten werden. Höchstens in Umrissen sind die latenten Schlüsselstellen erkennbar in den Kaufmustern von Konsumenten. Oder sie sind gänzlich abwesend und nur potenziell möglich. Hier wird es interessant für innovative Ansätze im Marketing: Schlüsselstellen kann man gewissermaßen konstruieren – sie kreativ entwickeln und attraktiv herauskehren, um sie dann einem breiten Publikum anzubieten. Eine Vielzahl von potenziellen Kunden wird dann bereit sein, diesen Weg zu begehen und sich so dem Kauf anzunähern. Mit solchen neu geschaffenen Vorstufen zum Kauf (Schlüsselstellen) kann das Unternehmen sogar eine Alleinstellung erreichen.

Wir möchten das anhand von einigen Beispielen illustrieren. Zunächst der einfache Fall: Eine Schlüsselstelle ist in real praktizierten Kaufprozessen bloß aufgedeckt worden und man sie für Maßnahmen des Marketings ins Zentrum gestellt. Man hat die Schlüsselstelle beworben und gefördert, weil sie gewissermaßen als Hebel dient, um mehr Umsätze zu generieren. Wir knüpfen an das vorherige Fallbeispiel *Hotelplan* an – der Marktführer unter den Reiseanbietern in der Schweiz mit einem gut ausgebauten Filialnetz. Die Verhaltensanalyse brachte das Kaufmuster ans Tageslicht (siehe Abbildung 6).[41]

---

41 Die ursprünglichen Ergebnisse einer Verhaltensanalyse sind dargestellt in: Rutschmann (2005), S. 63 ff. Inzwischen wurde die Verhaltensanalyse wiederholt und insbesondere die Einflüsse des Internets auf den Kaufprozess sichtbar gemacht. Der Prozess ist durch das Internet vielgliedriger geworden. Zwischen den früher festgestellten Prozessabschnitten haben sich im Internet „Schlaufen" gebildet: Man schaut sich etwas genau an, sucht Meinungen Dritter usw. Erstaunlicherweise ist der Basisprozess durch das Internet nicht nennenswert verändert worden. Kataloge aus Papier werden nach wie vor verlangt, und bevorzugt werden die Buchungen für diese Produktgruppe vor Ort vorgenommen: bei Pauschalreisen für Familien.

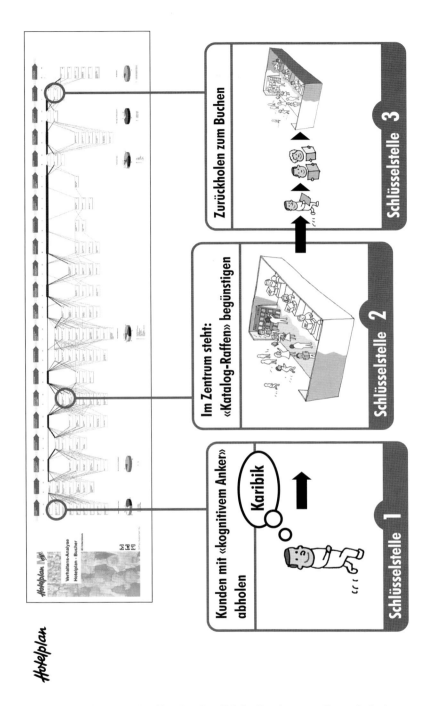

Abbildung 6: Drei Schlüsselstellen für den Erfolg: Buchen von Pauschalreisen

Die ferienplanenden Kunden haben im Durchschnitt drei Feriendestinationen im Kopf, zum Beispiel die Wunschdestination Thailand, eine aufregende Reise nach Indien oder einen erholsamen Urlaub in der Karibik. Ihre Informationen holen sie sich hauptsächlich über die Medien, TV-Sendungen und über Freunde und Bekannte, die von ihren Erfahrungen berichten. Nun nähert sich die Ferienzeit – *eine* der Destinationen rückt in den Vordergrund. Sie wird in diesem Jahr realisiert. Jetzt werden Kataloge gesammelt, am liebsten etwas, was man in die Hände nehmen kann, herumreichen, darin blättern und die bunten Bilder bestaunen. Eine starke Neigung zu einem Katalog in Printform wird deutlich. Folgerichtig kommt für potenzielle Kunden nun die Phase: *Kataloge beschaffen!* In Händen halten möchte man diese bunten Dinger. Dazu wendet man sich ans Reisebüro am Ort. Hier wird es aber umständlich, denn der Reiseberater kommt ins Spiel und stellt Fragen, die der eintretende Kunde noch nicht beantworten kann oder will. Er fühlt sich gedrängt, weil er eigentlich nur Kataloge sucht (in denen er zu Hause mit dem Ferienpartner oder der Familie schmökern möchte, um schließlich einvernehmlich die Destination und das Hotel zu bestimmen). Der Kunde tendiert dazu, dem Kaufdruck aus dem Weg zu gehen und das Reisebüro gar nicht erst aufzusuchen.

Wenn diese Problematik einmal klar erkannt ist, liegt die Lösung auf der Hand. Wir haben einen *Katalog-Shop* entwickelt und in Betrieb genommen. Von außen und beim Eintreten sieht man nichts als Kataloge, Stapel von Katalogen, nach Destinationen geordnet. Sitzgelegenheiten laden ein zum Verweilen. Große Papiertüten – „gratis" – werden angepriesen, um Mut zu machen, Kataloge zu sammeln. Erst an den Katalogregalen stehend, erkennt der Kunde die Berater, die an Tischen mit Computer-Terminals sitzen. Diskret im Hintergrund sind die Berater platziert, in der dem Eingang gegenüberliegenden Ecke. Lediglich beim Ausgang, bevor der Kunde das Ladengeschäft verlässt, kommt er an einer Stehbar vorbei: Dort grüßt ihn eine dienstfertige Verkäuferin auf Augenhöhe und fragt allenfalls nach weiteren gewünschten Hilfestellungen oder Auskünften.

Die Verhaltensanalyse hat deutlich gezeigt, dass sich rund 80 Prozent der Kunden mit den gesammelten Katalogen zurückziehen möchten, um zu Hause in den darauf folgenden Tagen genüsslich die Angebote durchzusehen, auch um den Ferienpartner einzubeziehen oder die Kinder zu begeistern. Für diesen Prozessweg, den der Kunde seiner Neigung nach beschreiten würde, hat *Hotelplan* die Bahn frei gemacht. Das Ergebnis: Wesentlich mehr Kunden fanden sich ein in diesem Katalog-Shop (plus 50 Prozent im Vergleich zum vorherigen konventionellen Reisebüro). Und die Kunden kamen mehrheitlich zurück und buchten ihre Reise in dieser Filiale. Der Umsatz nahm um 30 Prozent zu.[42]

Und nun zu den Beispielen für jene *latenten* Schlüsselstellen, jene, die in real praktizierten Kaufprozessen noch gar nicht vorhanden sind. Eine Kaufprozessanalyse könnte höchstens Hinweise liefern für solche Schlüsselstellen, die nur potenziell existieren. In diesem Fall gilt es vielmehr, sie zu *kreieren*, um sie dann anzubieten und das Publikum einzuladen, den ersten Schritt in Richtung Kauf zu vollziehen. Es geht in diesem Beispiel um einen Hersteller im Bereich *Food*.[43] Der Hersteller hat das Kaufverhalten von jungen Familien untersucht. Drei Erkenntnisse sind für die weiteren Maßnahmen wegweisend gewesen:

▶ Das typische Muster ist: Die Frau und Mutter kauft ein. Bei ihren ersten Gedanken an das *Was einkaufen?* treten Bilder vor ihr inneres Auge. Sie sieht das, was am Abend auf den Teller kommt, wenn die Familie sich am Tisch einfindet. Lebendig sind diese Bilder, plastisch die Vorstellungen und mitunter gar duftend.

▶ Verschiedene Möglichkeiten geht sie durch, wobei auch die Zubereitung ein Aspekt ist, den sie gedanklich durchspielt. Was brauche ich dazu? Welche Zutaten fehlen noch? Wie viel Zeit benötigt die Zubereitung? Und: Kann ich das überhaupt?

▶ Was charakteristisch ist: Sie wählt das, wovon sie ein plastisches Bild abrufen kann, weil sie es kennt. Und sie wählt das Einfache, das was sie sich zutraut aufgrund ihrer Kochkenntnisse und aufgrund der verfügbaren Zeit. Ein solches *inneres Bild* verdichtet sich und setzt sich schließlich durch: Diese Mahlzeit will sie realisieren. Nun geht's ans Einkaufen.

Die Maßnahme, die der Hersteller daraus abgeleitet und realisiert hat, ist die Folgende gewesen: Er hat Bilder der zubereiteten Mahlzeit angeboten – so, wie das Gericht auf den Teller kommt. Sie dienen als Schlüsselbilder: Appetit weckend, die Speicheldrüsen aktivierend, nicht kompliziert aussehend. Die Zutaten sind auf der Rückseite aufgelistet und die Zubereitung beschrieben. Sehr einfach, Schritt für Schritt.

---

42 Gemäß einem Pressebulletin von Hotelplan in: Travel Inside, Die Schweizer Fachzeitung für Touristik, Nr. 24 vom 17. Juni 2005.
43 Aus Vertraulichkeitsgründen leicht verfremdet.

Solche „Einfach-Rezepte" im Baukastensystem hat der Hersteller entworfen und ins Wahrnehmungsfeld der Konsumentin gebracht: in Anzeigen, im Internet, am *Point of Sales*. Im Zuge der Zeit haben sich diese Einfach-Rezepte zu einem Sammelsystem entwickelt. Und schließlich ist eine Plattform für Kooperationen mit anderen Herstellern und mit dem Einzelhandel entstanden.

Hier noch ein weiteres Beispiel für die Kategorie der latenten Schlüsselstellen. Es steht für solche Schlüsselstellen, die *nicht* erkennbar sind bei einer Analyse realer Kaufprozesse, nicht einmal andeutungsweise. Sie müssen erst *konstruiert* werden, damit man sie dem Publikum als Einstieg in den Prozess anbieten kann. Das Beispiel stammt aus der Nähmaschinenbranche.

Eine Nähmaschine von 3 000 Euro zu verkaufen, wenn die Kundin nicht schon kaufentschlossen vor einem steht, ist eine schwierige Sache, aufwändig und sehr ungewiss im Ausgang. Ein anderes Vorgehen hat hier Erfolg gebracht: Man hat in den Verkaufsfilialen einen «Kurz-Nähkurs» angeboten. Das Versprechen hat gelautet: „In nur zwei Stunden ein garantiertes Erfolgserlebnis," zum Beispiel einen Teddybären selber zu nähen und diesen dann in Händen zu haben. Eine ganze Serie solcher Kursangebote mit greifbarem *Output* hat man lanciert. Die Kurz-Nähkurse haben eine Kleinigkeit gekostet – um die Verkaufsabsicht zu kaschieren und ihren Wert zu betonen. Wenn die Kursteilnehmerin dann ihren Erfolg in den Händen gehalten hat, zum Beispiel den Teddybären, dann hat sich der Verkäufer hinzugesellt, unauffällig, und hat nun ein leichteres Spiel gehabt.

Die Vorzüge einer Vorstufe zum Kauf sind: Man kann solche Vorstufen kreativ anreichern, sie sehr attraktiv herauskehren, und man kann Handlungsbeschleuniger auf diese Vorstufe hin ausrichten. Man wird hierbei im Gegensatz zum Kauf auf eine sehr viel höhere Reaktionsbereitschaft stoßen. Zahlreiche, auch noch nicht kaufentschlossene Kunden bewegt man. Und die Umwandlung zu Kaufabschlüssen geht leicht von der Hand. Wenn dann eine solche Vorstufe noch gut multiplizierbar ist oder gar kostendeckend, dann kann man sie ausrollen – und der Verkäufer kann ernten.

4.4.6 Handlungen *per se* sind entscheidend für den Erfolg

Handlungen *per se* – sie können zu Durchbrüchen führen, das zeigt uns die Praxis. Man kann auch von einer *Handlungslogik* sprechen, analog zur *Situationslogik*, die wir schon angeführt haben. Der Zusammenhang ist der folgende.

Eine Handlung führt zu einer neuen Situation (z.B. unversehens sieht man sich den Reizen ausgestellter Produkte ausgesetzt), und eben diese neu eingetretene Situation begünstigt die nachfolgende Handlung, welche den Kunden dem Kauf einen Schritt näherrückt („warum nicht ein Eintauschangebot für das alte Auto entgegennehmen, wenn man schon mal da ist?", sagt sich der Kunde im *Showroom* des Händlers).

Wir zitieren wieder Karl Popper, der darin ein universelles Prinzip erkennt, das unseren Alltag beherrscht: „Die unentrinnbaren Folgen von unintendierten Handlungen"[44] lautet sein Ausspruch, der Berühmtheit erlangte. Er ist für uns Marketer sehr relevant: In der Folge von Handlungen (beiläufig ausgeführt, ohne weitere Absicht) entstehen neue situative Gegebenheiten, und in der Folge dieser neuen Gegebenheiten entsteht die nächste Handlung usw. Es kommt ein Handlungsfluss in Gang, den wir lenken und auf ein Ziel ausrichten können.

Es sieht so aus, als ob der CEO von *Coca-Cola*, Douglas Daft, von diesem Prinzip gehört hätte. Gefragt von einem Journalisten, ob es denn nicht die Marke sei, die den weltweiten Erfolg von *Coca-Cola* ausmache, entgegnet Daft: „Nicht in der Marke, sondern in unserer globalen Infrastruktur liegt unsere Zukunft," und er verweist auf das feinverästelte Abfüll- und Verteilsystem. „Was immer dem lokalen Geschmack entspricht, wir können und werden es liefern." Daft spricht damit die Überall-Erhältlichkeit des Produkts an: „In Reichweite einer Armlänge, findet der Konsument seine *Coca-Cola* im Regal, weltweit."[45] Die Situation herbeiführen – der Vertrieb macht's möglich –, und der Kunde greift zu. Es gilt, die Gunst des Augenblicks zu nutzen.

In dem Zusammenspiel von Situationslogik und Handlungslogik erkennen wir tatsächlich einen Schlüssel zum Erfolg im Marketing. Ich bin der Meinung, dass diese Aspekte nicht gebührend berücksichtig werden. Das trifft sowohl auf die Marketingpraxis zu als auch auf die Theorie des Marketings. In der Praxis werden zwar diese oder ähnliche Prinzipien angewendet, z.B. in den verkaufsnahen Bereichen am *Point of Sale* oder etwa im Direct Marketing. Aber sie werden nicht systematisch erforscht, und es gibt wenig systematische Anwendungen dieser Prinzipien, zumindest nicht in den „Intelligenzzentren" des Marketings. In den Marketingzentralen der großen Unternehmen überwiegen die Aspekte der Markenführung. Die strategische Positionierung und das *Branding* besetzen die Aufmerksamkeit des Topmanagements. Die Handlungs- und die Situationslogik befindet sich außerhalb des Radars.

---

44 Popper (1992), Bd. 2, S. 105 ff.
45 Interview mit Douglas Daft, Konzernchef von *Coca-Cola*, in: „Cash", Nr. 14, 7. April 2000.

4.5 Wirkprinzip 5: Das Kaufen wird durch pure Gewohnheit stabilisiert

Kaufprozesse enden mit dem Akt des Kaufens. Und dann kann es geschehen, dass sie erneut anrollen und *wieder* enden beim Kauf des gleichen oder eines ähnlichen Produktes oder beim Kauf am gleichen Ort. Der Prozess des Zum-ersten-Mal-Kaufens weist ein anderes Muster auf als die Folgekäufe. Letztere laufen verkürzt, nach einem reduzierten Muster ab: Phasen, in denen beim Erstkauf noch exploriert wurde, entfallen. Das Prozessmuster wird gradliniger und kürzer zugleich. Eine Routine setzt ein.

Wenn wir Kaufprozesse empirisch in Erfahrung bringen (mit der Methode der Verhaltensanalyse), und es geht um Prozesse, die häufig wiederholt werden, so tritt eine einfache Struktur hervor, gewissermaßen eine Mechanik, welche die logische Struktur von „wenn/dann" aufweist: *Wenn* eine Situation sich ergibt; eine Notwendigkeit auftritt; ein Wunsch aufkommt; *dann* schreitet man einem bestimmten Vertriebskanal entgegen, betritt eine bestimmte *Category*; greift zu einem Artikel im Regal oder wendet sich an eine bestimmte Person.

Solche Wenn/dann-Muster treten im Prozessgeschehen wie *Meccanos* in Erscheinung: starr und schwer zu ändern. Wenn diese *Meccanos* einmal zum Vorteil des eigenen Unternehmens zu spielen beginnen, so ist das gleichsam eine Monopolrente für das Unternehmen. Verständlich, dass man wissen möchte, wie solche *Meccanos* installiert werden können, künstlich herbeigeführt, oder wie sie zu stabilisieren sind, wenn sie schon zum eigenen Vorteil spielen.

Zunächst fragen wir, wie sie in Erscheinung treten und was ihre Charakteristik ist, um später auf die Frage einzugehen, wie wir Gewohnheitsmechanismen aufbauen und festigen können. Durch Folgendes zeichnen sich diese *Meccanos* aus:

▶ Sie laufen unreflektiert ab. Auch ohne „gute Gründe" wird das Verhaltensmuster wiederholt; es schleift sich einfach ein und verfestigt sich.

▶ Sie wurden früher einmal im Leben eines Konsumenten erworben – damals aufgrund von Erwägungen, häufig aber einfach durch die Umstände getrieben.

▶ Nicht selten wurden sie *vererbt,* vom Elternhaus übernommen und nie wieder erwogen.

- Selbst *rückwärts vererbte* Kaufprozesse kann man beobachten: Die Jungen übertragen ihre soeben angeeignete Gewohnheit auf ihre Eltern (zum Beispiel bei der Internetnutzung).
- Sie sind durch vielfache Wiederholung *an-konditioniert*, möglicherweise gefolgt von „kleinen Belohnungen", also positiven Erfahrungen.
- Es gibt Hinweise dafür, dass die bloße Tatsache des Wiederholens schon als belohnend erlebt wird (und somit die Stabilisierung fördert).
- Die Abwesenheit von auffallend schlechten Erfahrungen reicht häufig aus, damit das Verhalten wiederholt wird.
- Sie sind der vernünftigen Argumentation praktisch nicht zugänglich.

Gewohnheiten sind mächtig. Umso wichtiger die Frage, *wie* man sie herbeiführt und, wenn sie mal funktionieren und ihre Eigendynamik zum Tragen kommt, wie wir sie stabilisieren. Wie können wir Kunden immun machen gegen Einflüsse der Konkurrenz?

Aus der Grundlagenforschung, aus der Kaufprozessforschung und aus der bloßen Erfahrung haben wir drei Gesetzmäßigkeiten für die Implementierung und Stabilisierung von *Meccanos* herausgearbeitet, die uns an Lösungen führen können:

- Mit Anködern beginnen.
- Auffällig negative Erfahrungen beseitigen.
- Die räumliche Fixierung von Kaufprozessen nutzen.

Diese drei Gesetzmäßigkeiten werden wir im Folgenden etwas genauer betrachten.

4.5.1 Mit Anködern beginnen

Die Lernpsychologie sagt uns, dass *positiv erlebte Konsequenzen* von Verhalten (Belohnungen) das Verhalten bestärken. Es kommt zur Wiederholung, und es entsteht eine Neigung, den beschrittenen Weg fortzusetzen. Das ist eine gesicherte Erkenntnis, die wir schon mal übertragen können auf das Marketing: Die Belohnungen sind zu maximieren. Hier hat vermutlich das Konzept der *Kundenzufriedenheit* seinen Ursprung, das heute so oft bemüht wird.

Die Lernpsychologie mit behavioristischem Hintergrund hat aber weit mehr anzubieten als bloß die Forderung nach höherer Kundenzufriedenheit oder der Steigerung des Kundennutzens. Die Lernpsychologie verweist vielmehr auf den Prozess. Sie zeigt uns auf, wie wir den Prozess zu gestalten haben, wenn das Ziel darin besteht, ein bestimmtes Endverhalten herbeizuführen, also „einen Gewohnheits-*Meccano* zu installieren", wie wir das nennen. Und die Lernpsychologie legt den Fokus auf das Anbahnen dieses Prozesses: Man beginnt mit einem ersten Handlungsschritt, dessen spontane Auftretungswahrscheinlichkeit ohnehin hoch ist. Man beseitigt alle noch feststellbaren Hemmer bei diesem ersten Schritt, und man setzt dort, bei dieser Anfangshandlung, Belohnungen ein – nur *kleine* Belohnungen, diese aber *sofort*. Man wartet, bis die Anfangshandlung aufgetreten ist oder bis sie sich zu wiederholen beginnt und schreitet erst dann zur nächsten Handlung, eine, die möglicherweise ein höheres *Involvement* erfordert, jedenfalls aber dem Ziel näherkommt. Im Marketing wäre das etwa den Ort des Kaufens zu beschreiben; dann die erste Kaufhandlung zu tätigen – und später den Wiederkauf.

Das Gesagte können wir noch mit einem Bild zu vertiefen, das der Welt der Tierdressur entlehnt ist. Der bekannte Zirkusdirektor Rolf Knie vom *Zirkus Knie* baut seine hochkomplexen Dressurprogramme mit Pferden nach diesem Prinzip der kleinen, sofortigen Belohnungen und der schrittweisen Annäherung ans Ziel auf. Das junge Pferd vollzieht, sanft geleitet von Rolf Knie, eine erste halbe Drehung in der Arena – und wird prompt mit einem Zückerchen belohnt. Es wird die zweite Hälfte der Runde beigebracht, angestoßen oder angeködert, was prompt mit einem weiteren Zuckerstückchen belohnt wird. Es schließt sich die nächste Runde in der Arena an – doch nun erfolgt die Belohnung nur noch, nachdem alle bisher angeeigneten Verhaltensschritte hintereinander vollzogen sind. Es ist nachvollziehbar, dass der Zirkusdirektor mit diesem stufenweisen Vorgehen Erfolg hat. Wie sähe es aber aus, wenn er nur nach Vollzug des Endverhaltens belohnen würde, dafür massiv? Beispielsweise eine Sachertorte für das junge Pferd, wenn das komplette Dressurprogramm an den Tag gelegt wird.

Zurück ins Marketing. Eine zentrale Bedingung, damit sich der Prozess in die richtige Richtung anbahnt, sind die kleinen Belohnungen – speziell ganz am Anfang des Prozessverlaufes bei der „ersten Hinwendereaktion". Wir nennen das „*Instant Happiness*". Das Lächeln der Verkäuferin ist auch eine solche kleine Belohnung. Das Lächeln wirkt selbst über das Telefon, wo heute viele Prozesse ihren Ausgang nehmen. *Lächeln – und dann das Telefon abnehmen!* schulen wir, und die Bereitschaft des Anrufenden steigt, sich zu outen und das nächstfolgende *Commitment* einzugehen.

Die Tatsache, dass ein Verhalten sich durch bloße Wiederholung festigt und zur Gewohnheit wird, sollten wir im Marketing nicht übersehen. Es behütet uns vor verschwenderischem Umgang mit *Consumer Benefits*. Natürlich ist es schön, wenn man es sich leisten kann, den Kunden zu begeistern. Marketingfachleute kommen bei diesem Gedanken gerne ins Schwärmen. Aber oft ist die Ökonomie im Spiel, die Ressourcen sind knapp, und diese sollte man optimal auf den Prozess verteilen. Zu häufig finden wir die Ressourcen eingesetzt für die Belohnung *nach* dem Kauf – und oft wären sie effektvoller eingesetzt am anderen Ende, dort, wo die zarten, ersten Annäherungen stattfinden sollten.

An viele Gespräche kann ich mich erinnern, in denen es darum ging, den Konsumenten eine kleine Belohnung zukommen zu lassen, und zwar schon dann, wenn der potenzielle Kunde über die Schwelle des Ladengeschäftes tritt. Der Unternehmensverantwortliche (oder der Controller) vertrat meistens die Auffassung, den Konsumenten erst *nach* dem Kauf zu belohnen, dafür aber mit dem zehn Mal höheren Betrag. Man gewinnt so an Sicherheit, denn man belohnt niemanden umsonst, aber das Belohnungsprogramm verliert massiv an Effizienz.

Auch die viel gelobte Kundenzufriedenheit ist als Orientierung im Marketing nicht unbedenklich. Sie hat sich zu einer modischen Strömung entwickelt: Man misst die Kundenzufriedenheit und ihre Faktoren, man vergleicht sie mit den Werten der Konkurrenz. Hohe Ratings machen das Management zufrieden – es entsteht ein Wettlauf um die Erhöhung der Kundenzufriedenheit, der Belohnungsmechanismus schlägt auf das Management über: Es ist geneigt, die Zufriedenheitsmessung fortzusetzen. So entstehen Rituale.

Was dabei als „Zufriedenheit" ausgewiesen wird, ist das Gefühl *nach* dem Kauf. Das meint der Kunde, wenn er um seine Zufriedenheit gefragt wird. Maßgebend ist aber nicht eine Zufriedenheit *in globo*, die sich nach dem Kauf einstellt. Als kritisch für den Erfolg kann sich die kleinste Dosis von positiven Eindrücken zu *Beginn* des Prozesses herausstellen und, ebenfalls in kleinsten Dosen, an weiteren Stellen entlang der Prozessstrecke. Man denke – auch im übertragenen Sinn – an die breite Eingangstür in einem Einzelhandelsgeschäft und die Ausleuchtung des Eingangsbereiches. Es sind kleinste Dosen von Belohnungen, die der Kunde erfährt und die den Prozess fördern können. Kaum ein Konsument ist in der Lage, dafür eine „Zufriedenheitsnote" zu geben – zu unterschwellig läuft das ab. Aber die Wirkung eines breiten und hellen Eingangs ist enorm, wie jeder Einzelhändler aus Erfahrung weiß.

Es steht hier die Ökonomie des Herbeiführens von einem Kauf und dessen Stabilisierung zur Debatte, ein gegebenes Maß an Belohnung – erfahrenem Nutzen – optimal in den Prozess einzubringen. Die behavioristische Lernpsychologie sagt uns: Kleine Belohnungen in der Phase des Prozess-Anbahnens haben gemessen am Endziel einen größeren Effekt als größere Belohnungen in einer fortgeschrittenen Prozessphase.

Das steht doch in Kontrast zu den Bemühungen im Marketing. Klassischerweise ist man hier bestrebt, den Nutzen *nach* dem Kauf zu maximieren, den sogenannten *Product Benefit* – ein anderer Ausdruck für das „Glücklichwerden" nach dem Kauf. Wenn dann betont wird, man spreche nicht von *Product Benefits* sondern eben von *Consumer Benefits*, so ist diese Nuance eher semantischer Art.

4.5.2 Auffällig negative Erfahrungen beseitigen

Wenn die Bedingungen gegeben sind, damit sich Kaufprozesse anbahnen können, dann läuft's schon gut: Der Prozess kommt ins Rollen, die Gefahr, dass die Konkurrenz den Prozess noch ablenken kann, ist gering. Wenn nichts Auffälliges im Wege steht, kommt es zum Kauf – und wenn keine auffällig negativen Erfahrungen nach dem Kauf auftreten, ist die Wahrscheinlichkeit bereits hoch, dass es zum Folgekauf kommt und eine Gewohnheit sich einspielt.

Welches sind diese Bedingungen, damit sich der Kaufprozess anbahnt? Da sind zunächst die bereits erwähnten kleinen Belohnungen. Und dann geht es auch um die *Hemmer*, die es zu beseitigen gilt. Auch schon sehr kleine Hemmer können fatal wirken in dieser Anfangsphase. Wir erinnern uns an unser Beispiel vom Buchen von Ferienreisen:[46] Bereits das optische Erkennen eines anwesenden Verkäufers (auch wenn dieser keinen Schritt zum eintretenden Kunden hin tut) führt zum Abbrechen des Prozesses. Ja schon das *gedankliche Antizipieren* dieser Situation, man könnte dem Berater begegnen, vermag den Prozess abzubrechen und an einen Ort umzulenken, wo man keinen Verkäufer erwartet, zum Beispiel ins Internet oder an einen Kiosk mit Reiseprospekten.

Konsumenten reagieren auf Hemmer zu Beginn des Kaufprozesses besonders sensibel. Im Laufe des Prozesses nimmt diese Sensitivität ab. Der Konsument ist zunehmend involviert ins Geschehen; durch den Fortschritt hat er sich selbst verpflichtet – er hat zu den bisherigen Phasen „Ja" gesagt, und die Bereitschaft, weiter voranzuschreiten, nimmt zu. Auch die Robustheit gegenüber auftretenden negativen Erlebnissen steigt.

---

46   Seite Abschnitt 4.1.

Ein Fall aus unserer Kaufprozessforschung illustriert das eindrücklich. Ein Telecom-Anbieter beherrschte das „Anködern" besonders gut: Smarte Verkäufer gingen auf KMU-Chefs zu und versprachen Telefondienstleistungen zu massiv herabgesetzten Preisen im Vergleich zum Mitbewerber. Eine erhebliche Zahl von KMU-Chefs ließen sich darauf ein, schlossen den neuen Vertrag ab, kündigten jenen mit dem bisherigen Anbieter – und warteten dann darauf, dass der neue Telefonanschluss seinen Dienst aufnehme, meist vergeblich. Technische Probleme traten auf, die Telefonverbindung lag Tage brach, der neue Anbieter war zu überfordert, um mit dem Kundendienst darauf zu reagieren. Grobe Fehlleistungen waren die Regel. Man würde annehmen, dass die frustrierten KMU-Chefs bereit gewesen wären, zurückzukehren zum vorherigen Anbieter, der zuverlässig war und dessen Preise, bei nüchterner Betrachtung, unbedeutend höher waren als diejenigen des neuen, aggressiv auftretenden Anbieters. Weit gefehlt! Die *Winback*-Programme des marktführenden, bisherigen Anbieters griffen ins Leere. Eine Kaufprozessanalyse, die Aufschluss geben sollte über die Bedingungen des erfolgreichen Zurückgewinnens, ergab folgendes Bild: Die Probleme wurden von den betroffenen KMU-Chefs nicht etwa kleingeredet, im Gegenteil. Aber die Orientierung war nach vorne gerichtet. Man glaubte, Licht am Ende des Tunnels zu erkennen, man wollte keineswegs zurückkehren. Man war auch nicht besonders geneigt, eigene Fehleinschätzungen zuzugeben, man wollte die Sache zu Ende führen. Die Kaufprozessanalyse zeigte noch weitere ähnliche Antriebe auf.

Das Rückgewinnungsprogramm musste äußerst behutsam den Dialog mit diesen abgeworbenen Kunden aufnehmen und in kleinsten Schritten den Dialog wieder anmotivieren. Nicht Preisangebote führten zum Erfolg, auch wenn sie noch so aggressiv waren. Es ging darum, ein „Ja!" zu erhalten für den ersten Schritt zum Dialog: „Dürfen wir wieder mit Ihnen reden, wenn wir ein gutes Angebot hätten?" lautete die Initialfrage.[47]

Zugegeben, das Beispiel dieses Telecom-Anbieters zeigt einen extremen Fall. Aber die Grundaussage bleibt erhalten. Die gemeinhin unternommenen Anstrengungen, ein hohes Maß an Kundenzufriedenheit herbeizuführen, sind bestimmt lobenswert. Aber oft reicht es nicht aus, die *robustesten Hemmer* zu beseitigen, das, was wirklich ärgern kann, zu erkennen und zu beseitigen. Und im Übrigen die Kraft auf die Initialschritte zu verlagern.

---

47 Siehe Abschnitt 5.4.

Das zeigt die Kaufprozessforschung deutlich. Und die Sozialpsychologie liefert uns die Erklärung dazu. Es ist die fortschreitende Selbstverpflichtung des kaufenden Konsumenten, welche eine natürliche Robustheit erzeugt. Die eigene Fehleinschätzung wird heruntergespielt und die Hoffnung nimmt überhand, dass es das nächste Mal wohl besser gehen wird.

Wir haben die *Anbahnungsphase* hervorgehoben, wenn es um Kaufgewohnheiten geht, und wir haben das Augenmerk auf *robuste Störer* gelegt, die beseitigt werden müssten, um das Wiederkaufen zu fördern. Wir wollten damit ein Gegengewicht geben zur verbreiteten Meinung, alles hänge von der Kundenzufriedenheit ab. In Folge dieser Ansicht werden die Ressourcen auf die Kundenzufriedenheit und auf das Messen derselben verlegt. Und dann stellt man fest, dass die sich als „zufrieden" oder gar als „sehr zufrieden" deklarierenden Kunden plötzlich einem anderen Anbieter zuwenden. Vielleicht um der Abwechslung willen – oder weil der Rivale die Kaufanbahnung attraktiver gestaltet hat.

4.5.3 Die räumliche Fixierung von Kaufprozessen nutzen

Wenn wir Kaufprozesse aus den unterschiedlichsten Lebensbereichen betrachten – Waschpulver kaufen, Auto mieten, Anlagefonds erwerben oder eine Pizza bestellen –, dann drängt sich immer wieder die Fixierung auf den Raum in den Vordergrund. Wenn nicht triftige Gründe vorherrschen, ein ganz bestimmtes Produkt zu kaufen, dann kommt der *Raum* ins Spiel. Die Gewohnheit an den Raum, das „Vertrautsein" mit den räumlichen Gegebenheiten, gewinnt Oberhand und leitet den Kunden. Mit Vorliebe folgt dieser seinen eigenen Wegspuren, geht wiederholt die Wege, die er kennt, selbst wenn sie nicht optimal sein sollten.

Das folgende Beispiel zeigt diese Tendenz, die für den Außenstehenden paradox erscheinen mag:

> Die Autovermietung *Hertz*, weltweit Marktführer in der Kategorie „Auto-Mieten", war auf diese räumliche Fixierung ihrer Kunden gestoßen, welche Konsumenten gewohnheitsmäßig an die Mietstationen führte. Mit einer Verhaltensanalyse wollte man den Prozess des Auto-Mietens untersuchen und den Entstehungsbedingungen des wiederholten „Bei-*Hertz*-Mietens" auf den Grund kommen. Was waren die Erwägungen seitens des Kunden, was führte ihn immer wieder zu *Hertz*?

Seitens *Hertz* war man vorbereitet auf die Erkenntnis, dass der Preis wohl das Entscheidende sei. Als Autovermieter neigte man dazu, das eigene Produkt als *Commodity* wahrzunehmen, wo bei vergleichbarer Qualität der Preis sticht. Aber es kam anders. Es waren weder der Preis noch die Qualität, welche die Starrheit des Gewohnheitsmusters erklären konnten. Vielmehr trat der Standort hervor – aber auch dieser nicht in der erwarteten Gestalt. Es waren nämlich nicht objektive Standortvorteile wie etwa Zufahrtsmöglichkeiten, Erreichbarkeit oder zeitliche Reichweite. Nein, es war eine „Qualität" des Standortes, der sich im *Mind* des Konsumenten durchgesetzt hatte. Der Konsument konnte ein Bild abrufen, das er im Kopf gespeichert hatte, nämlich die räumliche Vorstellung, wo dieser Standort lag, in welchem örtlichen Kontext („gegenüber der Bahnstation, hinter der Kirche") und er konnte sich die Zufahrtswege plastisch vorstellen. Kurz, er verfügte über seine „innere Landkarte". Sie gab ihm Vertrauen, oder besser, *Vertrautheit*. Für ihn persönlich war diese Vertrautheit eine Quelle von *Convenience,* weil sie vorstellbar und beherrschbar war in seinem subjektiven Erleben.

Eindrücklich war die Schilderung einer jungen Frau, die soeben ein Auto gemietet hatte. Sie berichtete über die Nummer des Zuges, das sie bestiegen hatte; sie schilderte das Umsteigen an den verschiedenen Stationen; die Fußgängerunterführung. Sie war aus dem Ausland nach Zürich gekommen, war nicht ortskundig und fand dennoch den Weg – unbelastet von der realen Geografie – lebhaft und zeichnete ihn mit den Händen in der Luft nach.

Der Name des Autovermieters schien für diese Dame austauschbar: Einmal erwähnte sie *Hertz*, ein anderes Mal, gegen Ende der Episode, sprach sie von *Avis*. Der Markenname war austauschbar, aber ihr Verhalten war loyal.

Wir nennen das, was den Konsumenten leitet, im Vorfeld der Kaufausführungen, die „innere Landkarte", in Anlehnung an Kroeber-Riel, der von Ähnlichem berichtet.[48] Die innere Landkarte ist nach unserer Erfahrung allerdings nicht ein Plan, nichts Schematisches, sondern ein *analoges Bild*, welches der Konsument aus seinem Gedächtnis abrufen kann. Wenn man die Mimik und Gestik des Konsumenten beachtet, wenn er über den Weg berichtet, so erkennt man, dass es

---

48 Kroeber-Riel/Weinberg/Gröppel-Klein 2009, Konsumentenverhalten, S. 462 ff.

sich offenbar um sehr plastische Bilder handeln muss, die ihm lebhaft vor dem geistigen Auge stehen. Und wenn er über dieses Bild souverän verfügen kann, erlebt er eine Art *Convenience*: Er neigt dazu, dem Bild zu folgen. Er bevorzugt Orte zum Einkaufen, von denen er das jeweilige Bild verfügbar hat.

Und das hört beim Zuschreiten an den *Point of Sales* nicht auf: Auch im Ladengeschäft, wenn der Konsument anhand seiner inneren Landkarte „weiß", wo er im Geschäft das Produkt findet, dann erlebt er auch hier Convenience – er folgt den Wegspuren gleichsam wie Wasser dem Gravitätsprinzip.

Wir konnten das feststellen, als wir mit einer Verhaltensanalyse den Kanalwechsel im Einzelhandel untersuchten: Wie kommt es, dass jemand seinen bisher aufgesuchten Supermarkt für die täglichen Einkäufe wechselt und es zur Gewohnheit wird, dass er einen neuen Laden präferiert? Nach ein paar robusten Faktoren wie „Erreichbarkeit", „neue Verkehrswege" etc. tragen folgende Faktoren dazu bei, von der alten Gewohnheit abzukommen: „Veränderungen im Ladengeschäft", „häufige Umplatzierungen von Produkten".

4.6 Ein spezielles Augenmerk auf den *Brand*

4.6.1 Spuren des *Brandings* in den Kaufprozessen

Wir haben zu Beginn dieses Buches die Fragen aufgeworfen, ob die Theorie der Markenführung noch zutreffend sei, ob sie die Kaufvorgänge auf den heutigen Märkten erklären könne, ob Markenführung tatsächlich der Schlüssel sei für ein Unternehmen, um den Umsatzerfolg herbeizuführen oder den Umsatzerfolg zu begünstigen.

Inzwischen haben wir aufgezeigt, wie Kaufprozesse empirisch in Erfahrung gebracht werden können und wie man sie abbilden kann. Als Abfolge von Handlungen haben wir Kaufvorgänge dargestellt, und bei jeder einzelnen Handlung können wir Faktoren feststellen, welche eben diese Handlung ausgelöst oder mindestens gefördert haben. Wir können daran auch ablesen, ob die Faktoren notwendig, aber nicht hinreichend waren (also ob mehrere Faktoren an einer bestimmten Stelle gegeben sein müssen, damit der Prozess vorankommt), oder ob allenfalls sogar Faktoren hindernd waren für den Handlungsfluss.

Auf diese Weise treten Prozesse hervor, die mit der Kaufhandlung im „Jetzt" endigen und jeweils in der Vergangenheit angeschoben wurden. Nicht selten liegen die ersten Bedingungen, die für den Prozessfluss förderlich waren, weit in der Vergangenheit zurück: Frühe Kauf- und Konsumerfahrungen stehen am Anfang. Das alles habe ich bereits dargestellt und mit Beispielen verdeutlicht.

Zurück zu der Theorie der Markenführung oder zur Kurzform, der wir uns bedienen, zum *Branding*. Auf Kaufprozessen, die man empirisch in Erfahrung gebracht hat, müsste man diesen *Brand* nun feststellen können. Der *Brand* würde als Faktor auftreten, der den Prozess angeschoben, an einer bestimmten Stelle beschleunigt oder deblockiert hat. Mindestens sollten Elemente eines solchen *Brands* sichtbar werden, vielleicht gar an mehreren Stellen. Splitter dieses *Brands* müssten auftauchen entlang der Prozessstrecke und ihre Spuren hinterlassen. Und das tun sie auch.

4.6.2 Der *Brand* als bloßer Name, den man schon mal gehört hat

Wir finden Spuren des *Brands* in den meisten Kaufprozessen. Zum Beispiel im Kaufprozess von *Opel*, den wir weiter vorne geschildert haben:[49] „*Opel*" als Markenname fand im Erfolgsprozess (also bei den Käufern von *Opel*) zunächst wenig Erwähnung. Vielmehr kam der Prozess zum Fließen über Begriffe, die der Kategorie „Mittelklassewagen" *allgemein* zugeschrieben werden. „Generisch" haben wir deshalb diese Antriebe genannt: „neues Auto möchte ich kaufen …, mehr Platz …, nicht mehr zwei Türen, sondern jetzt vier Türen …" Oder: „der Autohändler in Volketswil, dort links, auf der Zufahrt zum großen Einkaufszentrum, hat wohl neue Automodelle, denn Flaggen wehen vor dem *Showroom* …" Das waren die charakteristischen Äußerungen an dieser frühen Stelle des Kaufprozesses.

Hingegen tauchte beim sogenannten Misserfolgsprozess von *Opel* (also bei Konsumenten, die *Opel* in Erwägung gezogen, dann aber eine andere Automarke gekauft hatten) in einer frühen Phase oft ein Markenname auf: *Alfa Romeo* auffallend häufig, aber auch *BMW*.

Mit anderen Worten, der Erfolgsprozess von *Opel* kam *ohne* Markenname „*Opel*" in Gang. Weder eine positive noch eine negative Aufladung der Marke war feststellbar im Bewusstsein des Käufers – bis zu jener Prozessstelle, wo er im

---
49   Siehe Abschnitt 4.1.

Showroom angelangt war und vor genau jenem Modell stand, das seinen (generischen) Anforderungen am nächsten kam. Dann erst kamen Markenerwägungen ins Spiel. Sie lauteten typischerweise: „Mach" ich nichts Falsches, wenn ich dieses Modell kaufe? Ist *Opel* okay?" Man müsste das eher als einen „Negativabgleich" bezeichnen, was hier abläuft. Ein Abgleich zur Rückversicherung: Zählt die Marke *Opel* zu jenen, von denen ich (oder *man*) noch nie etwas gehört habe/ hat, die mir also *unbekannt* sind" Allenfalls: Stimmt es, dass ich von dieser Marke nichts bemerkenswert Negatives gehört habe beziehungsweise von ihr nichts Negatives bekannt ist?

Die Tatsache, dass der Name nicht völlig unbekannt ist, reicht offenbar aus. Man schreitet weiter im Prozess, man dialogisiert mit dem Verkäufer und man kauft. Wir erinnern uns: Bei *Opel* beschreibt dieser Ablauf das *Erfolgsmuster*: Es führte zum Kauf. Zum Zeitpunkt der Analyse war *Opel* die Nummer 1 auf dem Schweizer Markt.

Alfa Romeo wurde häufig genannt von Kunden, die letztlich nicht *Opel* kauften, und ebenso *BMW*. Dies zeigt, dass die Kaufprozesse dieser beiden Hersteller nach einem *anderen Muster* verlaufen. Hier kommt ein *Brand* in seiner klassischen Ausprägung ist Spiel: ein Name plus ein Vorstellungsbild mit funktionalen und emotionalen Komponenten. Zudem erscheint dieser *Brand* in einem vergleichsweise frühen Stadium des Prozesses und lenkt in der Folge den Prozess.

Das bedeutet, es können unterschiedliche Erfolgsmuster auf ein und demselben Markt gültig sein. Für *Opel* jenes – für *Alfa Romeo* oder *BMW* ein anderes.

4.6.3 Der bloße Name reicht aus

Ist das Prozessmuster von *Opel* ein Sonderfall?

Es ist bestimmt ein Muster von außerordentlicher Einfachheit und Klarheit. Aber die Tatsache, dass ein Kaufprozess sich eintwickelt, konkret wird bis zum Aufsuchen des *Point of Sales*, erst dann Markenerwägungen ins Spiel kommen und diese Markenerwägungen nur noch den Charakter eines Negativ-Abgleiches haben („kaufe ich nicht etwas völlig Unbekanntes?"), dieses Prozessmuster ist *kein* Einzelfall. Das gleiche Muster haben wir im Reifenmarkt mit einer gar noch deutlicheren Ausprägung festgestellt: Ganze 92 Prozent aller Käufer waren *nicht* festgelegt auf eine Marke zum Zeitpunkt, als sie den Reifenhändler aufsuchten und in den Dialog mit dem Monteur traten. Aber auch sie suchten nach einem kleinen Indiz, dass sie *nichts Falsches* kauften – etwas, von dem sie noch nie gehört hätten. Nur acht Prozent aller Käufer hatten eine Vorstellung über ihre präferierte Marke, die sie dann am POS auch kauften.[50]

Im Reifenmarkt kommt das sehr ausgeprägt zum Tragen, was wir als Negativabgleich bezeichnet haben. Eine Marke, von der man noch „nie gehört hat" wird *gemieden*. Das Kaufmuster des Negativ-Abgleichs bedeutet: Das „Schon-mal-Gehört-Haben" von der Marke reicht aus. Wenn ein Hersteller in diesem *Set* des „Schon-mal-gehört-Habens" angekommen ist, hat er die Wirkschwelle überschritten. Dann kommt nur noch die Bedingung hinzu, nichts auffällig Negatives gehört zu haben, was in der Regel als gegeben angenommen werden darf, insbesondere weil auch der sogenannte *Sleeper-Effect* in diese Richtung arbeitet: Allfällig negative Attribute eines Senders werden rasch vergessen – die Tatsache des „Schon-mal-gehört-habens" bleibt hingegen im Gedächtnis stehen und wirkt.[51]

4.6.4 Ist es notwendig, dass der Name zum *Evoked Set* zählt?

Ist das Muster des „Schon-mal-gehört-habens" gleichzusetzen mit dem vielgepriesenen *Evoked Set*?

Nein! Für die Praxis bedeutet das „Schon-mal-gehört-haben" einen großen Unterschied zur Theorie des *Evoked Set*. Letztere besagt, dass der Konsument im Bedarfsfalle einige wenige Markennamen aus seinem Gedächtnis abrufen kann. Die abgerufenen Markennamen sei er geneigt zu kaufen, wobei der jeweils ersten Marke die höchste Kaufwahrscheinlichkeit zufalle, besagt die Theorie. Gemessen wird das *Evoked Set* durch ungestütztes Abfragen: „Welche Marken kommen Ihnen in den Sinn, wenn Sie an „Katzenfutter" (= Kategorie) denken?" Das „Schon-mal-Gehört-Haben"-Muster stützt dagegen auf das ab, was man als *Recognition* bezeichnen könnte. Gestützt soll der Konsument sich erinnern können, genauer gesagt, er soll den Markennamen schon mal gehört haben – er soll ihm schon mal begegnet sein, könnte man allgemeiner sagen. Nicht gänzlich *unbekannt* soll der Name sein.

---

50 Gemäß einer Kaufprozessanalyse, die wir 2008 für Continental durchführten.
51 Zum Sleeper Effect: Zimbardo/Leippe (1991), S. 183 ff.

Die Ressourcen, die ein Unternehmen einsetzen muss, um diese jeweiligen Schwellen zu erreichen, unterscheiden sich erheblich. Um ins *Evoked Set* des Konsumenten zu gelangen, bedarf es eines massiven Werbeeinsatzes. Ganz anders liegen die Dinge, um die Schwelle des „Schon-mal-gehört-habens" zu überschreiten. Da gibt es ganz unspektakuläre Vorgehen, die zum Erfolg führen, zum Beispiel über Öffentlichkeitsarbeit oder über ein geschicktes „Ins-Spiel-Bringen" des Handels, der das Produkt fördert oder empfiehlt. Ja, man darf sogar behaupten, dass die in einem Markt eingeführten Produkte ganz natürlich die Schwelle des „Schon-mal-gehört-habens" überschreiten – durch die bloße Tatsache ihrer Erhältlichkeit und der Präsenz, die von dieser Erhältlichkeit ausgeht. Dazu habe ich im Folgenden drei Beispiele:

Continental, der als rentabelster Reifenhersteller der Welt gilt, stützt sich auf diese Erkenntnis ab. Die Kommunikationsmaßnahmen für die Aufrechterhaltung der Markenbekanntheit tendieren gegen Null. Hingegen sind die händlerbezogenen Aktivitäten ausgebaut worden. Denn der Händler ist in der Lage, die 92 Prozent der nicht auf Marken festgelegten Konsumenten auf die richtige Spur zu führen.

Zara, der aufstrebende Textileinzelhändler, verlässt sich auf die guten Standorte. An den besten Plätzen in einer City begegnet man einer *Zara*-Filiale. Das sichert ihr eine ausreichende Präsenz in den Köpfen der Konsumenten. Werbung wird erklärtermaßen *keine* betrieben.

Hertz, der weltweit führende Autovermieter, baut auch auf diese Strategie. In einer Prozessanalyse für das Auto-Mieten hat sich herausgestellt, dass die jeweilige Standortbekanntheit der herausragende Faktor ist, dass *Hertz* vom Konsumenten jeweils gewählt wird.[52] Die Standortbekanntheit wird in einem Zuge mit „Gewohnheit" genannt und rangiert mit 65 Prozent aller Käufer an oberster Stelle der kaufauslösenden Faktoren. Im Vergleich dazu: Das „günstige Angebot" ist mit 15% der zweitwichtigste Faktor.

Sobald der Konsument Zugriff auf eine innere Landkarte hat, also den Standort auf seiner Landkarte lokalisieren kann, steht dem Kauf nichts mehr im Wege: Er bewegt sich dorthin, selbst wenn er mitunter den Namen verwechselt und z.B. glaubt, dass es nicht um Hertz, sondern um *Avis* gehe.[53] Die innere Landkarte bootet den Preis aus.

---

52   Kaufprozessanalyse für Hertz in: Rutschmann (2005), S. 105 ff.
53   Siehe Beispiel in Abschnitt 4.5.3.

Das „Schon-mal-gehört-Haben"-Kaufmuster haben wir in ähnlicher Ausprägung in mehreren Produktmärkten angetroffen: bei Teigwaren (die Bekanntheit des Verkaufskanals reicht aus), bei Reiseveranstaltern, bei Versicherungen oder bei Babynahrung (auch hier musste der Kanal bekannt sein).

Ich wage zu sagen, dass das Kaufmuster des „Schon-mal-gehört-habens" sich auf dem Vormarsch befindet.

4.6.5 Die Erscheinungsformen des *Brands* erweisen sich als vielfältig

Wir halten kurz inne und blicken zurück. Wir befinden uns auf der Spurensuche nach dem, was man gemeinhin mit *Brand* oder *Marke* bezeichnet. In seiner Komplettausprägung haben wir diesen *Brand* in den empirisch erfassten Kaufprozessen selten angetroffen. Als Name, der mit einem *Vorstellungsbild* angereichert gewesen wäre, ist uns der Brand als auslösender Faktor kaum begegnet (von Ausnahmen abgesehen, die man einzeln aufzählen könnte).

Hingegen scheint der *bloße Name* eine Rolle spielen zu können, ohne dass ein Vorstellungsbild damit assoziiert wäre, hauptsächlich in seiner Funktion des sich Rückversicherns an einer bestimmten, meist weit fortgeschrittenen Phase des Kaufprozesses. Und für dieses Rückversichern reicht ein „Schon-mal-gehört-haben" aus – ein blasses Wiedererkennen.

Und dann haben wir uns mit dem Konstrukt des *Evoked Set* befasst, das in der Literatur häufig erwähnt wird und das sich in der Praxis großer Beliebtheit erfreut. Ich kann nicht sagen, dass wir diesem *Evoked Set* oft begegnet wären bei Kaufprozessen, die wir untersucht haben. Das kann möglicherweise auf methodische Eigenheiten der Verhaltensanalyse zurückgeführt werden. Es kann aber auch daher rühren, dass Kaufprozesse in der Realität nicht *dichotom* geformt sind: hier Markenwahl – da Ausführung. Vielmehr haben wir es mit einem fließenden Prozess zu tun. Dieser ist maßgeblich von einem Bedarf getrieben – einem Bedarf, der sich auf die Kategorie des Produktes richtet, auf dessen Kernnutzen. Zudem ist der Prozessfluss eingebettet in situative Faktoren, die beschränken und lenken wie zum Beispiel die Erhältlichkeit einer Marke, die Erreichbarkeit eines *Point of Sales*, der Zeitdruck usw. Diese situativen Faktoren kontrollieren das Geschehen über weite Strecken. Im Zuge dieser Prozessdynamik kann sich das ideale Konzept des *Evoked Set* nie durchsetzen. Die Marke wird zwar „gewählt", nämlich durch den Akt des Kaufens – aber eher der Not gehorchend, oder eben der Situation folgend.

Dies ist vermutlich ein Grund, weshalb man in realen Kaufprozessen dem Konzept des *Evoked Set* so selten begegnet. Das Konzept scheint mir theorieverdächtig. Es ist einer gedanklichen Konstruktion entsprungen.

Und dann – das müssen wir hier auch festhalten – sind wir in der Kaufprozessforschung auf *Brands* gestoßen, wie man sie aus der Literatur kennt: Ein Markenname mit einem Vorstellungsbild verknüpft, welches mit sachlich-funktionalen und mit emotionalen Elementen durchsetzt ist. Das ist wohl der klassische *Brand,* dem wir begegnet sind. *Alfa Romeo* und *BMW* haben wir oben erwähnt. Im Reifenmarkt können aufgrund einer aktuellen Studie acht Prozent aller Kaufakte auf eine konkrete Markenvorstellung zurückgeführt werden, etwa bei *Michelin, Continental, Pirelli* und ein paar weiteren Anbietern. Bei Produkten für die Körperpflege und Kosmetik sind wir solchen Brands begegnet, insbesondere in höherwertigen Segmenten: *Clinique; L'Oréal* oder *Chanel* (Parfum). Bei Sportartikeln für junge Zielgruppen hatten wir es mit *Brands* in der klassischen Ausprägung zu tun: bei *Nike, Adidas* oder *Asics.*

4.6.6 Der klassische *Brand*

Solche *Brands* kann man also feststellen. Wenn man dann aber hingeht und nach der kaufprozessbeschleunigenden Wirkung dieser „klassischen" *Brands* sucht, ergibt sich ein sehr uneinheitliches Bild. Der *Brand* – in der Theorie eine kompakte Größe – *zersplittert* nicht selten: Es werden nur einzelne, ganz spezifische Aspekte relevant für den kaufenden Konsumenten, zum Beispiel zu Beginn des Prozesses. Und wieder andere Aspekte ein und desselben *Brands* werden erst in der Schlussphase handlungsrelevant. Ein Beispiel: Die „Sicherheit", die ein Reiseveranstalter seinen Kunden über Werbung vermittelt und die er mit einer Geld-zurück-Garantie untermauert, hat sich als wenig geeignet herausgestellt, wenn es darum geht, neue Kunden zu gewinnen und sie auf den Weg zum Urlaubbuchen zu führen. Der Aspekt „Sicherheit" kann hingegen helfen, den Abschluss zu beschleunigen – vorausgesetzt, der Kunde sitzt schon vor dem fertigen Angebot beim Berater, und es bedarf nur noch der Unterschrift.

Die Sache mit dem klassischen *Brand* wird gar noch komplizierter. Gewisse Aspekte eines Vorstellungsbildes von einer Marke werden entlang der Prozessstrecke *umgewichtet*. Hierzu ein Beispiel, welches einer Studie über die Erneuerung von Hypotheken entnommen ist: Kunden, die eine Bankverbindung für eine Hypothek suchten, attestierten einer großen Schweizer Bank eine hohe Wertschätzung im Hinblick auf verschiedene Dimensionen: Professionalität, Kundenfreundlichkeit (!), Sympathie, Verlässlichkeit und Sicherheit. Alles Attribute, welche diese Bank mit ihrer Imagewerbung zu vermitteln suchte. Handlungsrelevant in der Anlaufphase des Prozesses, für die erste Kontaktaufnahme mit einem Berater war aber geradezu die *Umkehrung dieser Werte*. Man wählte für die eigenen Bedürfnisse, die man als „bescheiden" einstufte, ein Bankinstitut, das auf den gleichen Dimensionen eine deutlich geringere Ausprägung vorzuweisen hatte. Man kam mit dem Berater dieser Bank ins Gespräch und schloss in der Folge auch dort das Geschäft ab. Bankinstitute mit hohen Einstufungen auf den – vom Konsumenten wertgeschätzten – Eigenschaften, erwiesen sich als unnahbar, sobald man auf das tatsächliche Verhalten abstellte.

4.6.7 Unterschiedliche Erscheinungsformen – unterschiedliche Wirkungen

Was man aus dem bisher Gesagten festhalten kann: Sobald man in der realen Welt nach der Wirkung des Konstruktes *Brand* fragt, nämlich nach der beschleunigenden, deblockierenden Wirkung auf den Kaufprozess, wird das Bild äußerst komplex und muss differenziert werden. Das Konstrukt *Brand* zerfällt in Komponenten. Und nur auf dieser differenzierten Betrachtungsebene gelingt es, der Wirkungsweise des *Brands* beizukommen und festzustellen, wie er allenfalls auszugestalten und einzusetzen wäre, damit er tatsächlich handlungsrelevant würde. Damit der *Brand* das Kaufen begünstigte.

Einmal scheint überhaupt nur der Aspekt „Name" handlungsrelevant zu sein – *ohne* ein ihm zugeordnetes Vorstellungsbild. Nach der Theorie des *Evoked Set* soll dieser Name am Ausgangspunkt des Prozesses ins Spiel kommen, also aus dem Gedächtnis abgerufen werden können, damit er eine Chance hat, gekauft zu werden. Ein anderes Mal kommt der bloße Name erst kurz vor der finalen Kaufhandlung ins Spiel und dient hier der Absicherung. Daneben sind wir tatsächlich dem *Brand* gewissermaßen in seiner vollen Ausstattung begegnet: Ein Name *plus* ein Vorstellungsbild, über das der Konsument verfügt. Von diesem *Brand* mit voller Ausstattung scheinen aber wiederum nur einzelne Komponenten handlungsrelevant zu sein – bestimmte Aspekte des Vorstellungsbildes können den Prozess anschieben, während andere Aspekte des gleichen Vorstellungsbildes den Prozessverlauf eher hemmen. Und zuallerletzt finden wir gar *Brands* in voller Ausprägung, Name *und* Vorstellungsbild, bei denen dann eine Umwertung im Zuge des Prozessverlaufes augenfällig wird: Komponenten, die in der kaufnahen Phase förderlich sind, zeitigen eine *gegenteilige* Wirkung, wenn sie zu Beginn des Prozesses ins Spiel kommen. Sie können dort die Kontaktaufnahme mit einem Verkaufsberater gar verhindern (und umgekehrt).

Wenn man also hingeht und nach Spuren des sehr umfassenden Konstruktes *Brand* auf Kaufprozessen sucht, dann trifft man auf eine fragmentierte Wirklichkeit. Das theoretische Konstrukt des *Brands* ist demgegenüber ein Schmelztiegel und korrespondiert wenig mit der Wirklichkeit.

4.6.8 Wie man die vielfältigen Erscheinungsformen eines *Brands* ordnen kann

Das aus der Theorie stammende Konstrukt *Brand* haben wir auf den Kaufprozessen auszumachen versucht. Was wir vorgefunden haben sind Splitter: mannigfaltige Erscheinungsformen von Teilen eines *Brands*, die sich an einer Prozessstelle als beschleunigend herausgestellt haben, an anderen Stellen als hemmend.

Wir versuchen hier, ein *Ordnungsschema* anzulegen, um das Vorgefundene überschaubar zu machen. Dazu unterscheiden wir zwei Dimensionen:

▶ *Vollständigkeit*: der *Brand* in kompletter Ausprägung
▶ *Prozessphase*: Zeugt auf, an welcher Stelle im Prozess der *Brand* beschleunigend wirkt.

Die erste Dimension spiegelt wider, wie umfassend der *Brand* ist, den der Konsument abrufen kann. Als umfassend bezeichnen wir ihn, wenn der Konsument aus seinem Gedächtnis den *Namen* abrufen kann und diesen Namen auch mit bestimmten *Vorstellungskomponenten* verbindet. Weiter kann dieser Name Bestandteil des sogenannten *Evoked Set* sein beim Konsumenten – oder er hat ihn lediglich „schon mal gehört", ist ihm sozusagen aus der Ferne schon mal begegnet. Das führt zu drei Erscheinungsformen eines *Brands*, die möglich sind:

1. Der *Brand* als *Markenname mit verknüpftem Vorstellungsbild*, durchsetzt mit sachlich-funktionalen und emotionalen Elementen

2. Der *Brand* als *Markenname im Evoked Set:* Ein Name, den der Konsument aus seinem Gedächtnis abruft, wenn er vor einem Wahlentscheid in der betreffenden Kategorie steht

3. Der *Brand* als *Markenname, den man „schon mal gehört hat"*

Mit der zweiten Dimension lokalisieren wir, wo, an welcher Stelle auf dem Kaufprozess, dieser *Brand* oder einzelne seiner Komponenten eine *Wirkung* entfalten:

a. In einer *frühen* Phase, in der sich der Kaufprozess anbahnt

b. In einer *mittleren* Phase, auf dem Weg zum Kauf

c. In der *Schlussphase*: vor dem Zugreifen ins Regal/vor dem Unterschreiben des Vertrags.

Die zwei Dimensionen umgrenzen insgesamt neun Felder. Man kann diese Felder dazu nutzen, um die jeweilige Wirkung zu charakterisieren:

Beispielsweise zielt der „Markenname mit verknüpftem Vorstellungsbild" in erster Linie darauf ab, zu einem frühen Zeitpunkt ins Prozessgeschehen einzugreifen, aber auch den Prozess in den weiteren Prozessphasen zu begleiten – das ist jedenfalls die Absicht. Entsprechend der erwarteten Wirkung sind die Felder in der Abbildung 7 Zeile (1) mit einem Kreis von größerem oder kleinerem Durchmesser gekennzeichnet (oben hypothetisch). Oder das *Evoked Set*, das erklärtermaßen zu Beginn in den Prozess eingreifen und dort Wirkung zeigen soll (ebenfalls oben eingezeichnet). Das „Schon-mal-gehört-haben" hingegen leitet den Käufer, wie wir gesehen haben, in einer schon fortgeschrittenen Prozessphase und beschleunigt den Abschluss.

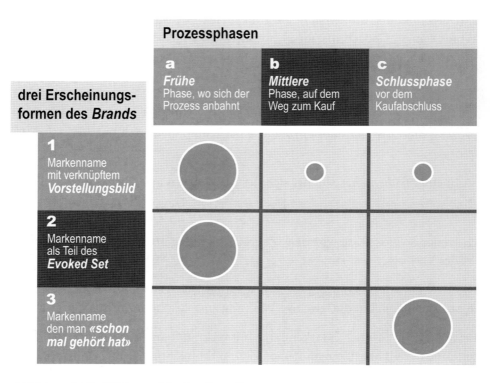

Abbildung 7: Die Wirkungs-Matrix *„Brand"*

Die neun Felder geben aber auch dazu Anlass, sich über die *Beeinflussungsmöglichkeiten* Gedanken zu machen. Die Wirkung eines „Markenname mit verknüpftem Vorstellungsbild" auf die frühe Phase, in der sich der Prozess anbahnt, kann groß sein – was aber, wenn wir diesen Markennamen kaum beeinflussen können, oder nur mit unverhältnismäßig hohem Ressourceneinsatz, beziehungsweise nur im Hinblick auf eine lange, aber ungewisse Zukunft?

Wir wollen nachfolgend ein paar Überlegungen anstellen zu den tatsächlichen Möglichkeiten einer Einflussnahme und zur potenziellen Wirkung auf den Kaufprozess. Daraus lassen sich dann Schlüsse ziehen im Hinblick auf die Effizienz und somit auf die Eignung für konkrete Maßnahmen.

Die Frage nach der tatsächlich gegebenen Beeinflussbarkeit von Brand-Komponenten stellt sich an erster Stelle. Wenn sie nicht gegeben ist, erübrigen sich weitere Erkundungen über eine allfällige potenzielle Wirkung dieser Komponenten. Für Maßnahmen des Marketings fallen sie nicht mehr in Betracht.

Etwas verkürzt und ohne Anspruch auf empirisch erhärtete Richtigkeit kann man das auf die Formel reduzieren:

(*Beeinflussbarkeit* der Variablen) × (potenzielle *Wirkung* auf den Prozess)
= (*Eignung* für Maßnahmen)

4.6.9 Wie steht es um die Beeinflussbarkeit des *Brands*?

Die Kaufprozesssicht hat uns zu einer differenzierten Betrachtung des Phänomens *Brand* geführt. Unterschiedliche Erscheinungsformen haben wir festgestellt und eine entsprechend unterschiedliche Wirkung auf den Kaufprozess.

Das alles ist bestimmt interessant. Nicht weniger interessant für das praktische Marketing ist aber die Frage nach den *Beeinflussungsmöglichkeiten*: Inwieweit kann es überhaupt gelingen, den *Brand* mit Maßnahmen eines Unternehmens in eine bestimmte Richtung zu verändern? Kann ein Brand wirklich aufgebaut werden? Und: Kann man einen Brand *planvoll* aufbauen – kann ein Brand überhaupt das Ergebnis eines absichtsvollen Vorgehens sein? Oder haben wir es hier mit typischen *Systemeffekten* zu tun, die wir weder prognostizieren noch wirksam steuern können?

Vielleicht stehen wir ja Systemen gegenüber, wie es für die Makroökonomen Alltag ist: Sie sprechen von dynamischen, komplexen, nicht-linearen Systemen, die wir uns nur schwerlich vorstellen können. Sonderbarerweise reizen sie uns Menschen aber einzugreifen – nur kommen wir ihnen mit unserer linearen Denklogik nicht bei. Und unsere Versuche, trotzdem einzugreifen, zeitigen Wirkungen, die wir eigentlich nicht beabsichtigt haben.

Bei der Beurteilung, inwieweit wir diesen *Brand* überhaupt mit Maßnahmen des Marketing beeinflussen können, folgen wir den Erscheinungsformen des *Brands* in Abbildung 7: (1) der *Brand* in seinem Vollausbau, wie wir ihn genannt haben, das heißt einschließlich eines Vorstellungsbildes, über das der Konsument verfügt; (2) der *Brand* respektive der Markenname im sogenannten *Evoked Set*; (3) das „Schon-mal-gehört-haben" des Markennamens – er ist nicht völlig unbekannt. Die Beeinflussbarkeit können wir jeweils im Hinblick auf eine frühe, mittlere oder finale Phase im Kaufprozess beurteilen.

(1) Markenname mit verknüpftem Vorstellungsbild – wie steht es um dessen Beeinflussbarkeit?

Es ist die klassische Werbung, die sich das Ziel auf die Fahne geschrieben hat, einen *Brand* zu kreieren und diesen im Markt durchzusetzen. Man lässt sich von der Überzeugung leiten, dass dies gelingen kann. Und dazu verweist man auf Beispiele, die hinlänglich bekannt sind: *Coca-Cola*, *Marlboro*, *Nike* oder auch *BMW* werden gerne genannt.

Es steht an dieser Stelle *nicht* die tatsächliche Wirkung der Brands zur Debatte: Es wird an anderer Stelle darauf einzugehen sein, ob ein solches Markenbild auch Kaufhandlungen zur Folge hat. Hier geht es um die Aussichten, ein solches Markenbild auch wunschgemäß *durchsetzen* zu können.

Die Schwierigkeit, ein Markenbild mit Werbung durchzusetzen, möchte ich am Beispiel des Reifenmarktes in Deutschland aufzeigen. Er zählt zu den werbeintensivsten Industriezweigen. Zudem verfolgen die Hersteller eine sehr konsistente Strategie: Über Jahrzehnte stellen sie jeweils nur eine Werbeaussage ins Zentrum.

Abbildung 8 beruht auf einer repräsentativen Umfrage von Konsumenten auf dem deutschen Markt. Man sieht in der Waagrechten die jeweils einer Reifenmarke zugeschriebenen Eigenschaften (Attribute). Darunter ist die zentrale Werbeaussage der betreffenden Hersteller angeführt.[54]

So erkennt man zum Beispiel die „Bremskraft" als eine ziemlich gleichmäßig nahezu allen Marken zugeschriebene Eigenschaft: *Continental*, *Michelin*, *Goodyear* und *Dunlop* unterscheiden sich nicht nennenswert hinsichtlich der Attribution von „Bremskraft" – obwohl *Continental* seit über einem Jahrzehnt die Bremskraft ins Zentrum ihrer Werbung stellt und zu ihrer zentralen Werbeaussage macht …

---

54 Die Daten wurden freundlicherweise zur Verfügung gestellt von *Continental AG*, Deutschland. Sie beruhen auf einer repräsentativen Umfrage von GFK Consumer Tracking PKW Reifen-Panel Deutschland (2008).

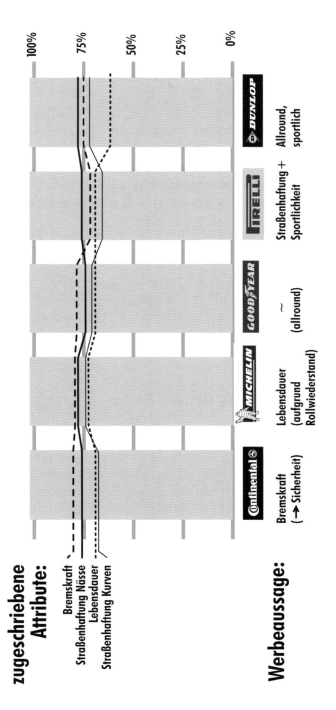

Abbildung 8: Die Image-Profile der führenden Reifenmarken[54]

Nicht anders verhält es sich mit der Eigenschaft der „Straßenhaftung in Kurven": *Pirelli*, welche diese Eigenschaft traditionell besetzt und in den Mittelpunkt ihrer Werbung stellt, weist gar eine geringere Ausprägung aus im Vergleich zu *Michelin* (welche Laufdauer/Rollwiderstand ins Feld führt). Die Image-Werbung der Reifenhersteller hat kaum Spuren hinterlassen.

Wenn sich die Werbebranche gerne an Vorbilder wie *Coca-Cola* usw. anlehnt, ist es klug, die Entstehungsgeschichten ebendieser Markenbilder etwas genauer anzuschauen: Wie sind sie entstanden – unter welchen Voraussetzungen? Die *Genesis* dieser Markenbilder ist aufschlussreich. Dann kann man beurteilen, ob diese Voraussetzungen auch im jeweils vorliegenden Falle gegeben sind.

Wenn man sich die Entstehungsgeschichte der meisten „bekannten" Brands vergegenwärtigt, fallen zwei Punkte auf:

1. Sie sind hauptsächlich vor mehreren Jahrzehnten entstanden, als die Werbung noch auf ganz andere Wirkbedingungen gestoßen ist im Vergleich zu heute. Im Falle von *Coca-Cola* oder *Marlboro* traf man nicht auf den Werbeüberdruss des Konsumenten oder auf die *Reizüberflutung*. Ganz im Gegenteil, der Konsument drehte sich noch um, wenn ihm ein Plakat dieser Marken begegnete.

2. Vorstellungsbilder für Marken haben sich maßgeblich durch Produkterfahrungen entwickelt: Authentisch und am eigenen Leib hat man die wohltuende Wirkung einer kühlen *Coca-Cola* erlebt; Tausend Mal hat man bei einem Suchproblem die ersehnte Antwort von *Google* empfangen (dem Spitzenreiter auf der *Brand*-Hit-Liste in 2009); immer wieder hat man einen *BMW* auf der Straße fahren sehen. Man ist von ihm gar überholt worden oder ist einem *BMW*-Fahrer begegnet, der beeindruckt hat, oder man saß selbst am Steuer und hat ein bestimmtes Fahrgefühl erlebt.

Soweit der Konsument Vorstellungsbilder über Produkte abrufen kann, sind diese Vorstellungsbilder kaum durch Werbung vermittelt worden. Eine lineare Ursache-Wirkungs-Beziehung von Werbung zu Vorstellungsbild mag noch in wenigen Grenzfällen gegeben sein. Plausibler ist es davon auszugehen, dass die oben aufgeführten authentischen Eindrücke als Haupttreiber wirken. Außerdem kommt es zu *Iterationen* und *zahlreichen Feedback-Schlaufen* zwischen Bedürfnisspannung einerseits und dem Erlebnis beim Kauf oder Konsum andererseits. Auf diese Weise haben sich Vorstellungsbilder gefestigt – und diese Vorstellungsbilder werden als wahrhaftig erlebt. Sie werden handlungsrelevant.

Im Vergleich dazu muss Werbung zuerst einmal um die Aufmerksamkeit kämpfen – im Wettstreit mit weiteren 56 000 Markenprodukten.[55] Wenn die Aufmerksamkeit mal gewonnen sein sollte, dann geht es um die Glaubwürdigkeit. Sie ist auch nicht einfach herbeizuführen. Und es wird wohl immer schwieriger.

Gerhard Schulze sprach dieses Problem an, als er von einem Journalisten nach der Beeinflussungswirkung von Werbung gefragt wurde: „Schön wär's," sagte er. „Werbung ist heute weder Aufklärung noch Verblendung, sondern einfach harmlose Kommunikationsfolklore. Gäbe es sie plötzlich nicht mehr, würden wir sie ungefähr so vermissen, wie man einen etwas zu grellen Teppich vermisst, an den man sich im Laufe der Jahre aber doch gewöhnt hat."[56]

(2) Ein Markenname als Teil des Evoked Set –
wie steht es um dessen Beeinflussbarkeit?

Die Vorstellung des Markennamens als Teil des *Evoked Sets* bedeutet, dass der bloße Name im Zentrum steht – ohne ein damit verknüpftes Vorstellungsbild. Und die Theorie sagt: Wenn vom Konsumenten zuerst der Name genannt wird, dann wird er das betreffende Produkt als erstes wählen (wenn es verfügbar ist). Ein Vorzug einer solchen Zielsetzung ist ihre Messbarkeit: Die Zielerreichung ist gut und einfach zu überprüfen.

Als einen weiteren Vorzug würde ich die Beschränkung in der Zielsetzung bezeichnen. Wenn sich die Kreativen der Werbung einzig auf diese schmale Zielspur festlegen, nur und ausschließlich den Markennamen ins *Evoked Set* befördern wollen, dann kann Werbung sehr effizient sein.

Ein Beispiel: In einer Kaufprozessanalyse für den Reifeneinzelhandel in der Schweiz hat sich eine spezifische Fachhandelskette hervorgetan. Über das übliche Maß hinaus wurde *Pneu Egger* als Reifenhändler erwähnt – bei sogenannter ungestützter Befragung. Auch die Videoaufnahmen an dieser Prozessstelle zeigten ein ungewöhnliches Bild, nämlich heitere Gesichter. Die Konsumenten berichteten von dem folgenden TV-Spot: Ein wohlbeleibter Mann in Badehosen, seinen „Fettreifen" um den Bauch betastend, steht auf einem Fünf-Meter-Sprungbrett über einem Swimmingpool, der nicht mit Wasser gefüllt ist. Er läuft an und springt. Die Off-Stimme sagt darauf: „Eben besser vorher daran denken" und will vermutlich auf den Reifenwechsel rechtzeitig zur Wintersaison verweisen. Der Spot wurde zwar von den Konsumenten umgehend abqualifiziert, er sei

---

55 Esch (1998), S. 4.
56 Interview in der Werbewoche Nr. 28 vom 14.08.2003.

"blöd" oder "dumm", ließen sie verlauten – die Mundwinkel wiesen aber in die entgegengesetzte Richtung, nämlich nach oben ... Sicher ist nur: Diese Werbung hat den Namen *Pneu Egger* in den Köpfen der Leute eingebrannt.

Pneu Egger ist eine führende Reifenfachhandelskette in der Schweiz. Das bloße "Vom-Namen-schon-gehört-Haben" ist weit herum gegeben. Aber die TV-Kampagne hat den Namen vom Status des "Schon-mal-gehört-Habens" in jenes des *Evoked Set* befördert: Zuoberst auf der Skala steht *Pneu Egger*.

Es taucht nun sofort die Frage auf: Mit welchem Mitteleinsatz? Wie hoch sind die finanziellen Ressourcen zu veranschlagen, um eine Marke ins *Evoked Set* zu befördern? Ein Bericht über die Untersuchung bezüglich des Produktes "Lebensversicherung" in Deutschland kann uns mindestens eine Größenordnung liefern:

- ▶ 1 Prozentpunkt zusätzliche spontane Werbeerinnerung kostete im Jahr 1993 noch 1,6 Mio. Euro; im Jahr 2001 bereits 4,6 Mio. Euro, also rund das Dreifache!

Inzwischen sind wieder zehn Jahre vergangen. Extrapoliert wären wir bei 15 Mio. Euro angelangt.

Ein Markenname *kann* ins *Evoked Set* befördert werden – die Beeinflussbarkeit ist gegeben. Als *wirtschaftlich* wird sich eine solche Strategie dann erweisen, wenn die Kommunikation konzentriert ist und sich auf diese eine Zielkomponente ausrichtet. Das bedeutet, einer Werbekampagne nicht auch noch *Nebenziele* aufpacken zu wollen wie z.B. bestimmte Vorstellungsbilder (ein "Image") zu erzeugen.

(3) Markenname, von dem man schon mal gehört hat – wie steht es um dessen Beeinflussbarkeit?

"Habe ich schon mal gehört von dieser Marke? Kaufe ich nicht etwas völlig Unbekanntes?" Wenn das innerlich mit *Ja!* beantwortet wird, dann kann der Prozess weitergehen, dann ist der Käufer beruhigt, dann kann er sich wieder der Verführung aussetzen, und er geht weiter zum Vertrag, den er unterzeichnet oder zum Produkt, das er sich aus dem Regal holt.

Dieses Gefühl des "Schon-mal-Gehört-Habens" gilt es zu erreichen – mehr nicht. Das erfordert vergleichsweise geringe kommunikative Anstrengungen.

Wenn wir dann auch den Zielkorridor eng fassen, wenn wir nur diese eine Zielkomponente verfolgen – nicht auch noch Imageziele erreichen wollen –, dann kann sich diese Strategie als äußerst erfolgreich herausstellen:

- Medien mit *Breitenwirkung* eignen sich besonders: Außenwerbung, Radiowerbung, Bandenwerbung in Sportstadien sowie Public Relations aufgrund relevanter Inhalte.
- In dem engen Zielkorridor ist echte *Kreativität* gefordert.[57]
- Die minimale Dosis von kommunikativer Präsenz, die es hier braucht, ist in vielen Fällen gewissermaßen von Natur aus gegeben: Die Produkte sind schon verbreitet, sind erhältlich und allein die Verkaufspunkte erzeugen diese Präsenz. Oder sie werden von zahlreichen Kunden konsumiert – sind deshalb sichtbar. Oder die Medien helfen, dieses Präsenzniveau aufrechtzuerhalten.

Kurz: Hier ist die Beeinflussbarkeit in hohem Maße gegeben – mit überschaubarem Mitteleinsatz.

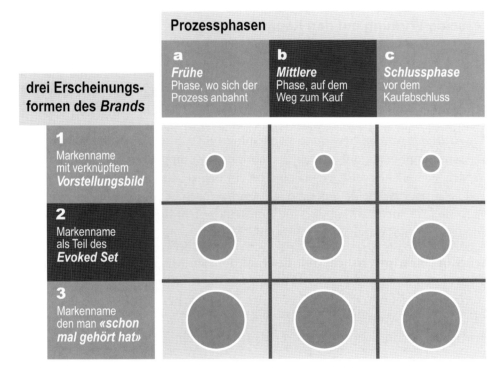

Legende: Die Größe der Kreise steht für die Beeinflussbarkeit der jeweiligen Komponente

Abbildung 9: Beeinflussbarkeit des Markennamens

---

57 Das Wort „kreativ" können wir wieder hervorholen, von dem Peter Sloterdijk gesagt hat, dass es schon im vergangenen Jahrhundert den Wärmetod erlitten habe; Sloterdijk (2009), S. 193.

Wir haben einige Überlegungen zur *Beeinflussbarkeit* des Markennamens angestellt, nämlich (1) des Markennamens, der mit einem Vorstellungsbild verknüpft ist, (2) des Markennamens als Teil des *Evoked Set* sowie (3) des Markennamens, den man „schon-mal-gehört-hat". Diese Beeinflussbarkeit können wir in unserer Matrix wiederum durch Kreise darstellen. Der Durchmesser korrespondiert mit der tatsächlichen Möglichkeit, diese Zielkomponente tatsächlich zu beeinflussen.

4.6.10 Die Wirkung des *Brands* und seiner Komponenten auf den Kaufprozess

(1) Markenname mit Vorstellungsbild – seine Wirkung auf den Kaufprozess

Es ist die Frage nach der Handlungsrelevanz von *Brands* und insbesondere der Vorstellungsbilder, auch *Image* genannt. In der Sozialpsychologie hat die Frage eine lange Tradition, inwieweit *Attitudes* tatsächlich handlungsrelevant sind. Eine große Zahl von Untersuchungen ist dieser Frage nachgegangen.

Als *Attitudes* werden bewertete Vorstellungsbilder bezeichnet. Sie weisen eine Wissenskomponente auf *und* eine emotionale Komponente. Operationalisiert werden sie üblicherweise wie das *Image*, ein Begriff, der im Marketing traditionell geläufiger ist. Beide Operationalisierungen gehen auf das sogenannte *Fishbein-Modell*[58] zurück. Man darf die Konstrukte *Attitude* und *Image* (respektive Vorstellungsbild) durchaus gleichsetzen.[59]

Seit Kurzem wird versucht, mit der funktionalen Magnetresonanztomografie (fMRT) dem *Image* und seiner Wirkung auf die Kaufhandlung auf die Spur zu kommen. Es gelingt, den Ort im Gehirn auszumachen, wo Erregungen entstehen, wenn die Versuchsperson die Worte „*Coca-Cola*" sieht. Das ist zwar eindrucksvoll, wenn man diese neuronalen Aktivitäten kennzeichnen und auf ei-

---

[58] Fishbein gilt als einer der ersten, welcher das Konstrukt „*Attitude*" (Einstellung) operationalisiert und in eine mathematische Formel überführt hat. Das Fishbein-Modell beinhaltet eine *Vorstellungskomponente* („V" für die Einstufung auf verschiedenen Vorstellungs-Dimensionen) sowie eine *Wertkomponente* („B" für Bedürfnis, ebenfalls Einstufungen auf verschiedenen Bedürfnis-Dimensionen, die als „wichtig" bis „nicht wichtig" eingestuft werden). Das Modell geht von einer *multiplikativen* Verknüpfung dieser beiden Komponenten aus und berechnet die Summe: $Eo = \Sigma\ B \times V$. Siehe Fishbein (1967). Für die kritische Auseinandersetzung mit dem Modell Fishbein siehe Geise (1984).

[59] Rutschmann (2005), S. 24 f, 30 ff.

nem Hirnscan rot abbilden kann. Aber über die Entstehungsweise und über die verhaltenssteuernde Wirkung dieser neuronalen Aktivitäten ist damit immer noch wenig ausgesagt.[60]

Was zeigen nun die Untersuchungen der Sozialpsychologie? Sie haben vor allem eine Ernüchterung gebracht. Diese ist bei den Sozialpsychologen schon vor zwei Jahrzehnten angekommen – bei den Marketers dagegen erst in Ansätzen. Der bekannte Kommunikationsforscher Robert K. Merten schildert die Situation so: „Umso mehr muss es hier überraschen, dass nach fünfzig Jahren Wirkungsforschung die Substanz gesicherter Erkenntnisse eher einer Konkursmasse denn einem prosperierenden wissenschaftlichen Fundus gleicht. Diese Feststellung gewinnt vor dem Hintergrund einer stetig anwachsenden gesellschaftlichen Bedeutung der Kommunikationsmittel und -chancen ihr besonderes Gewicht."[61]

Kurz: Die Handlungsrelevanz von Vorstellungsbildern bzw. von *Images* wird von der empirischen Sozialforschung als gering eingestuft: Von äußerst niedriger Korrelation spricht man, von Null-Korrelation und nicht selten von negativer Korrelation.[62]

(2) Der Markenname als Teil des Evoked Set – seine Wirkung auf den Kaufprozess

Vom Standpunkt der Kaufprozessforschung ist das Konzept des *Evoked Set* im Hinblick auf seine kauffördernde Wirkung schwer zu beurteilen. Es entzieht sich einer Beurteilung, weil es in seiner „idealen" Ausprägung selten anzutreffen ist. In unseren Beispielen tritt es in nur einem Fall zu Tage: bei *Pneu Egger*, wie beschrieben. Das heißt, selten berichten Konsumenten über eine Phase im Kaufprozess, in der sie Marken gedanklich erwogen hätten und daraus der Vorsatz hervorgegangen wäre: „Marke X gehe ich jetzt kaufen!". Die Bedarfsentstehung und der daran anknüpfende Einkaufsgang sind eher als fließend und verschlungen zu bezeichnen und als immer wieder von der Situation und dem jeweiligen Reizumfeld getrieben. Wie weit sich das Konzept des *Evoked Set* da durchsetzt oder inwieweit es ein eher theoretisches Konstrukt bleibt, kann hier nicht entschieden werden.

---

60 Marketing-Review St. Gallen Nr. 2/2010
61 Merten (1982), S. 26 ff.
62 Siehe die umfangreichen Untersuchungen von Geise (1984), der über 100 Untersuchungen unter dem Gesichtspunkt der Handlungsrelevanz und Attitude re-analysiert hat.

Wo das Konzept des *Evoked Sets* zweifellos eine Wirkung erzeugt, ist in der *kaufnahen Phase*, dort, wo sich der Konsument dem Produkt gegenübersieht. Hier tritt die gleiche *Absicherungsfunktion* in Kraft, wie wir sie beim „Schon-mal-Gehört-Haben" festgestellt haben: Solange die Marke zum *Evoked Set* gehört, kann sie (bedenkenlos) gekauft werden.

Es stellt sich einzig die Frage, ob diese hohe Hürde des *Evoked Set* notwendig ist. Oder reicht vielleicht das „Schon-mal-gehört-Haben" aus?

(3) Der Markenname, von dem man schon mal gehört hat – seine Wirkung auf den Kaufprozess

Ein bloßer Name, die bloße Tatsache, dass man diesen Namen schon mal gehört hat – diese Tatsache reicht offensichtlich aus, dass sich eine erhöhte Handlungsbereitschaft einstellt. Speziell förderlich ist dieses „Schon-mal-gehört-Haben"-Gefühl in der abschlussnahen Phase des Kaufens, gewissermaßen als letzte Rückversicherung, dass man nichts Falsches tut.

In der überwiegenden Zahl unserer Kaufprozessanalysen finden wir diese Funktion des Markennamens. In jüngster Zeit ist das Phänomen gehäuft aufgetreten im Zusammenspiel mit den Vergleichsangeboten für Preise, Produkte und Services im Internet.

Ein Beispiel: Der Schweizer Konsument schaut sich periodisch um nach einem vorteilhaften Angebot für seine private Krankenversicherung. Er geht dann auf die Internetseite *Comparis*, die ihm einen objektiven Vergleich verspricht und ihn zu einem noch vorteilhafteren Angebot führt. Eine Handlung wird damit noch nicht ausgelöst – der Konsument wechselt den Anbieter noch nicht. Vorher vergewissert er sich in über zwei Drittel der Fälle nach dem „Schon-mal-gehört-haben"-Prinzip, ob der Name eines potenziellen anderen Versicherers überhaupt bekannt ist.[63]

Was wir hier als „Schon-mal-gehört-haben"-Prinzip bezeichnen, steht im Einklang mit den Forschungsergebnissen rund um das Phänomen des *Mere Exposure*: Das bloße, häufig wiederholte Darbieten eines Namens kann eine Handlungstendenz erzeugen.[64] Man kennt das auch von den erfolgreichen Verkäufern:

---

[63] In einer 2009 durchgeführten Kaufprozessanalyse für HELSANA, dem Marktführer unter den schweizerischen Kranken- und Unfallversicherern.
[64] Siehe Seite 171.

Der erste Faktor, der den Verkaufserfolg erklärt, ist das häufige an den Kunden gerichtete „Guten-Tag-Sagen". Sympathie, Kompetenz und alle weiteren Faktoren folgen erst nachgelagert.[65]

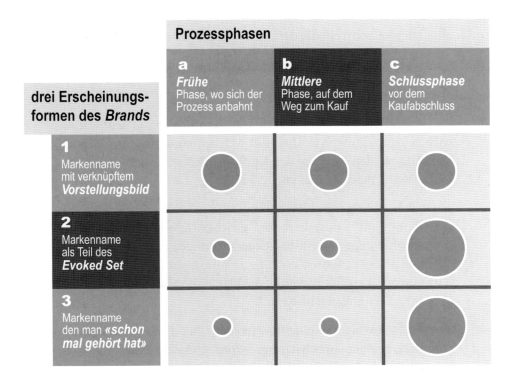

Abbildung 10: Beurteilung der Wirkung: die Handlungsrelevanz

4.6.11 Eignung des *Brands* und seiner Komponenten, um den Kauf zu fördern

Was man mit Bestimmtheit sagen kann: Die Wirkung eines *Brands* und seiner Komponenten in den neun Feldern – nämlich die kauffördernde Wirkung – ist sehr unterschiedlich. Noch weit unterschiedlicher wird die *Effizienz* zu veranschlagen sein, weil wir in den neun Feldern eine uneinheitliche Beeinflussbarkeit antreffen.

---

65 „Seeing people results in liking them more", Gergen/Gergen (1986), S. 94, eine Gesetzmäßigkeit, die auf die Untersuchungen von Robert Zajonc von 1974 zurückgeht.

Die Formel soll uns leiten, gewisse Aussagen zu machen: *Beeinflussbarkeit* x *Wirkung = Eignung für Maßnahmen*. Auch wenn wir eine gewisse Unschärfe in Rechnung stellen müssen, wir sollten die Aussage wagen. Denn es steht hier die Effizienz jener Marketingmaßnahmen zur Debatte, die man mit „Kommunikation" bezeichnet. Diese Marketingmaßnahmen beanspruchen nicht selten den Löwenanteil der Ressourcen, die dem Marketing zur Verfügung stehen.

Deshalb folgende wertende Aussagen und Hinweise (siehe Abbildung 10):

Empfehlungen zu Feld 1a, 1b und 1c:

> Hier haben wir das Vorgehen der Markenführung in seiner klassischen Ausprägung vor uns: Ein Markenname und ein Vorstellungsbild werden im Kopf des Konsumenten verankert; sie sollen seinen Wahlentscheid lenken.
>
> Wir haben eine geringe Handlungsrelevanz dieses „*Brands* plus Vorstellungsbild" konstatiert und gleichzeitig eine Beeinflussbarkeit, die eher ungewiss ist. Die Untersuchungen zu Kaufprozessen, die uns vorliegen, führen zu einer ungünstigen Prognose für die Wirksamkeit dieses Vorgehens – die klassische Markenführung hat wohl ihren Zenit überschritten.
>
> Das ist als Aussage zu einem generellen Trend zu verstehen, der sich, nach meiner Einschätzung, fortsetzen und verstärken wird. Dabei soll aber durchaus die Möglichkeit eingeräumt sein, dass in Einzelfällen, in spezifischen Konstellationen, eine andere Beurteilung angemessen ist.
>
> Nur, die Zahl jener Produktkategorien, in denen diese klassische Ausprägung des *Brandings* wirksam wird, ist sicherlich im Abnehmen begriffen.[66] Sie wird verdrängt durch das beschriebene Muster des „Schon-mal-gehört-habens – also o.k". Die Zahl der Märkte, die nach dem klassischen *Branding*-Schema funktionieren, nimmt ab. Wir beobachten ein Überhandnehmen von situativen Faktoren.[67]

---

66 Rutschmann (2005), S. 29.
67 Siehe hierzu auch Abschnitt 4.2.4.

Empfehlungen zu Feld 2a, 2b sowie 2c:

Diese Felder entsprechen dem anspruchsvollen Ziel, den Namen eines Produktes ins *Evoked Set* des Konsumenten zu befördern, ihn bei den vier oder fünf Markennamen anzusiedeln, die der Konsument aus seinem Gedächtnis abruft, sobald ein Bedarf in der betreffenden Kategorie ansteht.

Die Beeinflussbarkeit ist gegeben, haben wir festgestellt. Die Wirkung auf den Kaufprozess ist – wenn wir auf unsere Kaufprozessforschung abstellen – eher ungewiss, soweit es um die Anlaufphasen des Prozesses geht. Lenkt der abgerufene Markenname den Konsumenten tatsächlich an das betreffende Produkt? Hingegen kann man eine Legitimationsfunktion des verankerten Markennamens annehmen, sobald der Konsument vor dem Kaufabschluss steht: Er gibt ihm Gewissheit, nichts Falsches zu tun. Der Name beschleunigt den Abschluss.

Sicher ist: Diese Marktstrategie ist aufwändig, sie absorbiert finanzielle Ressourcen, die erheblich sind. Aussagen über die Effizienz kann man nur machen im Hinblick auf ein zu realisierendes Marktpotenzial. Wenn (bezogen auf die Zielgruppe) ein großer Umsatz oder viel Ertrag in Aussicht steht, fallen Aussagen über die Effizienz vergleichsweise vorteilhaft aus.

Procter & Gamble befindet sich in einer solchen Ausgangslage, wenn es um Waschen (*Ariel*) oder um Windeln (*Pampers*) geht. Oder *Nestlé* bei Suppen (*Maggi*) oder *Henkel* mit *Persil*.

Empfehlungen zu Feld 3c:

Dieses Feld bedeutet für ein Unternehmen, die Schwelle des „Schon-mal-gehört-Habens" mindestens zu erreichen. Konsequent angewendet ist das gleichermaßen eine sparsame und eine erfolgsträchtige Strategie. Die Strategie ist in dem Maße angezeigt, wie man sich in Märkten bewegt, in denen der Konsument die Produkte der betreffenden Kategorie als „ausreichend gut"– für seine Ansprüche genügend – beurteilt, er sich aber vor einem Fehlkauf bewahren will. Das „Schon-mal-Gehört-Haben" vermittelt ihm diese Gewissheit. Auch ein Vertriebskanal kann ihm diese Gewissheit vermitteln. Die sogenannten Kanalmarken vertrauen diesem Schema.

Die erwähnten Faktoren sind im Zunehmen begriffen, und es gibt im Moment keine Anzeichen, dass sich dieser Trend wenden wird. Ich erachte dies als eine sehr zukunftsgerichtete und äußerst aussichtsreiche Strategie. Sie absorbiert die finanziellen Ressourcen in vergleichsweise geringem Ausmaß; fordert aber die *Smartness* des Unternehmens stark.

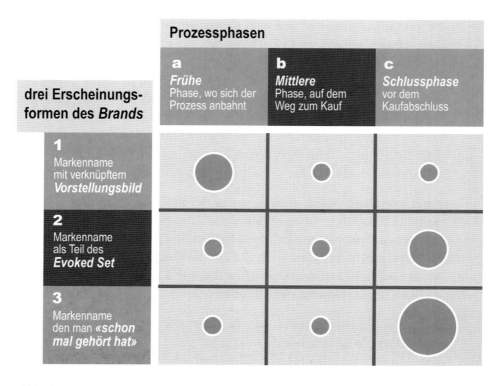

Abbildung 11: Eignung für Maßnahmen des Marketings

5. Ein Modell, das den Anschluss an die Verhaltensforschung herstellt

Es ist die Abweichung zwischen artikulierter Meinung und tatsächlicher Handlung des Konsumenten, die uns stutzig gemacht hat. Wie ist diese Diskrepanz zu erklären? Denn wir stoßen häufig auf sie im Alltag des Marketings. Und die Diskrepanz irritiert jene Menschen, die mit den Instrumenten des Marketings und der Kommunikation umzugehen haben.

Die neurobiologische Forschung hat uns wichtige Einsichten verschafft in das, was unmittelbar *vor* einer Handlung abläuft beziehungsweise vor einem Handlungsentscheid. Was in diesen Millisekunden vor der Handlung abläuft (im „Nano-Bereich", wie wir diesen Ausschnitt aus dem Kaufprozess genannt haben), macht die Abweichung schon etwas plausibel: Es seien *unbewusste* Regungen, welche hier vorherrschen. Es gehe um Prozesse, die vom Bewusstsein nicht kontrolliert werden können.

Wir fassen zusammen, was wir im Abschnitt 4.3 dazu festgestellt haben:

▶ Im Vorfeld einer Handlung läuft etwas im Gehirn des Menschen ab: Ein neuronales Bereitschaftspotenzial baut sich auf, das messbar ist. Benjamin Libet hat die Zeitspanne dieses Potenzialaufbaus mit 550 Millisekunden bemessen. Neuere Forschungen berichten sowohl von kürzeren als auch von längeren Zeitspannen, die man feststellen kann.

▶ Im Vorfeld zur Handlung werden Reize, die von außen auf den Menschen einströmen, detektiert. Sie werden von unseren Sinnesorganen aufgenommen, ins Gehirn weitergeleitet und dort in den sogenannten „stillen Arealen" verarbeitet – *bevor* das Bewusstsein auf sie zugreifen kann. Man geht davon aus, dass es sich bei diesen „stillen Arealen", in denen die eingehenden Reize verarbeitet werden, um evolutionsgeschichtlich ältere Gehirnregionen handelt, die sich über Jahrmillionen kaum verändert haben.

▶ Das Bewusstsein hat potenziell die Möglichkeit, sich vor einer Handlung einzuschalten. Man kann den Zeitpunkt auf der Zeitachse orten. Libet zufolge liegt er rund 200 Millisekunden vor der Handlung. Jedenfalls: *Wenn* sich Bewusstsein einschaltet, dann *nachdem* sich das neuronale Bereitschaftspotenzial aufzubauen begonnen hat.

▶ Begleitet wird dieser neuronale Prozess stets von einem Gefühl, die mittlerweile ausgeführte Handlung *gewollt* zu haben. Ursächlich für die Handlung war dieses Gefühl aber nicht. Das ist eine sehr einschneidende Erkenntnis, welche uns die Neurobiologen hier liefern. Aber sie steht im Einklang mit Befunden der Sozialpsychologie, die breit abgestützt sind. Und die Erkenntnis der Neurobiologie löst die *Paradoxa* auf, denen wir im Marketingalltag immer wieder begegnen. Das macht diese Erkenntnisse für die Praxis hoch relevant.

Handlungen bahnen sich unbewusst an. Was setzt nun aber den Prozess der Handlungsanbahnung selbst in Gang? Was ist gegeben am Ausgangspunkt – was muss gegeben sein, damit der neuronale und noch unbewusste handlungsvorbereitende Prozess überhaupt anrollt? Das sind wohl die entscheidenden Fragen für uns Marketer.

Am Anfang steht ein Reiz. Wir interessieren uns hier für die äußeren Reize, für die Reize im Wahrnehmungsumfeld. Der Hebel, der sich vor den Versuchspersonen präsentiert und den es umzulegen gilt im Experiment von Libet: die Internetadresse auf einer Anzeige oder das Produkt im Regal. Zunächst wird der Reiz bloß detektiert, das heißt, er wird von den Sinnesorganen aufgenommen und ins Gehirn weitergeleitet. Und hier wird er verarbeitet (mindestens in der Anlaufsphase *ohne* Beteiligung von Bewusstsein) und löst dann eine Reaktion aus, eine Handbewegung zum Beispiel. Den Ablauf können wir als automatisch bezeichnen – jedenfalls, wenn das Bewusstsein nicht die Notbremse zieht und sein Veto einlegt.

Automatische Reaktionen? Reiz – und dann Reaktion? Hat nicht schon Konrad Lorenz darüber berichtet?[68] Und seither hört man von den Anthropologen, den Biologen und Evolutionsbiologen, dass sie Handlungsautomatismen aufgedeckt hätten, automatisch eintretende Reaktionen aufgrund gewisser Reize aus dem Umfeld.

Solche Reize aus dem Umfeld nehmen wir schemenhaft wahr, wie Konrad Lorenz es uns am Beispiel von Graugänsen anschaulich gemacht hat. Die Graugänse sind ihm gefolgt, wenn er das Muster ihrer Mutter gemimt und „Tschirp, tschirp" gerufen hat. Schemenhaft wahrnehmen heißt, wenn gewisse Merkmale (nicht einmal alle) gegeben sind, dann macht es „klick". Auf Schlüsselreize, wie sie von den Verhaltensforschern genannt werden, antworten wir *automatisch*. Über solches wird viel berichtet![69]

---

68 „Als angeborenes auslösendes Schema bezeichnen wir die erbmäßig festgelegte Bereitschaft eines Tieres, eine bestimmte Kombination von Umweltreizen mit einer bestimmten Handlungsantwort." In: Lorenz (1965), Bd. 1, S. 292.
69 Eine umfassende Darstellung über Forschungsmethodik und Ergebnisse findet man bei Eibl-Eibesfeldt (1999).

5.1 Reiz, Reaktion und Handlungsautomatismen

Wir sind an einem Schnittpunkt angelangt zwischen der neurobiologischen Forschung einerseits und den human- und sozialwissenschaftlichen Forschungen andererseits. Die neurobiologische Forschung ist ein vergleichsweise junger Zweig. Die Human- und die Sozialwissenschaften dagegen dürfen auf eine lange Tradition zurückblicken. Insbesondere fallen darunter die Anthropologie, die Verhaltens- und Evolutionsbiologie sowie die Sozialpsychologie. Die Erkenntnisse der beiden Forschungstraditionen, jene der neurobiologischen Forschung und jene der Human- und Sozialwissenschaften, treffen sich an diesem Punkt:

> Die Neurobiologen können den Prozessabschnitt bezeichnen, wo Reize aus dem Umfeld einwirken und dem Gehirn zur Verarbeitung zugeleitet werden – und die Human- und Sozialwissenschaftler können die Handlungsautomatismen benennen, die sich an dieser Stelle einklinken und wirksam werden. Einklinken tun sie sich aufgrund der (schemenhaft) wahrgenommenen Reize, eben der Schlüsselreize.

Bei den Handlungsautomatismen handelt es sich um Reaktionsprogramme, die ablaufen, wenn sie angeklickt werden. Darunter fallen einfache Reaktionsmechanismen wie das Hinwenden, wenn wir einen Artgenossen erblicken: Wir fixieren dabei bevorzugt seine Augen. Handlungsautomatismen können aber auch aus vielgliedrigen Reaktionsketten bestehen. Es besteht in diesem Zusammenhang eine Wechselwirkung mit Menschen, die ihrerseits aufgrund eingegebener Reaktionsprogramme antworten. Das sind *Rituale*, auf die wir weiter unten noch zu sprechen kommen werden.

Modellhaft können wir nun die Prozessabläufe darstellen. Im Vorfeld der Handlung – 550 Millisekunden vor deren Ausführung – treffen Reize auf den menschlichen Organismus. Sie klicken bestimmte Handlungsautomatismen an, die in uns angelegt sind, gewissermaßen in uns schlummern. Einmal angeklickt beginnen diese Automatismen das neuronale Bereitschaftspotenzial aufzubauen. Eine Handlung bahnt sich an. Alles verläuft noch ohne Bewusstsein. Das Bewusstsein kann – muss nicht – 200 Millisekunden vor der Handlung sich einschalten und kann ein Veto einlegen.

Wie diese Prozesse, dieses „Einklinken", im Detail ablaufen, das müssen wir den Neurobiologen zur Klärung überlassen. Sie werden bestimmt mit weiteren und interessanten Details aufwarten. Aber wir, die am Marketing interessiert sind, gelangen so zu einem Modell, das gleichermaßen anschaulich ist, wie es auch die Erkenntnisse aus den unterschiedlichen Natur- und humanwissenschaftlichen Disziplinen kohärent zusammenfügt (siehe Abbildung 12).

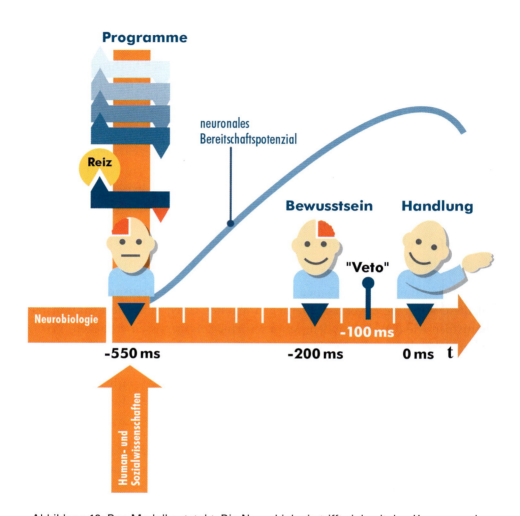

Abbildung 12: Das Modell entsteht: Die Neurobiologie trifft sich mit den Human- und Sozialwissenschaften

5.2 Worüber uns das Modell Auskunft geben soll

Die *550 Libet'schen Millisekunden* wollen wir hier symbolisch setzen, eingedenk einer gewissen Verkürzung ins Plakative. Die Zeitbemessung kann unterschiedlich ausfallen. Aber die Erkenntnis, dass Handlungsautomatismen den Menschen lenken und das Bewusstsein spät oder gar nicht einsetzt, passt gut zu unseren Erfahrungen im Marketing. Ja, wir können es gar umdrehen: Ein für das Marketing gültiges Modell muss zuallererst erklären können, weshalb die Diskrepanz zwischen artikulierter Meinung und tatsächlicher Handlung so eklatant ist – und systematisch auftritt.

Ein Modell muss diese Abweichung in seinen Fokus nehmen und sie nicht etwa auf nicht ausreichend genaue Messung oder auf zufällige Abweichungen vom Normalen zurückführen. Denn diese Diskrepanz ist allgegenwärtig, und sie stiftet viel Verwirrung in den Marketingabteilungen. Und noch viel ausgeprägter führt sie, solange sie unaufgeklärt bleibt, zu abweichenden Beurteilungen zwischen der Geschäftsleitung und den Ausführenden im Marketing. Auch spaltet sie nicht selten zwischen Marketing und Vertrieb, die jeweils ihre Welt unterschiedlich wahrnehmen.

Für die Zwecke des Marketings und der Kommunikation ist es zunächst ausreichend, wenn wir diese Handlungsautomatismen aufführen, also die automatisch ablaufenden Reaktionsprogramme, die mittlerweile gut erforscht sind. Aufschluss über diese Automatismen geben uns die Anthropologen, die Humanethologen, die Verhaltens- und Evolutionsbiologen, aber auch die Vertreter der experimentellen Psychologie und der Sozialpsychologie, der Semiotik und weiterer Wissenschaftszweige. Sie alle erforschen Handlungsmuster, die aufgrund einer spezifischen Reizkonstellation ausgelöst werden, in der Regel ohne bewusstes Erwägen. Diese Automatismen sind gut identifiziert, ihre Wirkungsweise für die Zwecke des Marketings durchaus ausreichend erforscht. Sie stehen parat, um praktisch angewendet zu werden.

5.3 Die Verhaltensforschung und die verschiedenen Wissenschaftszweige

Wir werden im Folgenden die zahlreichen Forschungsdisziplinen auflisten, die Handlungsautomatismen aufgedeckt haben. Die Inhalte der jeweiligen Erkenntnisse überschneiden sich nicht selten. So haben die Ethologen zum Beispiel das „Ritual des Schenkens" ausgeleuchtet. Sie haben festgestellt, dass ein Geschenk, das nach einem bestimmten Drehbuch überreicht wird, den Beschenkten zu einer Gegenleistung führt: Eine entsprechende Verhaltenstendenz ist aufgebaut worden, und der Beschenkte ist gleichsam getrieben, etwas „Gutes" zurückzugeben.[70] Die Ethologen bezeichnen dieses Verhalten als eine menschliche Universalie, deren Ursprung in unserer Evolutionsgeschichte liegt und die in unseren Genen eincodiert ist. Sie gelangen zu dieser Aussage aufgrund von interkulturellen Vergleichen: Wenn das gleiche Verhaltensmuster feststellbar ist in Neu-Guinea und in europäischen Kulturen, in Japan und in Afrika, dann werten die Ethologen dies als Hinweis, dass wir es mit einem Verhaltensautomatismus zu tun haben, der genetisch verankert ist.[71]

Angesichts des gleichen Phänomens sprechen die Sozialpsychologen von einem „Reziprozitätszwang", den diese experimentell nachweisen können. Es wird ein bestimmter Vorgang wiederholt, wobei jeweils alle Faktoren kontrolliert werden und nur ein einzelner Faktor variiert wird. So haben die Sozialpsychologen feststellen können, dass ein Beschenkter geneigt sein wird, eine Gegenleistung zu erbringen. Und dank einer kontrollierten Experimentalsituation können sie solche Kausalzusammenhänge auch quantifizieren.[72] Beim Reziprozitätszwang wurde eine *Verdoppelung* der Neigung zur Gegenleistung festgestellt im Vergleich zu einer Situation, in der kein Geschenk entgegengenommen wurde.[73] Die Sozialpsychologen sprechen von einer „Dankesschuld", die im Beschenkten heranwächst und die entsprechende Handlungsbereitschaft erzeugt. Dieses Gefühl kann manipulativ genutzt werden, denn damit lassen sich Interaktionen anschieben – und in eine bestimmte Richtung lenken. Tauschvorgänge kommen auf diese Weise in Gang, und in einem größeren Zusammenhang kann so der Prozess der Arbeitsteilung damit erklärt werden. Manche Forscher gehen gar so weit, diese Gesetzmäßigkeit als grundlegend für das Zustandekommen unseres Wirtschaftssystems zu bezeichnen.

---

70 Gut dargestellt bei Eibl-Eibesfeldt (2004), S. 483.
71 Eibl-Eibesfeldt (2004), S. 671 ff.
72 Aronson/Wilson/Akert (2004), S. 43 ff.
73 Regan (1971), in: Cialdini (2010), S. 43 ff.

Die Humanethologen und Sozialpsychologen treffen sich bei dem gleichen Verhaltensautomatismus, den sie je mit einer anderen Methode sichtbar gemacht haben. Die Betonung ist eine unterschiedliche und ergänzt sich ausgezeichnet: Die Ethologen zeigen das *Dynamische* am Vorgang: Wie wird er initialisiert und daraufhin vom Gegenüber erwidert (nämlich aufgrund einer ebenfalls genetisch gegebenen Bereitschaft, ein Geschenk anzunehmen)? Auch zeigen die Ethologen, wie die Handlungsmuster der beiden Akteure ineinandergreifen, wie das *Rhythmische* des Vorganges ausgeprägt ist. Und sie machen Aussagen über die Geschwindigkeit und über die den Vorgang begleitende Gestik und Mimik der Beteiligten. Darüber hinaus zeigen uns die Ethologen, wie der Vorgang des Schenkens eingebettet ist in übergeordnete Rituale des Kooperierens, des Bandenknüpfens, der Aggressionsabblockung und andere mehr. Die gesellschaftliche Funktion des Handlungsautomatismus steht für die Ethologen im Mittelpunkt.

Die Sozialpsychologen dagegen konzentrieren sich darauf, die jeweils verschiedenen *Faktoren* einzugrenzen und die kausalen Beziehungen zu *quantifizieren*. Sie leiten daraus Gesetzmäßigkeiten ab, die der Praxis helfen, ein bestimmtes Resultat herbeizuführen, zum Beispiel einen Beeinflussungserfolg (für die Leute im Marketing) – oder eben diesen Beeinflussungserfolg zu verhindern (für die Leute vom Konsumentenschutz).

Es wird somit deutlich, dass die wissenschaftliche Herkunft von aufgedeckten Handlungsautomatismen sehr unterschiedlich sein kann. Ebenso verschieden ist der Aspekt, der jeweils im Fokus steht. Aber unterschiedliche wissenschaftliche Sichtweisen treffen sich beim gleichen Automatismus, der das Handeln steuert.

Welche wissenschaftlichen Disziplinen haben sich mit den automatisch ablaufenden Handlungen befasst? Wir nehmen hier eine Auslegeordnung vor:

1. **Humanethologie**

   Wir wählen dieses Begriffsgefäß für die zahlreichen Forschungsarbeiten, die von Biologen geschrieben wurden, welche nach Gesetzmäßigkeiten im Verhalten suchten.[74] Ihre Methoden waren ursprünglich auf Tierverhalten ausgerichtet (Konrad Lorenz, Tinbergen und Eibl-Eibesfeldt) und wurden dann für Menschen adaptiert.

---

74 Synonym verwendet, oder mit geringfügig anderen Akzenten, werden die folgenden Begriffe: *Anthropologie*; *Humanbiologie* oder *Soziobiologie*. Gelegentlich wird die Entstehungsgeschichte speziell herausgestellt, und man spricht von *Evolutionsbiologie*.

Diese Biologen suchten nach universellen Verhaltensgesetzen. Sie fanden solche regelmäßig im Dienste des Überlebens und der Arterhaltung: Gefahren erfolgreich bewältigen, tarnen, kämpfen oder kooperieren, sich paaren und vermehren und andere mehr.

Die Sicht wurde schließlich ausgeweitet auf Gruppen von Menschen und auf Kollektive. So wurden Bezüge hergestellt zu den Kulturwissenschaften und zur Soziologie: Kulturelle und gesellschaftliche Phänomene konnte man nun zurückführen auf verhaltensbiologische Gesetzmäßigkeiten.

2. Sozialpsychologie

Die Sozialpsychologie will das Phänomen des sozialen Einflusses verstehen. Sie versucht, die Faktoren zu ermitteln, die (regelmäßig) den Einflusserfolg begünstigen. Die Sozialpsychologie geht experimentell an ihre Aufgabe heran: Es werden künstlich Situationen erzeugt, in welchen verschiedene Faktoren kontrolliert werden können. Ein Faktor wird dann variiert und die Konsequenzen auf das Resultat – den Überzeugungserfolg – festgestellt.

3. Lernpsychologie

Wir richten hier unser Augenmerk vor allem auf jene Lerngesetze, die aus der behavioristischen Forschungsrichtung hervorgegangen sind. Wir stellen sie aus den Gründen ins Zentrum, die wir weiter oben dargelegt haben.[75] Diese behavioristische Sicht führt uns vom bedingten Reflex von Pawlow über die operante Konditionierung (Lernen am Erfolg) von Skinner bis zu seiner Erweiterung durch das Lernen am Modell von Albert Bandura und die Anwendung der Lernprinzipien auf das Alltagsverhalten, z.B. bei Baldwin & Baldwin.

4. Entscheidungsforschung

In jüngster Zeit haben sich die Ökonomen auf die Frage konzentriert: Was sind die ausschlaggebenden Gründe dafür, dass der Mensch sich so und nicht anders entscheidet? Ausgelöst wurde diese Forschungsrichtung dadurch, dass man festgestellt hat, dass der Mensch in aller Regel *nicht* aufgrund von *Pro* und *Contra* entscheidet, sondern „aus dem Bauch heraus", einfachen Faustregeln folgend. Diese Faustregeln sind sowohl erfahrungsgeleitet als auch genetisch angelegt.[76] Beschleunigt worden ist diese Forschungsrichtung, indem man wiederholt festgestellt hat, dass diese Ent-

---
75 Siehe Abschnitt 3.5.
76 Gigerenzer (2008), S. 26 ff.

scheidungen „aus dem Bauch heraus" oft auch die *besseren* Entscheide sind im Vergleich zu einem „rationalen" Vorgehen, bei dem eine Vielzahl von Alternativen mit jeweils umfassenden Informationen einbezogen werden.[77]

Aber auch diese intuitive („bauchgestützte") Entscheidungsfindung folgt bestimmten Regeln. Diese will man herausarbeiten, um menschliches Entscheiden und Handeln zu verstehen und es besser vorherzusagen. Die Zürcher Professoren Ernst Fehr und Bruno Frey sind auf diesem Weg ein gutes Stück vorangekommen. Und Richard Thaler, Professor für Verhaltensökonomie an der Universität von Chicago, hat zahlreiche Faustregeln aufgedeckt, die unser tatsächliches ökonomisches Verhalten bestimmen.

5. Von der Semiotik bis zur Rhetorik

Der Semiotik geht es darum, die Zeichenverwendung auf universelle Muster zurückzuführen. Die Semiotiker wollen feststellen, welche Muster einer Botschaft eine bestimmte Wirkung auf Seiten des Empfängers ausüben. Die herausragende Persönlichkeit auf diesem Gebiet ist Umberto Eco. Wir verdanken ihm interessante Einsichten in die Phänomene der Massenkultur. Er untersucht die „semiotischen Codes", welche der Massenkultur zugrunde liegen.[78]

Mit der Fragestellung: Was leistet die Zeichenverwendung für die Wirkung?, hat die Semiotik von Umberto Eco vieles erhellen können, was für das Marketing wertvoll ist. Ich denke z.B. an seine Ausführungen über das Phänomen des „Kitsches" und welche Rolle dieser spielt, wenn es um das (massenhafte) Verbreiten von Inhalten im Publikum geht. Auch wenn nicht immer die exakte empirische Analyse als Grundlage dient und es sich um gute Beobachtung und geistreiche Überlegungen von Eco handelt, so konnte er doch Bezüge herstellen zu Phänomenen aus dem Zeitgeschehen, die sehr aufschlussreich für erfolgreiche Kommunikation sind.

Es gibt aber weitere Quellen von Erkenntnissen, die hochrelevant für die Kommunikation sind. Es ist die Rhetorik zu nennen, eine Disziplin, die man gemeinhin den Geisteswissenschaften zurechnet. Sie wurde bereits von den alten Griechen und den Römern gepflegt. Die Inhalte haben einen sehr ausgeprägten Realitätsbezug und sind jederzeit überprüfbar.

Nicht weit von der Rhetorik entfernt sind die Faustregeln, die sich im Direct Marketing durchgesetzt haben, insbesondere aus der Praxis des Versand-

---

77 Zahlreiche Beispiele finden sich auch bei Gigerenzer (2008).
78 Eco (1984).

handels, des Verlagsmarketings, der Finanzdienstleistungen und anderen. Hier kann man von einer Prüfung an der Realität sprechen: Sie haben sich bewähren müssen, da die Unternehmen andernfalls nicht überlebt hätten. Und das Testen ist Teil der Kultur von jenen Unternehmen, die sich dem Direct Marketing bedienen. Die Tests sind vielleicht noch nicht von den Forschungsakademien abgesegnet worden, sie sind aber deshalb nicht weniger praxisrelevant.

In allen der fünf aufgelisteten Forschungsdisziplinen wurden Handlungsautomatismen aufgedeckt. Nämlich automatisch ablaufende Reaktionen, wenn ein jeweils auslösender Reiz vorausgeht. Einige dieser Automatismen laufen unmittelbar ab; wie eine *feste Verdrahtung*, die uns Menschen von der Natur mitgegeben wurde: hier Reiz, da Reaktion. Unsere Reaktion auf Gesichter zählt beispielsweise dazu, siehe Abschnitt 5.4. Andere Automatismen sind in Form von *Lerndispositionen* in unserem Verhaltensrepertoire gespeichert: Sie müssen erst durch *Erfahrung* angereichert werden und dann laufen sie automatisch ab: konditionierte Reaktionen wie beispielsweise das Prozentzeichen (%), welches das biologisch gespeicherte Programm „Kampf um knappe Vorräte" aktiviert.

Wir werden im Folgenden zwölf Handlungsautomatismen aufführen, die für das Marketing relevant sind. Sie stehen eher als *Exempel*, um zu zeigen, wie Handlungsautomatismen in eine Theorie des Marketings eingebunden werden können. Sie sind außerdem *gekürzt* abgefasst. Die Literaturhinweise sollen den Leser zu einem vertieften Studium anregen.

5.4 Zwölf Handlungsautomatismen, die für das Marketing relevant sind

(1) Das Kindchen-Schema

Das sogenannte „Kindchen-Schema" hat durch Konrad Lorenz Berühmtheit erlangt. Es ist zugleich der Klassiker jener Kategorie von Reizen, die man als Schlüsselreize bezeichnet.[79] Sie vermögen genetisch angelegte Programme in uns Menschen aufzuschließen und entfalten so ihre Wirkung: Ein Handlungsablauf wird angeschoben oder mindestens eine Handlungstendenz wird aktiviert.

---

79 Der von den Ethologen verwendete Fachausdruck lautet „*Angeborene Auslösemechanismen*" *(AAM)*, wie von N. Tinbergen 1951 benannt.

Kindergesichter lösen bei Menschen angeborenermaßen Betreuungshandlungen aus. Wir beantworten das Schema „Kindergesicht" mit Aufmerksamkeit, Hinwendung und mit einem emotionalen Reaktionsprogramm: „herzig", „niedlich" oder „süß" lauten die Attribute unserer Empfindung.

Von einem Schema spricht man, weil gewisse Proportionsmerkmale ausschlaggebend sind für die Reaktion. So haben Kinder im Vergleich zum Rumpf einen großen Kopf. Zu den als niedlich empfundenen Proportionsmerkmalen zählen außerdem im Verhältnis zum Gesichtsschädel ein großer Hirnschädel mit ausgeprägter Stirnwölbung, relativ großen Augen (Kulleraugen), und eine gering ausgeprägte Kinnpartie.

Interessant für Anwendungen im Marketing ist, dass die genannten Schemenmerkmale übertrieben werden können. Und in der Folge steigert sich die Reaktionsintensität. Verhaltensforscher konnten das am Beispiel von Walt Disneys *Mickey Mouse* aufzeigen.[80] Innerhalb von 50 Jahren nahmen Kopfgröße, Augengröße und Schädelwölbung zu; die Augengröße von 27 Prozent auf 42 Prozent der Kopfgröße; die Kopfgröße von 42 Prozent auf 48 Prozent der Körpergröße. Diese schrittweisen Änderungen sind nach Auffassung von Eibl-Eibesfeldt ein anschauliches Beispiel für die Selektion auf kultureller Ebene durch den Markt.[81]

(2) Gesichter als Blickfang und als Auslöser

Die Sprache gilt gemeinhin als *das* Kommunikationsmedium. Mit der Sprache drücken wir aus, was wir sagen *wollen*. Ihr Organ ist der Mund. Nun drückt unser Gesicht aber weit mehr aus als das Gesprochene und das Gewollte. Der gesamten Gesichtspartie entspringen Signale. Sie haben *nonverbalen* Charakter. Ausgedrückt werden sie über die Augen, die Augenbrauen, Nase, Lippen, Kinnpartie und die Kopfhaltung. Diese Kommunikation ist, im Vergleich zur Sprache, unmittelbarer, weniger verschleiert und nicht bewusst kontrolliert – soweit nicht schauspielerische Fähigkeiten am Werk sind.

Wie wirken die non-verbalen Signale auf das Gegenüber? Welche Reaktionen lösen das Gesicht und die Mimik beim Menschen aus? Einige Erkenntnisse sind gesichert:

---

80   Gould, in: Eibl-Eibesfeldt (2004), S. 34.
81   Eibl-Eibesfeldt (2004), S. 93 ff.

▶ Auf das Angesicht unseres Artgenossen antworten wir angeborenerweise mit einer *Hinwendungsreaktion*. In Konkurrenz mit anderen visuellen Stimuli – mit Bildern aus der Natur, abgebildeten Gegenständen oder Menschengruppen – obsiegt regelmäßig das Gesicht. Besonders ausgeprägt ist dieses Hinwenden, wenn die engere Gesichtspartie (Haaransatz, Augen, Nase und Mund) groß herausgestellt wird und das Bild angeschnitten ist.

▶ Außerdem zeigen Analysen mit *Eye Tracking* verbunden mit Elektroenzephalografie (EEG), dass die relative *Größe der Pupille* im Vergleich zur Iris ein Wirkfaktor für Emotionen ist: Je größer die Pupille, desto stärker löst das Bild Sympathie aus.[82] Aufgrund dieser Erkenntnisse kann man die Wirkung von Gesichtern für werbliche Zwecke relativ einfach steigern: Die Pupillen werden mittels Bildbearbeitung vergrößert.

▶ Das menschliche Gesicht ist ausgestattet mit einer besonderen Fähigkeit, *Gefühle* zum Ausdruck zu bringen, die reich an Nuancen sind – und dennoch vom Gegenüber automatisch richtig decodiert werden. Dabei bedient sich die Gesichtssprache einem *universellen Code*, welcher der gesamten menschlichen Spezies eigen ist. Die Gesichtssprache wird *kultur-übergreifend* verstanden; sie ist nur zu einem geringen Teil kulturell geprägt.[83]

▶ Die zum Ausdruck gebrachten Gefühle haben die Tendenz, sich zu übertragen: Weinen erzeugt bei Kindern Mitweinen, Lachen ein Mitlachen. Stimmungen übertragen sich – sie werden gespiegelt vom Mitmenschen.

▶ Oder der Gesichtsausdruck funktioniert als Signal für eine Reaktion. Eine angehobene Augenbraue mit gleichzeitigem Hochziehen der Mundwinkel (sogenannter *Augengruß*) lädt zu Kontaktnahme ein und spricht die korrespondierende Handlungsbereitschaft beim Gegenüber an.

Der Reichtum von Mimik und Ausdrucksbewegungen ist enorm. Um die Übersicht zu gewinnen, hat Paul Ekman ein *Codierungssystem* entwickelt.[84] Ausgehend von 23 Gesichtsmuskeln, die kontrahiert werden können, hat er 58 Kategorien von Ausdrucksformen hergeleitet. Die weiteren Untersuchungen haben gezeigt, dass diese Zahl bei Weitem nicht ausreicht, um die Nuancen abzubilden, die wir Menschen in der Lage sind, bei unserem Gegenüber wahrzunehmen. Unbewusst zwar – aber wir reagieren darauf.

---

82   Eibl-Eibesfeldt (2004), S. 624 ff.
83   Ekmann (1988).
84   Ekmann (1988), S. 181 ff.

Für die Marketingkommunikation ist sowohl die Eigenschaft der Stimmungsübertragung relevant als auch die signalgebende und handlungsauslösende Funktion des Gesichtsausdruckes. Die Werbung nutzt – nach meiner Einschätzung – diese Funktion noch sehr unzureichend. Models werden abgebildet, die lächeln und fröhlich sind. Aber sie sind austauschbar. Sie werden auch ausgetauscht: Die gleichen Models treten in der Werbung von Versicherungen, Lingerie-Herstellern oder in der Automobilwerbung auf. Der große Nuancenreichtum des Ausdrucks, wie ihn zum Beispiel das Codierungssystem von Ekmann wiedergibt, bleibt unausgeschöpft. Das kontrastiert besonders auffällig, wenn man die darstellende Kunst zum Vergleich hinzuzieht: das Theater oder das Kino, wo die Mimik der Schauspieler eine herausragende Rolle spielt und über Erfolg und Nichterfolg entscheidet.

(3) Runde Formen – eckige Formen

Auf runde Formen antworten wir im Vergleich zu eckigen Formen stärker mit Hinwendung. Das zeigen *Eye Tracking*-Analysen, die wir durchgeführt haben. Zum gleichen Ergebnis kommt auch Vögele.[85] Nicht weit hergeholt ist die Vermutung, dass hier wohl evolutionäre Anpassung am Werk ist. Das passt zur Feststellung, dass zahlreiche sekundäre Geschlechtsmerkmale, die das Paaren fördern, eher den runden Formen gleichen.

Hervorheben möchte ich diesen Umstand, weil er dem Zeitgeist zuwiderläuft. Designer und Grafiker lieben die coolen, leichten und eckigen Formen. Zeitgeistorientierte Formen unterliegen aber im Wettstreit mit den evolutionär gewachsenen Mustern: Runde Preisschilder in Anzeigen vermögen mehr Augen auf sich zu ziehen als eckige.

Eine damit zusammenhängende Feststellung betrifft die sogenannten „Balken", wie sie in der Werbung häufig eingesetzt werden, als Umfeld für Negativ-Schriften oder als bloße *Eye Catcher* (sogenannte „Störer"):

> Längliche, rechteckige Formen (sogenannte *Balken*), welche liegen (horizontal verlaufen), haben eine relativ geringe *Eye Catcher*-Wirkung. Die gleichen Balken, die aber stehen (vertikal verlaufen), haben eine höhere *Eye Catcher*-Wirkung; die Balken, die schräg sind, weisen bei *Eye Tracking*-Analysen die höchste *Eye Catcher*-Wirkung auf.

---

[85] Vögele (2003), S. 48.

Verhaltensbiologen erklären dieses Phänomen mithilfe der Gefahren-Signalwirkung: Ein horizontaler Balken beunruhigt nicht; ein vertikaler eher, denn er könnte umfallen und uns erschlagen. Ein schräger Balken beängstigt und löst in der Tendenz Flucht aus.

Formen und Farben treffen beim Menschen auf vorbereitete Reaktionsschemen. Nützlich für die Werbung ist das Trennen der angeborenen Reaktionen von jenen, die angelernt wurden und der jeweiligen Modeströmung entsprechen. Denn Erstere sind *archaisch* – man kann sich ihnen nicht entziehen. Die Modeströmungen und der Zeitgeist dagegen lehren uns jeweils eine bestimmte Zeichenverwendung und erheben diese zur Norm. Die Werbeszene ist besonders empfänglich für diese Normen und neigt gar zu Übertreibungen. Ein Gegensteuern ist nötig, um die Handlungswirkung von Werbung aufrechtzuerhalten.

(4) Sofortige Belohnung prägt das Verhalten: *Instant Happiness*

Das Rezept lautet: Verhalten lasse man zur Ausführung kommen – egal aus welchem Antrieb. Hauptsache, das Verhalten wird sofort belohnt – und automatisch wird in der Folge eben dieses Verhalten häufiger auftreten.

Allgemeiner gesagt: Einer bestimmten Kategorie von Verhalten lässt man positive Konsequenzen folgen (dieses Verhalten wird „verstärkt", in der Sprache der Lernpsychologen), das heißt, es wird augenblicklich belohnt durch den Untersuchungsleiter, den Marketer usw. Damit beeinflusst man die Wiederholwahrscheinlichkeit eben dieses Verhaltens. Es wird künftig häufiger auftreten, wenn es belohnt worden ist. Und es wird mit geringerer Wahrscheinlichkeit auftreten, wenn man es bestraft hat.

Der Verhaltensforscher B. F. Skinner hat sein Leben lang mit einer einfachen Versuchsanordnung gearbeitet, mit der „Skinner Box", wie sie nach ihm benannt worden ist. Dabei wird eine Taube in einen Gitterkäfig getan. Dort legt sie ihr angeborenes Verhalten an den Tag: Sie pickt an die Gitterstäbe. Nun wird eine Futterfalle in die Box eingefügt, ein kleiner Hebel, der bei Berührung eine Futterpille freigibt. Anfänglich pickt die Taube an die Gitterstäbe – *zufälligerweise* dann auf diese Futterfalle, worauf sie sofort mit Futter belohnt wird. Die Häufigkeit, mit der sie auf die Futterfalle pickt, nimmt von nun an rapide zu. Die Taube hat gelernt, und die Lernkurve steigt.

Dass diese Gesetzmäßigkeiten nicht nur bei Tauben das Verhalten zu verändern vermögen, sondern auch bei Menschen, zeigen folgende zwei Beispiele. Sie beweisen außerdem, wie kraftvoll solche Gesetzmäßigkeiten wirken, wenn man sie geschickt ins Spiel bringt – und wie viel Macht sie demjenigen geben, der sie anwendet.

Das erste Beispiel lehnt sich an das Experiment von Greenspoon[86] an und eignet sich dafür, im Freundeskreis ausprobiert zu werden. Eine Gruppe von in das Experiment eingeweihten Personen empfängt einen Kollegen, der hinzutritt und nichts vom Untersuchungszweck weiß. Sie legen ihm dar, dass es um einen Kreativitätstest gehe. Er solle Hauptwörter (Substantive) aussprechen, so viele wie möglich pro Zeiteinheit. Der Kollege wird nun beginnen, beliebige Hauptwörter zu generieren. Darunter finden sich zwei Kategorien von Hauptwörtern: die konkreten Hauptwörter (zum Anfassen) und die abstrakten Hauptwörter. Die Gruppe, die sich vorher abgestimmt hat, bestärkt *eine* der Kategorien, z.B. die konkreten Wörter. Immer, wenn ihr Kollege ein Hauptwort zum Anfassen (Tisch, Stuhl usw.) nennt, quittieren sie dies mit einem aufmunternden Lächeln. Immer, wenn er dagegen ein abstraktes Hauptwort nennt (Idee, Befindlichkeit etc.), verziehen sie keine Miene. Man zählt nun die Häufigkeit, mit der die beiden Kategorien auftreten und wird feststellen: Nach einer Anlaufzeit wird die Häufigkeit jener Kategorie zunehmen, die mit einem aufmunternden Lächeln verstärkt („belohnt") wird. Man findet die typische Lernkurve, die exponentiell nach oben steigt. Interessant ist: Die Häufigkeit wird ausschlagen zugunsten der belohnten Kategorie – das Verhalten wird sich verändern – *bevor* diesem Kollegen bewusst wird, welches Spiel man mit ihm treibt (also bevor er herausfindet, was durch die Gruppe belohnt wird).

Im persönlichen Verkaufsgespräch wird diese Gesetzmäßigkeit häufig angewendet – entweder intuitiv (richtig) angewendet durch den Verkäufer oder in einer Verkaufsschulung gelernt: Der Verkäufer „belohnt" jede Äußerung des Kunden, die im Einklang steht mit den Absichten des Verkäufers. Ein aufmunterndes Zunicken reicht aus.

Skinner identifizierte und quantifizierte Parameter um Parameter, welche eine bestimmte Verhaltenstendenz förderten. Ursprünglich experimentierte Skinner mit Tieren, später mit Menschen, indem er die Logik dieser Versuchsanordnung auf das reale Umfeld von Menschen übertrug. Er erforschte alle Faktoren, die einen Einfluss auf die Häufigkeit des erwünschten Verhaltens ausübten, das heißt,

---
86 Greenspoon (1995), S. 409-416.

den Lernerfolg förderten. Es ging zunächst um die Dosis der Belohnung: Wirkt eine „große" Belohnung stärker (oder nachhaltiger) als eine „kleine" Belohnung? Um wie viel stärker (nachhaltiger)? Er untersuchte die Zeitspanne zwischen dem geäußerten Verhalten und dem Eintreffen der Belohnung (Erkenntnis: der Zeitfaktor ist kritisch – die Belohnung muss *sofort* eintreffen); die Häufigkeit des Belohnens (Erkenntnis: belohnt werden muss nicht jedes Mal); das Belohnungsmuster, z.B. nach einem starren Belohnungsplan jedes zweite (dritte, vierte) Mal, oder zufällig und nur im Durchschnitt jedes zweite, dritte, vierte Mal (Erkenntnis: das Zufallsprinzip *potenziert* die Wirkung).[87]

Ein etwas ernsteres Beispiel, das zeigt, wie intensiv das Verstärkungsprinzip von Skinner wirken kann, ist folgendes. Es zeigt auch, wie gefährlich die Technik sein kann, wenn das Verhaltensziel ein unehrenhaftes ist. Es geht um Glücksspiele an Automaten, die in Gaststätten in der Schweiz im Kanton Zürich verbreitet waren. Die Spieler hatten Zweifrankenstücke oben in einen Schlitz in den Spielautomaten einzuwerfen. Nach dem Zufallsprinzip (das sich bei den Untersuchungen von Skinner als das wirkungsvollste Belohnungsprogramm herausgestellt hatte) wurde das Geldeinwerfen belohnt durch einen höheren Geldbetrag, den man gewinnen konnte: *sofort*, wenn man eben Glück hatte. Der Gewinn war begleitet von auffälligen Geräuschen – die Geldstücke wurden in einen Blechnapf geschleudert, was die Aufmerksamkeit der sozialen Umgebung auf den Spieler lenkte (auf den „*Winner*-Typen") und ihn zusätzlich belohnte. Alle Parameter wurden nach den Kenntnissen von Skinner optimiert: der Zeitraum zwischen Handlung und Belohnung (Sofort-Belohnung wirkt am stärksten); das Belohnungsprogramm (jedes z.B. dritte Mal wird belohnt, jedoch dem Zufall unterworfen); die Aufmerksamkeit der umgebenden Menschen. Und der Wirt wurde nicht vergessen, der diesen Spielautomaten in seinem Lokal aufgestellt hat: Das Belohnungsprogramm war so dosiert, dass der Gewinn des Automatenbesitzers maximal war. Auf diese Weise hatte sich die Spielautomatenszene ausgeweitet. Fälle von Krankenhauseinweisungen süchtig gewordener Spieler wurden bekannt. Das Servicepersonal sollte gar Beschaffungsdelikte begangen haben bei den Gästen, um das Geld gleich wieder im Spiel einzusetzen. Das Zürcher Volk musste schließlich mit einem Gesetz den Riegel vorschieben: Per Volksabstimmung wurden die Spielautomaten verboten.

Die Gesetzmäßigkeiten, die Skinner festgestellt hat, sind sehr einfach und verblüffend wirksam – derart wirksam, dass aus der behavioristischen Forschungsdisziplin eine euphorische Grundstimmung hervorgegangen ist, die Amerika

---

[87] Lefrançois (2006), S. 99 ff.

und Europa in den Siebziger- und Achtzigerjahren gleichermaßen erfasst hat. Eine Zeit lang hat man geglaubt, dass menschliches Verhalten nahezu beliebig durch bloße Kontrolle der Umfeldfaktoren gesteuert werden könne. Es gelte nur Vorkehrungen zu treffen, damit das erwünschte Verhalten belohnt werde, möglichst sofort. Und so ist gar die Utopie einer „guten Gesellschaft" näher gerückt. Es ist Skinner selbst gewesen, der zur Mäßigung gerufen und vor einem Überschätzen der Möglichkeiten gewarnt hat.[88]

(5) Handlungsketten aufbauen: *Behavioral Shaping*

Beim *Behavioral Shaping* geht es um das Hintereinanderreihen von Lernmodulen nach dem Prinzip des Lernens am Erfolg (siehe oben).[89] Zunächst wird ein erstes Verhalten zur Ausführung gebracht, mit beliebigem Anreiz oder äußerem Anstoß. Hauptsache, es wird prompt belohnt. Auf diese Weise wird der erste Schritt gelernt. Nun geht der Prozess weiter zum nächsten Verhaltensschritt, welcher dem ultimativen Verhaltensziel bereits näherkommt. Auch dieser Schritt wird zur Ausführung gebracht – angereizt oder angestoßen – und umgehend belohnt. Nun hat sich das Individuum zwei Schritte angeeignet. Belohnt wird es fortan nur noch, nachdem es beide Schritte hintereinander vollzogen hat. Hat sich das Individuum die zwei Schritte angeeignet, geht es zum dritten Schritt über. Belohnt wird nur noch, wenn alle drei Schritte hintereinander vollzogen sind. Die Verhaltenskette kann beliebig fortgesetzt werden. Ein Verhaltensrepertoire wird so schrittweise aufgebaut.

Wir haben das Beispiel aus der Welt des Zirkus angeführt, wo Rolf Knie mit einem jungen Pferd ein hochkomplexes Dressurprogramm aufbaut – stets nach dem Prinzip des *Behavioral Shaping*, durch stufenweises Annähern.[90]

Die Studenten von Skinner mussten in Seminarien die Technik des *Behavioral Shaping* üben. Es gelang ihnen im Zeitraum von einem halben Tag, einer Ratte ein Verhaltensprogramm mit über zehn Schritten beizubringen. Was den Studenten aber mehr Spaß zu machen schien, waren Experimente mit ihren Professoren während der Vorlesung. So erzählt man sich folgende Anekdote. Einer ihrer Professoren hatte die Gewohnheit, während seinem Vortrag hin und her zu schreiten. Dieses Verhalten, nahmen sich die Studenten vor, sollte in bestimmter

---

88 Skinner (1976).
89 Lefrançois (2006), S. 105 ff., übertragen auf das Alltagsverhalten, siehe: Baldwin & Baldwin (2001), S. 198 ff.
90 Siehe Abschnitt 4.5.1.

Weise verändert werden, und sie stimmten sich untereinander ab. Nun begann der Professor seine Lektion. Sobald er einen Schritt in Richtung der rechten Ecke des Raumes machte, quittierten das die Studenten mit munteren Gesichtsausdrücken, Andeutungen von Kopfnicken, Die Studentinnen sollen die Röcke ein wenig angehoben haben usw. Immer, wenn der Professor sich nach links bewegte, blieben diese Belohnungen aus. Gegen Ende der Lektion soll der Professor ausschließlich von der rechten Raumseite aus doziert haben.

(6) *Klischees:* **vorgefertigte ästhetische Effekte**

Es gibt Schlüsselbilder, welche ganze Gefühlswelten aufschließen. Kroeber-Riel hat diese untersucht und ihre Bedeutung für das Marketing erforscht.[91] Schlüsselbilder findet man in den Mythen, in der Märchenwelt und in der Kunst in der Form etwa von Elfen, Hexen, Vampiren, Glücksfeen oder Helden.[92] Sie werden in die Nähe der *Archetypen* gerückt, wie sie C. G. Jung populär gemacht hat. Als solche verweisen sie auf erblich erworbene Vorstellungskomplexe.

Neben diesen Archetypen gibt es aber auch Vorstellungskomplexe, die angelernte Komponenten mit einschließen. Es sind Amalgame, bei welchen ein Kern noch archetypischen Ursprungs ist, aber angelernte Codes sich darüber gelegt haben. Bildliche und textliche Codes, die Teil unserer Kultur geworden sind und der Massenkultur zugerechnet werden können, überlagern den archetypischen, genetisch verankerten Kern. Manifest werden diese Amalgame zum Beispiel in der Assistentin in einem TV-Quiz als eine Glücksfee in ihrer archetypischen Reinform. Den Archetyp des Helden treffen wir auf Schritt und Tritt an: Sportler, die für eine Versicherung auftreten (Roger Federer für *National Versicherung*), Schauspieler für Kaffee (George Clooney für *Nespresso*) oder in comicgemäßer Übersetzung wie Meister Proper, der kraftvolle Kerl mit den breiten Schultern, für eine Haushaltsreiniger-Linie von *Procter & Gamble*.

Die Semiotik, insbesondere deren bekannter Exponent Umberto Eco, hat sich dieser Vorstellungskomplexe angenommen. Eco hat versucht, bei den Phänomenen der Massenkultur den jeweiligen archetypischen Kern herauszuschälen. Er ist fündig geworden in der Mythologie, in der Poesie und der Kunst, die ihm geholfen haben, die Bedeutung von solchen Massenkulturphänomenen aufzu-

---

91 Kroeber-Riel/Esch (2004), S. 226 ff.
92 Kroeber-Riel/Weinberg (2003), S. 140 ff.

schlüsseln. Und schließlich hat Eco mit Beispielen aufzeigen können, wie sich diese archetypischen Kerne mit den Codes des Zeitgeistes vermengen, wie sie massenkulturtauglich werden und sich zu *Klischees* verfestigen.

Die *Klischees* spielen in der Massenkultur eine bedeutende Rolle. Eco grenzt sie von den eigentlichen ästhetischen Mustern ab, die wir in der Kunst antreffen. Wie diese rufen *Klischees* einen Gefühlseffekt hervor. Aber im Unterschied zur Kunst ist dieser Gefühlseffekt augenblicklich da, er erschließt sich ohne Anstrengung. Es ist ein prompt genießbarer Ersatz für die Kunst. Dafür hat sich der Begriff des „Kitsches" etabliert, der in praktisch allen Kulturen anzutreffen ist.[93]

Ganz offensichtlich bedienen sich die Boulevardzeitungen gerne dieser Codes. Auch die *Yellow Press* und die TV-Gefäße nutzen *Klischees* kommerziell. Es sind Anwendungen, bei denen der Effekt beim Publikum sofort eintritt, ablesbar an der Anzahl verkaufter Exemplare, an der Einschaltquote und Reichweite für die Werbung.

Solche Schemenbilder funktionieren automatisch, sie produzieren Gefühlseffekte durch Vorfertigung und fordern dem Konsumenten keinerlei Decodierungsanstrengungen ab, wie das die Kunst täte – es sind pure Gefühlsreize mit garantierter Wirkung. Von der Kategorie „Kitsch" unterscheiden sich diese Schemenbilder einzig dadurch, dass sie nichts vorgeben – sie wollen nicht Kunst sein.[94] Und sie rufen beim Publikum nicht die Hoffnung auf Kulturerwerb hervor, sind *nicht* scheinhafter Kulturerwerb, wie man es dem Kitsch zuschiebt.

Diese Schemenbilder sollten für die kommerzielle Kommunikation ernstgenommen werden. Es handelt sich um eine Technik der Gefühlsstimulierung, die unentbehrlich ist, um Menschen in großer Zahl anzusprechen und auf ein Ziel hinzuleiten. Praktiziert wird diese Technik von erfolgreichen Zeitungsverlegern, von Versendern, Einzelhändlern und vielen mehr. Aber in der Fachliteratur von Marketing und Werbung findet diese Technik kaum Erwähnung. Auch in den Ausbildungsstätten für angehende Marketers und Werber sucht man vergeblich nach der in der Praxis so verbreiteten Technik der Gefühlsstimulierung. Die Nähe zum sogenannt schlechten Geschmack mag hier eine Rolle spielen.

---

93 Eco sagt dazu: „Vielleicht um ein Phantom auszutreiben, das sie von nahem bedrängt, hat die deutsche Kultur mit Eifer ein Stichwort für dieses Phänomen gebildet und in eine Kategorie gefasst, die des *Kitsches*, die so genau ist, dass der Terminus, der sich als unübersetzbar erwies, wörtlich in andere Sprachen verpflanzt wurde!"; in: Eco (1984), S. 60.
94 Nur dann nicht, wenn die Creative Directors der Werbung Interviews geben in den Medien.

Das Spannungsfeld zwischen Kitsch und „gutem Geschmack" ist nicht nur intellektuell anregend. Es kann mitunter zu handfesten Folgen führen, wie das Beispiel der Schokoladenmarke *Cailler* der Firma *Nestlé* zeigt:

Die Schokoladenindustrie verwendet traditionell *Klischees*, die nach allgemeiner Auffassung dem Kitsch nahe stehen: Kühe auf grüner Wiese, Schneeberge, weiße Milch und lila Himmel, Edelweiß. Die neuernannte Generaldirektorin von *Nestlé Schweiz* wollte wohl zwischen gutem und schlechtem Geschmack unterscheiden und beauftragte den bekannten Designer Jean Nouvel mit einem zeitgemäßen Design für die Schokolademarke *Cailler*. Verpackung und Werbung wurden dabei neu gestaltet. Um sicher zu gehen, wurden auch die Konsumenten befragt, nämlich in Fokusgruppen und repräsentativen Umfragen: Sie sprachen sich für das neue, coolere Design aus: „8 von 10 befragten Konsumenten beurteilen den Wandel der Marke *Cailler* als positiv oder sehr positiv."[95] Das neue Produkt wurde eingeführt – nur handelten die Konsumentinnen und Konsumenten dann nicht so, wie sie es deklariert hatten: Um ganze *30 Prozent* ging der Umsatz innerhalb weniger Monate zurück. Das neue Verpackungsdesign wurde in der Folge zurückgezogen, das alte wurde wieder eingesetzt und nur leicht adaptiert. Und die Umsätze begannen sich wieder zu erholen.

Es gibt gewiss mehr Applaus für einen Manager, wenn er für den guten Geschmack eintritt. Es ist unbequem, sich für jene Schemenbilder auszusprechen, die am anderen Ende der Skala angesiedelt sind, wo man sich Vorwürfen von „Kitsch" ausgesetzt sieht und das „Niveau" angesprochen wird (wobei das niedrige Niveau gemeint ist). Aus diesem Dilemma heraus erwächst manche gequält klingende Stellungnahme. Man verfolge nur etwa Interviews von Topmanagern aus der Boulevardpresse: Da wird verzweifelt schöngeredet.

(7) Komplexe Interaktionsprogramme, sogenannte Rituale

Eine der erstaunlichsten Entdeckungen, die uns die Humanethologen präsentieren, ist jene der *Rituale*. Ein Ritual ist eine Abfolge von Verhalten. Es ist sehr fein strukturiert, bis in alle Einzelheiten festgelegt und sehr starr. Verhaltensrituale sind sozial adressiert, sie richten sich an den Mitmenschen, meist mit einer manipulativen Absicht des Absenders. Es geht ihm darum, die Banden enger zu knüpfen; mit dem Angesprochenen zu kooperieren; ihn zum Einwilligen in etwas zu bewegen, das dem Sender nützt. Oder umgekehrt: Distanz zum Mitmenschen aufzubauen und abzugrenzen.

---

95 Aus einer Pressemitteilung von *Nestlé Schweiz*, 21.04.2006.

Ihrer manipulativen Absicht wegen werden solche Verhaltensautomatismen auch als „Strategie" bezeichnet (Strategie der Kontaktanbahnung, Strategie der Kooperation usw.). Das hat die Forscher dazu herausgefordert, erfolgreiche Strategien von den weniger erfolgreichen zu trennen. Gibt es Erfolgsmuster, und wie sind diese beschaffen?

Ein paar Erkenntnisse vorweg: Erfolgreiche Muster zeichnen sich dadurch aus, dass sie *mehr* Handlungsschritte aufweisen als nicht erfolgreiche. Ferner werden erfolgreiche Strategien tendenziell *langsamer* ausgeführt; der Handelnde hält sich dabei die Möglichkeit offen, zu beschleunigen oder zu intensivieren. Und erfolgreiche Strategien lassen dem Gegenüber stets *Optionen* offen; sie vermeiden tunlichst ultimative Strategien, die den anderen zur sofortigen Entscheidung zwingen. Eine gewisse Struktur-Verwandtschaft mit den weiter oben dargestellten Wirkprinzipien für erfolgreiche Kommunikation ist unübersehbar.

Der oft gewählte Begriff „Strategie" könnte dazu verleiten, dies als etwas bewusst Eingesetztes aufzufassen, etwas Berechnendes. Dem wiederum steht die Tatsache entgegen, dass diese Strategien universell sind. Die Muster für erfolgreiche Strategien gleichen sich in allen Kulturen, auch in solchen, die keinerlei Kontakt untereinander hatten. Das gilt als starkes Indiz dafür, dass es sich bei den Ritualen um angeborene Verhaltensdispositionen handelt. Als solche setzen sie sich *unbewusst* durch. Bewusstsein ist nicht notwendig – aber bewusstes Anwenden ist möglich (wird man als Marketer wohl anfügen).

Eine Vielzahl solcher Rituale – unbewusst ablaufender Interaktionsstrategien – ist eincodiert in unseren Genen und steuert unseren Alltag, ohne dass wir uns dessen bewusst sind. Wohl die Mehrzahl der für unser Überleben wichtigen zwischenmenschlichen Vorgänge folgen einem solchen Code, der unser Zusammenleben regelt: das Paaren; das Aufziehen der Kinder; das Bilden von Gruppen; das Aufnehmen von Kontakten mit Fremden, oder aber das Abwehren von Gegnern. Von einer „universellen Grammatik menschlichen Sozialverhaltens" spricht deshalb Eibl-Eibesfeldt.[96]

Wir wollen einen kleinen Ausschnitt aus unserem Alltag herausgreifen und genauer betrachten: das Begrüßungsritual.

Zu Beginn stehen die beiden Grußpartner noch in größerer räumlicher Distanz zueinander. Man erkennt das Gegenüber; der Körper richtet sich auf, das Haupt erhebt sich (imponieren ist wohl die Absicht). Man geht aufeinander zu.

---

96   Eibl-Eibesfeldt (2004), S. 596.

Es kommt zum typischen Augengruss: Die Pupille ist auf die Pupille des Gegenübers gerichtet (die Blicke kreuzen sich, sagt der Volksmund); die Augenbrauen werden für kurze Zeit angehoben (0,3 bis 0,8 Sekunden); zeitlich verzögert heben sich die Mundwinkel und mimen ein Lächeln; inzwischen haben sich die Pupillen geweitet. Nun steht man sich räumlich näher. Der Kopf tut das Gegenteil von vorhin, jetzt neigt er sich nach vorn (Submission). Erst jetzt folgt das, was kulturell ausgeformt ist: Ein Verbeugen, das nur angedeutet wird (in Südeuropa) oder etwas ausgeprägter ist (in Norddeutschland), was bis zur 90°-Verneigung reichen kann (in Japan). Händeschütteln, Schulterklopfen, Wangenkuss oder Umarmung sind weitere Variationen, die von der Kultur abhängig sind.

Das geschilderte Verhaltensmuster ist beides: *fein differenziert* und erstaunlich *starr*. Befolgt man das Muster, kann die Kontaktaufnahme erfolgreich weiterverlaufen. Kleine Abweichungen können aber fatale Folgen haben. Man versuche z.B. die Augenbrauen länger als 1,5 Sekunden oben zu halten: Das Muster kippt in ein anderes Programm, das ebenso zwangsläufig ist (genannt Drohstarren) mit eigenen Konsequenzen – beim Partner werden (tendenziell) Angriffs- oder Fluchtmechanismen aktiviert.

(8) Geschenkritual und Reziprozität

Zur Klasse der genetisch verankerten Verhaltensmuster, die nahezu zwangsläufig und starr ablaufen, zählt das Ritual des Geschenk-Überreichens. Es ist von den Humanethologen aufgedeckt worden[97] und wird als menschliche Universalie bezeichnet, welche in allen Kulturen strukturgleich verläuft. Nahezu zeitgleich ist die Sozialpsychologie auf dieses Phänomen gestoßen. Die Sozialpsychologen haben Wirkfaktoren isoliert und sie mit Experimenten quantifiziert, wie weiter oben erwähnt.

Auf eine Kurzformel reduziert, lautet das Reziprozitäts-Gesetz: (1) Geschenke erzeugen beim Beschenkten eine Tendenz zur Gegenleistung, die automatisch auftritt und sehr robust ist (z. B. ist Sympathie nicht erforderlich). Seinen zwingenden Charakter erhält das Gesetz dadurch, dass es (2) eine Pflicht zur Annahme eines Geschenkes gibt – ebenfalls genetisch in uns angelegt.[98]

---

97   Mauss (1954).
98   Eibl-Eibesfeldt (2004), S. 704 ff.

Die Humanethologen haben vor allem das Ineinandergreifen der verschiedenen Verhaltensschritte und die zeitlichen Verläufe erforscht. Außerdem haben sie die Mimik und Gestik der beiden Interaktionspartner erforscht. Sie können uns damit Auskunft geben über die *Feinstruktur* dieses Rituals. Folgendes Beispiel, das dem Alltag entstammt, dient zur Veranschaulichung:

> Stellen sie sich vor, sie sind zum Abendessen eingeladen im Hause eines befreundeten Ehepaars. Sie gehen die Treppe hoch; sie halten einen kleinen Blumenstrauß in ihrer linken Hand und klingeln an der Haustüre. Sie hören, wie jemand von innen die Türe aufschließt und öffnet. Bis zu diesem Zeitpunkt werden sie den Blumenstrauß voraussichtlich noch hinter ihrer Schulterlinie halten. Die Türe öffnet sich; sie werden begrüßt (lächeln, Augengruß). Nun werden Sie den Blumenstrauß über ihre Schulterlinie nach vorne halten, der Dame des Hauses entgegen. Überschwänglich wird diese den geschmackvollen Strauß loben und gleichzeitig beteuern, dass dies nicht nötig gewesen wäre. Sie hingegen werden automatisch das Geschenk herabsetzen, nämlich beschwichtigen mit Worten in der Art, dass es sich doch nur um „ein kleines Dingsda" handele. Das Programm, wie eben geschildert, wird gute Resultate zeitigen: Die Stimmung ist gehoben, es kann ein schöner Abend werden.

Stellen Sie sich eine kleine Abweichung von diesem fein strukturierten Programm vor. Anstatt das Geschenk herabzusetzen, sagen Sie: „war ja auch ziemlich teuer, dieses Dingsda … war ziemlich aufwändig, bis ich den Parkplatz vor dem Blumenladen gefunden habe …" oder Ähnliches. Irritiert wäre die Gastgeberin, vielleicht gäbe es einen verdorbenen Abend. Nun, Sie werden das nicht tun, keine Angst. Sie haben im Innern ein genetisches Programm, das Sie richtig leitet. Auf das können Sie sich verlassen.

Man erkennt bei diesem Schenkritual besonders schön, wie das zugrunde liegende Verhaltensprogramm auf beiden Seiten angelegt sein muss (beim Schenker und beim Beschenkten), damit es seine freundschaftsstiftende Funktion entfalten kann (und die Gegenleistung auch tatsächlich eintritt).

Die Verhaltenssteuerung im gewählten Beispiel läuft natürlich unbewusst – und zwar unbewusst richtig. Das ist im Marketing nicht gegeben. Dort gibt es kein hintergründiges Programm, welche die Marketers leitet. Und so ist es nicht erstaunlich, dass wir nicht selten solche feinen Ritualstrukturen verletzt finden. Ein Werbegeschenk wird ausgelobt anstatt heruntergespielt. Oder es wird an eine Bedingung geknüpft, welche durchsichtig ist, bevor das Geschenk entgegengenommen werden kann. Oder es verstreicht zu viel Zeit vom Erhalten des Geschenkes bis zu Erbringung der Gegenleistung. Im Kontext, in dem die kommerzielle Werbung ihre Wirkung entfalten soll, finden wir nicht selten eine Halbwertzeit von wenigen Sekunden vor: Kann man nicht umgehend reagieren (mit Reziprozität), dann verflüchtigt sich die Wirkung.

(9) *Commitment* und Konsistenz

Dieses Wirkgesetz basiert auf einer Gesetzmäßigkeit und einer Taktik. Die Gesetzmäßigkeit lautet:

Wir Menschen unterliegen einem zwanghaften Bestreben, *konsistent* zu sein in unseren Verlautbarungen und unseren Handlungen. Wer A sagt, sagt auch B, weiß der Volksmund. Das zeugt von Charakterstärke, Verlässlichkeit, von intellektueller Überlegenheit und genießt allgemein hohe Wertschätzung.

Jetzt kommt die Taktik ins Spiel, um sich die Gesetzmäßigkeit zunutze zu machen, nämlich beim Gegenüber eine Handlung herbeizuführen, die uns genehm ist. Die Taktik lautet so: Führe das Gegenüber zu einer Verlautbarung (oder einem Verhalten), das mit der gewünschten Handlung im Einklang steht. Daraufhin wird das Gegenüber sich verpflichtet fühlen, seinen Worten auch konkrete Taten folgen zu lassen – also in seinem Verhalten konsistent zu sein.

Das Heranführen an eine gewünschte Äußerung geschieht in der Regel in einer Frageform. Die Raffinesse in der Frage liegt darin, dass sie so gestellt ist, dass das Gegenüber zustimmen wird, vielleicht sogar heftig und emotional engagiert. Auf das Gleiche hinaus läuft es, wenn zum Beispiel der Verkäufer ein *Statement* abgibt („es ist doch gut zu wissen, dass dieses Automobil fast keine Schadstoffe an die Umwelt abgibt …") und dem Kunden eine Zustimmung entlockt. „Die kleinen *Ja's* abholen" wird es in der Verkaufsschulung genannt. Begonnen wird mit einer unscheinbaren Feststellung (z.B. über das Wetter), bei der die Übereinstimmung sehr wahrscheinlich ist. Nun schreitet der Verkäufer voran in Richtung Vorteile, die erwünscht wären (und holt ein Kopfnicken ein). Oder er stimuliert den Kunden, Werte zu deklarieren, die mit der gewünschten Endhandlung ein hohes Maß an Übereinstimmungen aufweisen: Das Produkt oder die Dienstleistung erfüllt diese Werte offensichtlich.

Der Fachbegriff dafür lautet *Commitment*. Bekannt gemacht wurde diese Taktik von Robert B. Cialdini, seines Zeichens Sozialpsychologe und Inhaber eines Lehrstuhls an der Universität in Tucson, Arizona (USA). Cialdini illustriert die Taktik anhand eines anschaulichen Beispiels:

> Ein Forscherteam führte ein Experiment an einem New Yorker Strand durch. Ein Mitarbeiter ging auf eine zufällig ausgewählte Person zu, die sich am Strand niedergelassen hatte (die Versuchsperson). Der Mitarbeiter ließ sich in der Nähe der Versuchsperson nieder, rollte sein Badetuch aus, machte sich's bequem, hörte über Kopfhörer Musik vom mitgebrachten Radio. Nach einigen Minuten erhob er sich, schlenderte in Richtung Wasser und ließ seine Sachen zurück. Kurz darauf kam ein Komplize des Forschungsmitarbeiters hinzu und täuschte einen Diebstahl vor. Er ergriff das Radio und machte sich aus dem Staub. Die meisten Versuchspersonen griffen nicht ein. Nur 4 von 20 versuchten, etwas gegen den Dieb zu unternehmen.
>
> Nun wurde das Experiment wiederholt, wobei *ein* Faktor verändert wurde: Bevor der Forschungsmitarbeiter seinen Platz verließ und zum Wasser schlenderte, bat er die Versuchsperson, auf seine Sachen aufzupassen, womit sich alle Personen einverstanden erklärten. Wiederum tauchte der „Dieb" auf und bemächtigte sich des Radios. Nun die Frage: Wie viele Personen, die sich vorher *committet* hatten, unternahmen etwas gegen den Dieb, verfolgten ihn und versuchten ihn zu stellen? Es waren 19 von 20. Die kleine Zustimmung „ja, ich passe auf!" veränderte das Verhalten um den Faktor 5!

Mittlerweile liegt eine Vielzahl von Berichten über Experimente vor, welche durchweg hohe Wirkfaktoren ausweisen. Von einer Verstärkung um den Faktor 4.5 berichten Friedman und Frazer, und von Faktor 7 hört man von Sherman.[99]

Diese Taktik wird in der Praxis sehr häufig angewendet. Ich komme hier noch einmal auf das Beispiel des Telecom-Unternehmens zurück, wobei es um die Rückgewinnung abgesprungener Kunden ging. In diesem Fall handelte es sich um kleine und mittlere Unternehmen, sogenannte KMUs, die zur Konkurrenz

---

99 Jeweils zitiert in Cialdini (2010), S. 109 u. S. 104.

gewechselt hatten. Eine Verhaltensanalyse hat den Prozess des Abspringens und den Prozess des Wieder-zurück-Gewinnens zum ursprünglichen Anbieter nachgezeichnet und dabei die Schlüsselstellen aufgedeckt.

In der Folge galt es, ein Kommunikationsprogramm zu entwickeln, um Abspringer zurückzugewinnen. Es ist ein Verhalten mit *High Involvement*-Charakteristik und somit nicht ganz einfach zu bewerkstelligen, wie frühere Aktionen gezeigt hatten: Die Response-Raten, gemessen an erzeugten Verkaufsabschlüssen, hatten durchwegs unterhalb der Ein-Prozent-Marke gelegen.

Nun wählte man ein zweistufiges Vorgehen. In einer ersten Stufe ging es ausschließlich darum, Zustimmungen (*Commitments*) bei den abgesprungenen Kunden einzuholen, ein *Ja* zu den Werten, die der Kunde mit dem Anbieter teilt, also dem Telecomunternehmen, welches den Kunden zurückgewinnen möchte. Man holte diese Zustimmungen ab im Rahmen einer Umfrage mit pointierten Statements und vorgegebenen Antwortalternativen. Vier Zustimmungen wurden so abgeholt plus eine Zustimmung zum nächsten Kontakt: „Wenn wir jetzt ein gutes Angebot hätten für Sie – dürften wir dann mit Ihnen ins Gespräch kommen?"

Es gelang mit dieser Taktik, einen erheblichen Teil der abgesprungenen Kunden zurückzugewinnen.[100]

(10) Mentale Buchführung

Wenn man den *Homo Oeconomicus* noch irgendwo vermuten dürfte, dann wäre es wohl im Umgang mit Geld. Geld ist fluid und lässt sich ohne Anstrengung in beliebige Güter umwandeln; die Kosten von Geld sind transparent, es ist der Zins; und bei Anlagen lassen sich Risiko und Ertrag abwägen.

Im Kopf des Konsumenten sieht das aber ganz anders aus. Dort finden wir gewissermaßen *Schubladen*. Aus der einen Schublade werden die laufenden Ausgaben für Ernährung und die täglichen Verrichtungen im Haushalt gedeckt, aus einer zweiten Schublade die Vergnügungen, aus einer dritten Schublade die Ferien und in einer vierten wird gespart. Es gibt kaum einen Durchfluss und wenig Optimierungen zwischen den Schubladen – obwohl Geld fluid wäre.

---

100 Siehe Abschnitt 4.5.2.

Das haben wir bei einer Verhaltensanalyse feststellen können, die wir für ein führendes Finanzinstitut[101] durchgeführt haben. Da hat ein akademisch gebildeter Konsument von seinen zwei Eigenheimen erzählt, die er ohne Hypothek besitze. Und im gleichen Atemzug hat er von einem Geschenk für sein Patenkind berichtet, ein Kleinmotorrad, das er über einen Konsumkredit finanziert habe, „um den Überblick zu haben," wie er sich ausgedrückt hat. Die Logik ist kompatibel mit der Tatsache, dass beim erwähnten Bankinstitut bei Abschluss eines Kreditvertrages von Konsumenten im gleichen Zug häufig auch ein Sparkonto eröffnet wird, um einen festen Geldbetrag monatlich auf die Seite zu legen …

Wenn man die Logik der mentalen Buchführung einmal verstanden hat, wird für den Marketer (z.B. eines Bankinstitutes) vieles einfacher. Es klärt sich zum Beispiel, weshalb die Bemühungen von Kreditkartenherausgebern oft scheitern, den Kreditkartenkunden zu einem dauerhaften Kredit zu bewegen. Es ist finanztechnisch zwar einfach, ein Negativsaldo auf der Kreditkartenabrechnung stehen zu lassen. Noch dazu ist es eigentlich naheliegend und „logisch". Aber es verstößt gegen die Regeln der mentalen Buchführung, eine (auf Dauer angelegte) Schuld mit den (täglichen) Einkäufen zu verknüpfen. Verschiedene „Schubladen" liegen vor. Ganz anders reagiert der Kunde auf ein Angebot für einen separaten Kreditvertrag – eben das Angebot, den Vorgang in einer anderen „Schublade" im Gehirn abzuwickeln.

Die eigentümliche Logik der mentalen Buchführung geht nach dem Abschluss eines Kreditvertrages weiter. Der Kunde verpflichtet sich bevorzugt für eine *fixe* Schuldenamortisation, also dafür, Monat für Monat einen festen Betrag zurückzuerstatten. Eine flexible Amortisation, die Rücksicht nähme auf die jeweilige finanzielle Situation am Ende des Monats, schiene doch vernünftiger (was der Konsument, gefragt um seine Meinung, uns sofort bestätigen wird). Er wählt stattdessen den Kredit mit festen Rückzahlraten – selbst bei höherem Zins. Ausgerechnet in jenem Lebensbereich, wo man den *Homo Oeconomicus* noch anzutreffen glaubte, nämlich im Geldgeschäft, wird so unvernünftig gehandelt …

Die Banken tun sich schwer im Umgang mit diesen Regeln. Richard H. Thaler, Professor für Verhaltensökonomie an der Universität von Chicago, hat die „Buchführung im Kopfe des Konsumenten" erforscht. Er leitet daraus Empfehlungen ab für die gesetzgeberische Ausgestaltung von Pensionssystemen und berät die Regierung von US-Präsident Barack Obama.

---

101 Die Bank *Prokredit*, die in der Schweiz das mit großem Abstand führende Institut für Konsumfinanzierungen ist und welches mittlerweile zu der weltweiten *GE Money Bank* gehört.

(11) Sendercharakteristika, die den Beeinflussungserfolg erhöhen

Es erstaunt immer wieder, wie in der Werbung dem Sender so wenig Beachtung geschenkt wird. Dabei entspricht es doch unserer Alltagserfahrung: Je nachdem *wer* etwas sagt, ist man geneigt, das zu glauben, der Aussage zuzustimmen und gar der Handlungsempfehlung Folge zu leisten. Aber schon das Identifizieren des „Sprechers" einer Werbebotschaft in der Praxis bereitet Schwierigkeiten – *Irgendjemand* behauptet etwas über ein Angebot. Ist es die Marke, die das von sich behauptet? Oder ein Unternehmen beziehungsweise ein Unternehmer? Wirkpotenzial wird offensichtlich verschenkt.

Zunächst – wir folgen immer noch dem gesunden Menschenverstand – ist ein leibhaftiger Sprecher, einer aus Fleisch und Blut, einfach im Vorteil. Es kommen die oben angeführten Handlungsautomatismen ins Spiel: Das Gesicht zieht die Aufmerksamkeit auf sich, aktiviert und erzeugt die Spiegelung von Emotionen.

Die Möglichkeiten, einen leibhaftigen Sprecher ins Spiel zu bringen, sind zahlreich. Wiederum lebt das Direct Marketing es vor, weil hier der *Trial and Error*-Prozess rasch an die wirksamste Kommunikationsform geführt hat. Im Direct Marketing wird der Unternehmer (oder ein anderer „greifbarer" Repräsentant des Unternehmens) gerne als Sprecher eingeführt. Manchmal ist es auch der Händler, dem eine gewisse Neutralität zugeschrieben wird. Auch eine beliebte Person, die „man kennt", kann uns die Werbebotschaft übermitteln, oder aber ein Experte, dem fachliche Autorität zugeschrieben wird. Der Überzeugungserfolg wird dort höher ausfallen als in der verbreiteten Praxis: Dort lässt man den Sprecher unidentifiziert und die Botschaft steigt gleichsam aus dem Nichts.

Es ist die Sozialpsychologie, welche sich dem Thema „Sendercharakteristik" angenommen hat. Sie führt zu klaren Aussagen und kann die Merkmale eines Senders bezeichnen, die eine automatische Reaktion zur Folge haben. „Automatisch" heißt auch hier: Die Reaktion erfolgt, ohne dass darüber nachgedacht wird. Und wenn man nachdenkt, weil uns zum Beispiel ein Meinungsforscher danach fragt, dann wird man vehement in Abrede stellen, dass man aufgrund einer bestimmten Sendercharakteristik so gehandelt habe. Deklamationen und Verhalten korrelieren auch in diesem Fall negativ.

Die Vielzahl der Untersuchungen können auf drei Charakteristika zurückgeführt werden, welche den Überzeugungserfolg begünstigen:

1. Sympathie
2. fachliche Autorität
3. Neutralität

1. Sympathie

Nett, schön, ähnlich und gar vertraut soll der Sender sein – dann lassen wir uns gerne von ihm überzeugen.

Nett: freundliche, liebenswürdige und aufmerksame Menschen gewinnen unsere Sympathie. Komplimente, Lob und Schmeicheleien sind förderlich – auch wenn die Schmeichelei durchschaut wird.

Schön: „Schön ist gleich gut" lautet eine Formel, die automatisch abgerufen wird. So haben in den kanadischen Parlamentswahlen 1974 die als „attraktiv" eingestuften Kandidaten mehr als 2,5-mal so viele Stimmen erhalten wie die „unattraktiven" Kandidaten. Bei einer repräsentativen Befragung im Anschluss haben 73 Prozent der kanadischen Wähler heftig bestritten, dass ihre Wahlentscheidung irgendetwas mit der äußerlichen Attraktivität der Kandidaten zu tun gehabt hätte.[102] Es begegnet uns hier wieder das Phänomen, dass ein treibender Faktor nicht nur unbewusst wirkt, sondern gleichzeitig vehement in Abrede gestellt wird.[103]

Ähnlich: Eine empfundene Ähnlichkeit mit dem Sender – ein Mensch wie du und ich – schafft günstige Voraussetzungen für den Beeinflussungserfolg. Übereinstimmung von Meinungen und Einstellungen, Charaktereigenschaften, Herkunft, Lebensstil oder Interessen sind in diesem Zusammenhang förderlich. Selbst ein ähnlich klingender Name von Sender und Empfänger soll den Beeinflussungserfolg verdoppeln können.[104]

Vertraut: Die bloße Tatsache, dem Sender schon einmal (oder öfters) begegnet zu sein, ihn gesehen oder gehört zu haben, erhöht die Bereitschaft, auf ihn zu hören und ihm zuzustimmen. Dem *Mere Exposure-Effect* begegnen wir hier wieder.[105] Interessant ist, dass der *Exposure* auch dann wirkt, wenn das Bewusstsein nicht davon berührt worden ist, die Perzeption also unterschwellig war. In einem Experiment projizierte man das Gesicht eines Sprechers so kurz auf die

---
[102] Das Beispiel ist aufgeführt in: Cialdini (2010), S. 222. Dort sind weitere Untersuchungen angeführt, welche die äußerliche Attraktivität als Wirkfaktor belegen.
[103] Dies haben wir im Zusammenhang mit der Negativkorrelation zwischen *Meinung* und *Handlung* festgestellt.
[104] Cialdini (2010), S. 25 ff. und die dort dargestellten Quellen.
[105] Siehe Seiten 138 f. und die dort angegebenen Quellen.

Leinwand, dass die bewusste Wahrnehmung bei den Versuchspersonen noch nicht einsetzen konnte, also nur zwischen zwei und drei Zehntelsekunden lang. Dennoch fanden die Versuchspersonen diesen Sprecher bei einer späteren Begegnung *umso sympathischer, je häufiger* das Gesicht dieser Person auf der Leinwand erschienen war.[106]

2. Fachliche Autorität

Es ist unmittelbar einleuchtend, dass wir einem Menschen, den wir als fachliche Autorität einstufen, geneigt sind, zu glauben und seiner Empfehlung Folge zu leisten. Erstaunlich nur, wie ausgeprägt diese Bereitschaft ist, wie automatisch und unreflektiert sie sich einstellt und wie leichtfertig wir Täuschungen auf den Leim gehen. Die Soziopsychologie hat mit Experimenten eindrücklich belegt, wie bloße *Insignien* von Autorität wie Titel, Kleidung, Stethoskop und so weiter wirken.

Berühmt und erschreckend ist das Milgram-Experiment, benannt nach dem Psychologen Stanley Milgram: Eine als Wissenschaftler vorgestellte Person, eine „Fachautorität", leitete zufällig ausgewählte Versuchsteilnehmer an, einem anderen Menschen Schmerzen zu bereiten (Schmerzen, die im Experiment natürlich nicht echt, sondern nur vorgetäuscht waren – vorgetäuscht von Studenten, die in das Experiment eingeweiht waren). Diese Studenten hatten Fragen zu beantworten. Eine falsche Antwort musste von den Versuchsteilnehmern mit einem Stromstoß „bestraft" werden, so lautete die Anweisung der „Fachautorität". Zunächst begann Milgram mit kleinen Stromstößen von 165 Volt, die den Studenten zu verabreichen waren. Die Dosis wurde gesteigert auf 200 Volt und mehr: Die Studenten wanden sich vor Schmerzen (natürlich gespielt), und die Untersuchungspersonen wurden von der Autorität, dem Wissenschaftler, aufgefordert, fortzufahren und die Dosis zu steigern. Auch wenn die Untersuchungspersonen darum flehten, aufhören zu dürfen – sie beugten sich dennoch der Autorität und erteilten Stromstöße von bis 450 Volt ... Ungeheuerlich mutet das Milgram-Experiment an, aber es vermittelt einen Eindruck, wie machtvoll „fachliche Autorität" auf Menschen wirkt.

Geradezu heiter im Vergleich dazu ist eine weitere Beobachtung. Die zugeschriebene Fachautorität lässt den betreffenden Menschen *größer* scheinen, als er tatsächlich ist. Eine Person wurde einer Schulklasse als einfacher Student vorgestellt, einer anderen Schulklasse als Tutor, wieder einer anderen Klasse als Assistenten, woanders als Dozenten und schließlich als Professor. Die Schüler

---

106 Ein Experiment von Bornstein, Leone and Galley, dargestellt in: Cialdini (2010), S. 230.

mussten jeweils seine Körpergröße schätzen. Es zeigte sich, dass diese Person bei jedem Statussprung um durchschnittlich 1,3 Zentimeter wuchs. Der Unterschied zwischen dem „Studenten" und dem „Professor" betrug ganze 6,5 Zentimeter. Dass Körpergröße und Autorität einhergehen ist kein Phänomen, das man nur im Tierreich antrifft.

3. Neutralität

Einem Kommunikator, der auf unsere Meinung oder Handlung einwirken möchte, begegnen wir automatisch mit der Frage: „Ist er neutral – oder hat er etwa eigennützige Motive?" In dem Grad, wie er als „neutral" eingestuft wird, in dem Maße sind wir geneigt, seiner Empfehlung zu folgen.

Nun sind gerade die eigennützigen Motive in der kommerziellen Kommunikation, in Werbung und Verkauf, eine dem Sender immanente Eigenschaft. Sie steht dem Beeinflussungserfolg bis zu einem gewissen Grad im Wege. Aber es gibt folgende Möglichkeiten, der „Neutralität" des Senders etwas nachzuhelfen:

- *Zweiseitige Argumentation*: Man bringt auch die gegensätzlichen Argumente ein, die man dann entkräftet oder als vergleichsweise unbedeutend hinstellt. Unsere Darstellung wird damit quasi versachlicht. Die Glaubwürdigkeit steigt.
- Man legt die Botschaft einem *Sender in den Mund,* der als neutral eingestuft wird – zumindest graduell. Der Einzelhändler, dem die Botschaft des Herstellers in den Mund gelegt wird, kann auf diese Wirksteigerung zählen. Oft ist der Einzelhändler auch „emotional näher" – ein Mensch wie du und ich – oder stammt aus dem gleichen Ort, was die Wirkung zusätzlich verstärkt.
- Berichte von *neutralen Test-Instituten* gewinnen zunehmend an Bedeutung. Beispielsweise bringt *Colgate* an ihrer Zahncremetube in der Schweiz das Label der deutschen „Stiftung Warentest" an. Es springt als Signal hinüber zum Konsumenten, der vor dem Regal steht – auch wenn es sich um ein ausländisches Test-Institut handelt, auch wenn (wie in diesem Falle) der Testbericht schon einige Jahre zurückliegt und nur ein „gut" attestiert hat und nicht ein „sehr gut". Die Signale von diesen Berichten wirken auf den Konsumenten wie ein Strohhalm in der Flut von Informationen und Angeboten, deren Unterschied der Konsument nicht mehr versteht.

Ein Umstand, der für alle Senderattribute gilt, welche die Wirkung verstärken. Wir Empfänger sind da nicht so wählerisch. Auch fadenscheinige Komplimente machen den Sender sympathisch; ein Arztkittel genügt, um den Empfänger als fachliche Autorität einzustufen; und dem neutralen *Testimonial* aus der Sportwelt sind wir geneigt zu glauben – auch wenn in der *Yellow Press*, drei Seiten weiter hinten, über die traumhaften Sponsor-Einnahmen eben dieses Sportlers berichtet wird. Automatismen entlasten eben auch, und dafür sind wir dankbar.

(12) Mit Knappheit Handlungsdruck erzeugen

Auf Signale von Knappheit reagieren wir automatisch – und ziemlich schnell. Ein Programm in uns wird aktiviert, das direkt die Motorik ansteuert: *Zugreifen!* lautet der Befehl, der umgehend ausgeführt wird.

Werbung, die auf Handlungsauslösung abzielt, verzichtet niemals auf das Signal von Knappheit: „Nur noch wenige Tage! Nur 1000 Stück konnten wir beschaffen! Gültig nur bis zum 31. des Monats!" und andere Formeln werden dabei verwendet.

Im Teleshopping sind die rapide abnehmenden Lagerbestände oder die Zahl der augenblicklich eintreffenden Bestellungen oben rechts eingeblendet. Zum Knappheits-Prinzip kommt hier ein Element dazu: ein *Gegenspieler* oder deren viele, die im Wettstreit untereinander stehen. Die Gegenspieler werden beim Teleshopping nur erahnt. Im Warenhaus an den Wühltischen sind sie real. Oder der Gegenspieler wird von einem smarten Verkäufer nur vorgetäuscht: „Es interessiert sich noch jemand anderes für dieses Haus – ein reicher Ausländer." Damit kommt ein Element von Wettstreit ins Spiel und aktiviert das Programm „Kampf um knappe Vorräte". Sobald die Knappheit durch große Nachfrage erzeugt scheint, verstärkt sich der Wille, dieses Objekt zu besitzen. Der Handlungsdruck nimmt zu und gleichzeitig die Wertschätzung gegenüber diesem Objekt – ein höherer Wert wird ihm zugemessen.[107]

Wie oft in der handlungsauslösenden Werbung läuft vieles über die Hand. Ein Appell ans Handeln geht ins Leere, hat geringe Wirkung, wenn nicht gleich etwas *Handfestes* zum Reagieren vorliegt, und zwar unmittelbar, in Reichweite einer Armlänge, wie etwa ein Coupon zum Ausschneiden oder ein Telefonhörer, abgebildet mit hoher Plastizität, gleichsam zum Anfassen. Dass die Hand in diesem Prozess eine wichtige Rolle spielt, darauf weist folgende, in Tests bestätigte Gesetzmäßigkeit hin: Ein Coupon mit kantigen Ecken in einer Anzeige erzeugt einen geringeren Rücklauf im Vergleich zu einem mit optisch abgerun-

---

[107] Wie ein aufschlussreiches Experiment von Stephen Worchel belegt, dargestellt in Cialdini (2002), S. 314 ff.

deten Ecken – wohl weil der eckige Coupon die Hand zu verletzen scheint. Auch gilt, dass dreidimensionale Dinge das Handeln fördern. Der Mensch ist ein haptisches Wesen, das lehrt die Praxis des Direct Marketings.

6. Vom *Branding* zur Prozesssicht: ein lohnender Weg

6.1 *Branding* – enthusiastisch gefeiert

Das sogenannte *Branding* – hier als Sammelbegriff gesetzt für die Überzeugung, dass es darum gehe, eine Marke zu positionieren, sie gleichsam auf einer Landkarte auf die richtige Stelle zu rücken, um sie dann in der Realität durchzusetzen – dieses *Branding* ist der leitende Gesichtspunkt in der Theorie des Marketings. Zumindest gemessen an der Zahl der Seiten, die darüber geschrieben wurden, nimmt das *Branding* eine Spitzenstellung ein. Was für diese Theorie spricht, ist weitläufig niedergeschrieben in zahlreichen Lehr- und Fachbüchern. Die Argumente werden enthusiastisch von Referenten an Tagungen vorgetragen. „Die Marke ist das Megathema schlechthin – zu Recht!" ruft uns Professor Franz Rudolf Esch zu.[108] Und die Praxis scheint nur allzu bereit, diese Sicht zu übernehmen – jedenfalls bedienen sich die Werbeagenturen dieser Argumente, wenn sie der Pflege der Marke das Wort reden.

Dass man so einhellig die Idee der Markenführung preist, verwundert. Denn die empirische Evidenz ist äußerst unsicher, und die Beweisdecke ist dünn:

▸ Die *Korrelationen*, die zwischen einer Marke und dem Markterfolg bestehen sollen und die immer wieder ins Feld geführt werden, kommen wohl eher auf dem *umgekehrten Weg* zustande: Es sind die Kaufhandlungen – wie immer sie auch zustande gekommen sind –, die ein Vorstellungsbild und (im günstigen Fall) eine Präferenz in weit höherem Maße erzeugen als umgekehrt. Die Kausalität, auf die es alleine ankommt, wenn wir Maßnahmen begründen möchten, verläuft in die umgekehrte Richtung, als gemeinhin angenommen wird!

▸ Die Vertreter des *Brandings* werden nicht müde, auf die *emotionalen Faktoren* hinzuweisen: Der Konsument stelle zunehmend auf emotionale Kriterien ab, wenn er ein Produkt wähle, und eben diese werden ihm geliefert mit dem „Emotionsprofil" einer Marke. Die Verfechter des *Branding*-Gedankens und der Markenführung müssten aber nachweisen, dass dieses Emotions-

---

108 Esch (2005), S. 5.

profil auch beim Konsumenten ankommt, dass der Konsument es verinnerlicht – und vor allem, dass es in der Realität auch *durchschlägt auf das Handeln*. So wäre zu belegen, dass das übermittelte Emotionsprofil sich durchsetzt im Wettstreit mit den zahlreichen situativen Faktoren, welche der Konsument in seiner Wirklichkeit antrifft, dort, wo es ums Kaufen geht.

- Und die *Einzigartigkeit*, die man einer Marke mit *Branding*-Maßnahmen zu vermitteln meint, entspringt doch weitgehend dem Wunschdenken der Marketing- und Werbeverantwortlichen. Es ist jedenfalls Wunschdenken, wenn man meint, eine Einzigartigkeit könne man mit Kommunikation herbeiführen. Verständlich zwar, dass ein für die Marke verantwortlicher Manager den Verlockungen erliegt und in ihm der Wille heranwächst, mittels Werbung ein Profil seiner Marke durchzusetzen, das einzigartig sei. Aber er kann seine Gewissheit nicht auf Fakten stützen. Er kann nur auf Beispiele verweisen, wo dies gelungen sei. Man referiert dann gerne über *Rolex*, *Porsche* oder *Nivea* und übersieht, dass es sich hier um Grenzfälle handelt, die aus ihrer einzigartigen Entstehungsgeschichte erklärbar werden. Grenzfälle, die es immer gibt, aber klein an der Zahl sind. Die Wurzeln dieser Marken reichen weit in die Vergangenheit zurück. Solche Marken sind historisch gewachsen und Ergebnis einer Vielzahl von Einflussfaktoren und Wechselwirkungen. Die Nacheiferer lassen sich womöglich auf eine verlustreiche Schlacht ein.

Auf eine geringe empirische Evidenz kann sich das *Branding* abstützen. Aber was macht das *Branding* denn so attraktiv? Woher stammt die Strahlkraft, die sofort die Menschen ergreift, die sich (professionell oder halb professionell) mit Marketing befassen?

6.2 *Branding* ist intuitiv einleuchtend

Es scheint mir, dass es sich beim *Branding* um eine Theorie handelt, die unseren Denkstrukturen entgegenkommt, einer genetisch verankerten Tendenz, die Fakten aus der Umwelt in bestimmter Weise auszuwählen und in ebenfalls bestimmter Weise Schlüsse daraus zu ziehen.

Ich sehe drei Charakteristika, welche die Theorie des *Brandings* und der Markenführung so eingängig für unseren Geist machen: (1) Das Modell ist verführerisch *einfach*. (2) Es unterstellt dem menschlichen Handeln eine *Zweckgerichtetheit*. (3) Es nährt die Illusion, dass wir *am Steuer sitzen* und die Dinge im Griff haben.

(1) Verführerisch einfach

Der Konsument, davon geht man aus, kaufe doch das, was ihm am vorteilhaftesten erscheine, wenn er die sachlichen und die (durchaus) emotionalen Eigenschaften von Produkten abwäge …

Mit dieser einfachen Formel wird die komplexe Wirklichkeit in einem Maß heruntervertverkürzt, dass es nur so eine Freude ist. Diese Vereinfachung kommt einer natürlichen Neigung von uns Menschen entgegen, die Welt am liebsten von *einem* Punkt aus zu erklären. Insgeheim wünschen wir uns alle die Formel, die die Welt erklärt, drückt es der Nobelpreisträger und Wegbereiter für die neue Physik Robert B. Laughlin aus, und er fügt hinzu: „Wir wünschen uns alle eine ultimative Theorie, einen übergeordneten Satz von Regeln, aus denen alle Wahrheiten fließen und die uns für immer von der Frustration befreien würde, uns mit Fakten herumschlagen zu müssen." Laughlin liefert auch gleich eine Vermutung, woher dieser insgeheime Wunsch stammt: „Ich habe den Verdacht, es handelt sich hier um ein atavistisches, vor langer Zeit in Afrika erworbenes Merkmal, das dem Überleben in einer physischen Welt diente, in der es tatsächlich Ursachen und Wirkungen gibt – so zum Beispiel zwischen der Nähe von Löwen und dem Gefressenwerden. Wir sind dazu konstruiert, nach kausalen Zusammenhängen zwischen den Dingen zu suchen und tiefe Befriedigung dabei zu empfinden, wenn wir eine Regel mit einer Reihe daraus entspringender Implikationen entdecken."[109]

Das Kaufen in eine einfache Formel zu packen, verführt unseren Verstand immer wieder. Es erklärt das Verharren in der Position. Im Vergleich dazu ist die Untersuchung der Kaufprozesse zunächst komplexer: Wir müssen uns mit langen Handlungsketten, mit zahlreichen Einflüssen an den verschiedensten Stellen auf der Prozessstrecke befassen. Erst in einem zweiten Schritt kann man die vielfältige Wirklichkeit auf wenige, aber maßgebliche Stellen im Prozess reduzieren. Mit Fakten muss man sich aber tatsächlich herumschlagen, bevor man das Komplexe reduziert.

---

109 Laughlin (2007), S. 21 ff.

(2) Alles ist auf einen Zweck ausgerichtet – oder etwa nicht?

Nach der Auffassung des *Brandings* geht der Konsument vom Endziel aus – eben das optimale Produkt zu erwerben. Blicken wir hingegen auf die realen Prozesse im Markt und fassen den gesamten Prozessweg ins Auge, vom allerersten Anstoß über die weiten Strecken und verschlungenen Wege, bis schließlich der Kaufakt näher rückt, dann erkennen wir erst dann die Vielzahl der Einflussfaktoren, die den Prozess lenken. Der Konsument verliert das Endziel mehr als nur einmal aus den Augen. Oft scheint das Endziel ziemlich unerheblich im Vergleich zu den anderen Gesichtspunkten, die er unterwegs einnimmt und die sich an den verschiedenen Stationen auf dem Weg zum Kauf abwechseln.

Intuitiv neigen wir Menschen aber dazu, Prozesse vom Endziel her zu verstehen: Prozesse seien *gerichtet* auf ein Endziel hin, sagt uns unser Verstand. Was wir tun, sei zweckbestimmt.

Und diesen Zweck nehmen wir dann als Ursache, wenn wir die Prozessdynamik erklären wollen. Wir sind geneigt, einem Prozess eine *Zweckursache* zu unterstellen: Ein Prozess strebe einem Endzustand zu, und eben dieser sei sein Antrieb. Das sei, so sagt der Evolutionsbiologe Ernst Mayr, das herausragende Prinzip in unserem Denken. Nicht nur unser Alltagsverstand folge diesem Prinzip. Es habe während vieler Tausend Jahre auch die philosophischen und theologischen Theorien beherrscht. Einem Endzustand nähern wir uns, den ein göttliches Wesen für uns vorgesehen hat. Erst Charles Darwin sei es gelungen, sagt Mayr, durch überwältigende empirische Evidenz der Evolutionstheorie zum Durchbruch zu verhelfen. Die Theorie, welche die Zielgerichtetheit der biologischen Entwicklung gerade in Abrede stellt: *Ziellos* seien evolutionäre Prozesse – und dennoch *Regeln gehorchend*.

Tatsächlich ist keiner vor Darwin auf die Idee gekommen, dass die Entwicklungsgeschichte des Menschen ein vorwärtsgerichteter Prozess *ohne* Ziel sein könnte. Er rollt sich aus, er ist von hinten getrieben, ohne Bezug zu einem Ziel. Dennoch bewegt sich der Prozess auf einer Entwicklungslinie, deren Prinzipien festgeschrieben sind, und diese folgen durchaus kausalen Gesetzen. Eigentlich ist die Evolution ein einfacher Vorgang – aber offenbar fremd für unseren Verstand. Genetisch wurde unser Verstand nicht auf diese Prozesslogik vorbereitet.[110]

---

110 Das lässt sich auch experimentell feststellen. Die Untersuchungen rund um den sogenannten *Attributionsfehler* berichten davon. Ihnen gemäß neigen wir Menschen dazu, den handelnden Mitmenschen eine Absicht zu unterstellen, und wir vernachlässigen systematisch die jeweiligen Umstände, eben die situativen Faktoren, die maßgeblich zu dem von uns interpretierten Verhalten – zum Beispiel jenes von unserem Nachbarn – geführt haben.

Ich will damit *nicht* etwa sagen, dass Kaufprozesse evolutionäre Prozesse seien. Das sind sie nicht, denn Intention und Planung können bei den Kaufprozessen hineinspielen. Aber ich will damit ausdrücken, dass es auch nicht-zielgerichtete Prozesse gibt. Kaufprozesse sind im Wesentlichen nicht zielgerichtet. Die klassische Theorie der Markenführung unterstellt dagegen eine solche Zielgerichtetheit: Der Konsument bewege sich auf jenes Produkt zu, das ihm am nützlichsten, begehrenswertesten usw. erscheine.

Diese Zielgerichtetheit als Prämisse zu nehmen, führt in die Irre. Sie ist allerdings verantwortlich für manche Ressourcenverschwendung im Marketing und ganz speziell in der Werbung. In den wenigsten Fällen schreitet der Konsument auf ein Ziel zu – er schlägt nur einen Weg ein. Diesen Weg aufzuzeigen, ihn sichtbar zu machen und alle Faktoren zu erforschen, welche förderlich sind für einen *bestimmten* Weg, nämlich jenen dem Produkt entgegen, das wir vermarkten möchten, darum geht es im Marketing. Zudem steht die praktische Umsetzung im Vordergrund: Es gilt, die förderlichen Faktoren zu verstärken bzw. sie herbeizuführen und dem Käufer die Steine aus dem Weg zu räumen. Ich erinnere an die Beispiele, die wir weiter oben bei der Darstellung der *Verhaltensanalyse* angeführt haben: Ferien buchen, ein Auto kaufen oder Waschmittel im Supermarkt beschaffen. Diese Prozesse zu fördern, darin besteht die Aufgabe des Marketings, so kann Marketing erfolgreich sein – und nicht darin, mit der ganzen verfügbaren Kraft das vermeintliche Endziel auszuleuchten für den Kunden, also das Produkt. Und sich dabei zu vorausgaben.

(3) Die *Top-down*-Sicht ist verlockend

Von oben her nach unten blickend erscheint vieles einfacher. Man bestimmt, wie man's gerne hätte – fühlt sich frei und ist Herr der Dinge. Alles Weitere fügt sich, ist nachgelagert und nur eine Frage von Ressourcen und des Durchsetzenkönnens.

Die Sicht des *Brandings* ist jene von oben nach unten. Wer man sein möchte – wie man sich „positioniert", wie es im Jargon heißt, davon geht man aus. Von diesem Standpunkt aus wird hauptsächlich gefragt, wie viel Werbung man dazu braucht, um diesen *Brand* in die Köpfe der Konsumenten zu verpflanzen, und welche Werbung sich dazu eignet.

Ich will nicht in Abrede stellen, dass ein *Brand* – wie immer er auch zustande gekommen ist – nicht *auch* einen Effekt haben könne und das Kaufen begünstige. Über Wirkspuren des *Brands* haben wir weiter oben schon gelesen. Aufgrund unserer Kaufprozessforschung kommt man aber zur Überzeugung, dass die Wirkungsweise des *Brandings* viel zu einseitig proklamiert wird. Ich bin der Auffassung, dass *Branding* und die Kaufhandlung in einer Wechselbeziehung stehen und die Kausalität wohl häufiger von den Kaufvorgängen zurück zum *Brand* fließt als umgekehrt. Und das sollte beim Einsatz der Ressourcen im Marketing Konsequenzen haben.

Der *Brand*, obwohl in entgegengesetzter Kausalrichtung entstanden, steht unvermittelt da. Die Marktforscher haben ihn ans Licht befördert. Nun rückt er ins Zentrum der Aufmerksamkeit bei den Markenverantwortlichen. Es erscheint verlockend, den *Brand* mit Kommunikation beeinflussen zu wollen. Nötig sei eben nur viel lang anhaltende und konsistente Kommunikation – so lauten die populären Maximen.

Die Wirklichkeit des Kunden ist aber eine andere. Aus Kundensicht kommen die Bemühungen der Markenführung vielleicht ansatzweise an, wenn der Marktforscher ihn zum Beispiel nach einem „*Image*" oder nach der „Erinnerung" an Werbung befragt. Weit mehr drängt den Kunden aber sein akuter Bedarf – er braucht ein neues Auto, oder das Waschpulver ist ihm ausgegangen, und er wählt gerne den kürzesten Weg und greift zum Naheliegenden, zu dem, was in der gegebenen Situation opportun ist. Er lässt sich gerne treiben im Fluss seiner Gewohnheiten, die ihn von Mühe und Unwägbarkeiten bewahren. Das alles steht dem Kunden näher. Dies ins Zentrum zu stellen, darauf sollte das Marketing abzielen. Und das bedingt den Blick von unten nach oben – nicht umgekehrt.

6.3 Den Prozess ins Zentrum rücken: Methodische Disziplin ist gefordert

Einfach hätten wir die Dinge gern. Vom Endziel her kommend verstehen wir, unserer Natur gemäß, die Dynamik von Kaufprozessen, und von oben her positionieren wir den *Brand*, damit er den Konsumenten als Leuchtturm diene … So lautet, etwas verkürzt, die liebgewonnene Haltung im Marketing.

Diese Haltung ist uns jedenfalls genehm, sie ist unserem Denken angepasst. Aus der empirischen Kaufprozessforschung wissen wir dagegen, dass reale Kaufprozesse unendlich vielfältiger sind. Sie sind verzweigt, und sie sind verknüpft mit anderen Prozessen im Leben des Konsumenten. Dass die Konsumenten gradlinig auf ein Ziel zusteuern, ist die Ausnahme. Das, was wir auf dem Boden der realen Kaufprozesse antreffen, ist unübersichtlich und vielfältig.

Sich dieser Vielfalt anzunehmen, dazu müssen wir unseren Geist ein Stück weit disziplinieren. Durch den Einsatz der Methode der Verhaltensanalyse gelingt das. Sie zwingt uns, rigoros induktiv an die Sache heranzugehen, wie oben beschrieben. Die Verhaltensanalyse fokussiert auf das tatsächliche, feststellbare und beobachtbare Verhalten des Konsumenten. Und sie schließt in die Betrachtung das jeweilige Umfeld ein, also sämtliche Faktoren, die von außen das Verhalten an der betreffenden Stelle tangieren und den Handlungsstrom lenken.

Hierbei erinnern wir uns noch einmal an den schon erwähnten Vergleich mit der Tätigkeit eines Botanikers. Er sammelt und er sortiert hypothesenfrei, und erst wenn er die Zahl der Fälle als ausreichend erachtet, hält er inne und sucht nach Mustern und Regelmäßigkeiten.

Erst jetzt, wenn die Prozesse, die im Markt ablaufen, ausgebreitet vor uns liegen, wird das Unternehmen ins Spiel gebracht. Dieses ist am Endpunkt interessiert, an der Kaufhandlung. Die Möglichkeiten des Unternehmens werden nun in die Betrachtung einbezogen: Es wird auf seine Möglichkeiten geschaut, auf das Geschehen im Markt einzuwirken und den Fluss *zu* lenken, bis die Kaufhandlung erfolgt. Dieser Analysevorgang ist sehr anspruchsvoll. Muster, die man im Kaufverhalten von Konsumenten festgestellt hat, setzt man in Bezug zu den Interventionsmöglichkeiten des Unternehmens: Wo kann es eingreifen? Wo sind die Ansatzstellen? Wo gelingt es, erfolgreich zu intervenieren? Wo sind die Hebel anzutreffen, welche die Wirkung von Maßnahmen verstärken? Es ist die reine *Bottom up*-Sicht.

Mit diesem Ansatz verlässt man die herkömmliche Blickrichtung. Nicht mehr die berühmten vier Ps des Marketingmix (*Product, Price, Promotion* und *Place*) sind der Ausgangspunkt, sondern gerade umgekehrt blickt man vom Markt her zurück auf das Unternehmen und erkennt so meist neue Interventionsmöglichkeiten, solche, die man vorher nicht beachtet hat. Sie fallen außerhalb des Rahmens der vier Ps. Man stößt gelegentlich auf Interventionsmöglichkeiten, die man versucht wäre als „banal" zu bezeichnen, nachdem sie aufgedeckt worden sind. Aber sie sind eingewoben ins wirkliche Geschehen im Markt – und vermögen den Prozess im Markt zu lenken. Mit anderen Worten: Sie wirken.

Wie wir die Prozesse im Markt registrieren und übersichtlich machen, welche Gesichtspunkte uns dabei leiten und wie wir die Muster erkennen in den Prozessflüssen, darüber habe ich bereits berichtet. Das Verständnis wird durch die Tatsache erleichtert, dass es sich um offensichtliche Sachverhalte handelt, die man augenblicklich erkennt, wenn man unvoreingenommen auf die Vorgänge im Markt blickt. Man muss daraus kein Dogma machen. Genau so, wie man auch kein Tabu über die Frage zu verhängen braucht, ob fallen gelassene Gegenstände nach unten fallen, weil es einfach offensichtlich ist, dass sie das tun.[111]

Meinen Studenten ist diese Sichtweise sofort verständlich: Es überrascht mich immer wieder, wie selbstverständlich diese Sichtweise aufgenommen wird von jungen Studenten. Überraschend für jemanden, der sonst in Unternehmen steht und sich in Marketingabteilungen bewegt, wo er immer wieder auf die beliebte *Top-down*-Sicht trifft: Um Markenführung gehe es doch …

6.4 Doppelbödiges im Marketing

Marketing „von unten her" provoziert – eigenartigerweise. *Bottom-up*-Marketing erzeugt eine Polarisierung im Unternehmen. Oder es lädt eine Polarisierung zusätzlich auf, die schon vorher in der Organisation latent vorhanden gewesen ist. Es geht dabei um den folgenden Vorgang.

Die Organisation – so wollen wir das etwas typisierend darstellen – ist gespalten in zwei Lager. Im einen Lager, in der klassischen Marketingabteilung, ist man sich einig über die Wichtigkeit der „Marke". Sie stehe im Zentrum, in ihr fließen die Werte zusammen, wird gesagt: Die Ansprüche der Konsumenten – die ästhetischen, die sittlichen und die ökonomischen – treffen an diesem Punkt auf die Versprechen des Anbieters. Dieser erfüllt mit seiner Marke die Bedürfnisse seiner Kunden und begegnet gleichsam ihren Werten. Man redet pathetisch überhöht über den eigenen *Brand* – er leuchte den Weg für das Unternehmen und für die Kunden. Die Metapher des Leuchtturmes hat hier ihren Ursprung.

---

111 Was Robert B. Laughlin anmerkte zu Schrödingers Auffassung der Quantenmechanik. Laughlin (2008), S. 44 ff.

Wenden wir uns dagegen den vertriebsnahen Bereichen im Unternehmen zu, dort, wo der Verkauf nicht weit weg ist und der Verkaufserfolg hoch geschätzt wird. „Das Marketing ist abgehoben" hören wir den Vertrieb sagen, wenn er vom Marketing in seinem Unternehmen spricht. Der Vertrieb kümmert sich weit weniger um die Positionierung der Marke. Er ist überzeugt, die Wirklichkeit, mit der er es zu tun habe, sei eine andere. Er sieht seinen Kunden und sucht nach Chancen, mit diesem zu dialogisieren, situativ auf ihn einzugehen – eben sich einzuklinken in die Prozesse, die beim Kunden ablaufen. Der Vertrieb begleitet anschließend den Prozess bis zum Kaufabschluss. In diesem Bemühen ist der Vertrieb mit der Realität konfrontiert und hat gelernt, mit dem wirklichen Verhalten des Kunden umzugehen. Darüber kann er dann auch berichten: Manche Anekdote wissen Verkäufer zu erzählen, wie Kunden handeln, wie man sie gelenkt hat – und wie man schließlich erfolgreich verkauft hat. Der Vertriebler ist überzeugt von seinen Wahrnehmungen, weil sie unmittelbar sind.

Auch das Direct Marketing finden wir hier. Die Direct Marketers kämpfen an der Seite des Vertriebs um die gleichen Ziele. Das Direct Marketing nimmt die Wirklichkeit des Kunden, dessen tatsächliches Verhalten, ähnlich wahr wie der Vertrieb. Die beiden verstehen sich gut, denn auch die Direct Marketers suchen nach der „taktischen Lücke" – nach der günstigen Situation, dem richtigen Augenblick –, um mit Kunden in den Dialog zu treten, den Interaktionsprozess anzustoßen und an einen Kaufabschluss zu geleiten. Das *Branding*, so sind die Direct Marketer in ihrem Innersten überzeugt, hindere sie daran und störe den Dialog mit dem Kunden.

Dieses Spannungsfeld gibt es, man kann das nicht beschönigen.[112] Es gibt eine Kluft, die sich durch die Unternehmensorganisation zieht und gelegentlich die Kultur im Unternehmen spaltet. Oder der Gegensatz wird zum *Kipppunkt*: Einmal sind die Markenanliegen oben, und alles hat sich der Markenführung unterzuordnen. Selbst das Verhalten der Mitarbeiter soll sich der Markenführung unterwerfen – *Behavioral Branding* lautet die Doktrin. Und dann wieder setzt sich die Front durch, der Vertrieb ergreift seine Stimme – und der Erfolg stützt ihn nicht selten. Nun sieht sich die Marketingabteilung abgedrängt und unverstanden.

Analoge Verhältnisse finden wir im Markte selbst, nahezu spiegelbildlich zum Unternehmen, denn auch der Konsument neigt zum Idealisieren. Gefragt nach dem, was er sich wünsche, zeigt er sich anspruchsvoll, vernünftig und hehren

---

112 Belz verweist beharrlich auf diesen Punkt in: Belz (2006).

Werten zugeneigt. Nur *handeln* tut er anders. Vor dem Regal im Supermarkt stehend, am Kiosk bei den Magazinen oder im Internet – er greift zu. Hier, in der Wirklichkeit angekommen, wirken Impulse. Handlungsautomatismen werden angeklickt und nehmen ihren Lauf. Alles geschieht weitgehend unabhängig von bewussten Erwägungen, wie wir oben gesehen haben. „Unterschwelliges" bestimmt das Handeln – „Oberschwelliges" das Reden über das Handeln.

Aber es ist dieses „Oberschwellige", über das der Konsument in der Fokusgruppe redet (oder wenn der Marktforscher ihn befragt), das ins Unternehmen rückwirkt. Dort sind es die Marketingverantwortlichen, die auf das hören, was der Konsument sagt. *The customer's voice* wird hochgehalten und gilt als Maß der Dinge schlechthin. Und prompt wird es verstärkt durch persönliche Stellungnahmen der zahlreichen Marketinganalytiker und Marketinganalytikerinnen. Sie bringen sich persönlich ein an dieser Stelle und bestätigen das Oberschwellige: Auch sie selbst würden sich so verhalten, behaupten sie von sich, auch sie seien vernünftig, ästhetisch und sittlich auf hohem Niveau.

Eine verhängnisvolle Wechselwirkung kommt so in Gang. Schließlich hebt das Marketing ab. Alle, die Meinungen austauschen über die Werte des Konsumenten und darüber, wie das Unternehmen diesen Werten begegnen soll, fühlen sich gut und leben in Harmonie. Und sie reden darüber, halten Vorträge auf Kongressen, ernten Applaus und nehmen Preise entgegen …

Bis man dann feststellen muss, dass sich der Durchbruch auf dem Markt nicht einstellen will. Die Konsumenten reagieren nicht so euphorisch wie angenommen, achten nicht auf die Werbung, die sie sich mit ihrer *customer's voice* gewünscht haben, sie kaufen nicht das, wofür sie sich ausgesprochen haben. Das Marketing verteidigt sich mit der Argumentation, es sei eben eine Investition in den Markt, es brauche Zeit, bis der Konsument die neue Strategie annehme. Und überhaupt, das Marketing sei nicht da zum Verkaufen – es erzeuge lediglich gewisse Dispositionen …

Aber der Vertrieb und die Verkaufsorganisation sind auf der Hut. Sie melden sich im richtigen Augenblick zu Wort. Und dann bauen sie ihre Position in der Organisation des Unternehmens aus. Das Spiel von Wechselwirkungen kommt in Fahrt, die Spirale dreht sich. Doch wie kann man ihren Lauf durchbrechen?

6.5 Gibt es dieses Doppelbödige tatsächlich?

Zunächst wollen wir aber nochmals einen Blick werfen auf den besagten Gegensatz zwischen dem, was Konsumenten wünschen (wenn man sie fragt) und dem, was sie tun. Aber gibt es diesen Gegensatz, der innerhalb der Organisation des Unternehmens seine Entsprechung findet, tatsächlich? Ist er erheblich? Oder geht es hier eher um Nuancen, über die das Marketing getrost hinwegsehen könnte?

Als ein Thema in der Marketingliteratur tritt dieser Gegensatz jedenfalls nicht in Erscheinung. Auch in Gesprächen mit Vertretern aus Forschung und Lehre gibt es wenig Echo, wenn man diese gespaltene Wahrnehmung anspricht. Die Vertreter der *Top down*-Sicht versuchen dies gerne als eine Frage des *Stils* herunterzustufen, was der Vertrieb da wünscht, oder sie führen das Phänomen dieses (scheinbaren) Gegensatzes auf die eben noch nicht ganz aufgeklärte Praxis zurück.

Ist das die Wirklichkeit?

Schauen wir uns die Werbung und die gesamte auf den Markt gerichtete Kommunikation von Unternehmen an, die auf den Erfolg eben dieser Kommunikation angewiesen sind (und zwar unmittelbar, weil es ihr Hauptinstrument ist oder überhaupt das einzige Marketinginstrument, das ihnen zur Verfügung steht). Das sind zum Beispiel Unternehmen wie Versender, die auf Gedeih und Verderb auf Bestellungen aus ihren Katalogen und Mailings angewiesen sind; oder Zeitschriftenverlage, welche ihre Abonnenten mit Direktwerbung gewinnen; auch fallen Aushänge von Zeitschriftentiteln darunter, welche auf die ab Kiosk verkaufte Auflage angewiesen sind; oder die Supermärkte und Discounter, die einem harten Wettbewerb ausgesetzt sind; so auch die großen *Retailer* für Konsumelektronik; oder das in Europa zur Zeit rasant wachsende TV-Shopping. All dies sind Unternehmen und Wirtschaftszweige, in denen der Erfolg direkt von der Kommunikation abhängt.

Wie tritt deren Kommunikation in Erscheinung?

Wir können diesen Kommunikationsstil uneingeschränkt charakterisieren als laut, ja schreierisch, bunt, aufreizend und überladen. Fern von allem, was der Ästhet sich wünscht. Da gibt es nichts zu deuten.

Zahlreich waren die Versuche, aus diesem Kommunikationsstil auszubrechen und mit einem anderen – einem „guten" – Stil Kunden zu gewinnen. Keiner der Anbieter, die es versucht haben, konnte das langfristig durchstehen. Jeder war gezwungen, wieder einzuschwenken auf das, was offensichtlich Erfolg bringt. Lediglich einzelne Nischenanbieter haben sich abgespalten, mehrheitlich im Luxussegment.

Das Phänomen ist omnipräsent in allen Märkten, in entwickelten und weniger entwickelten. Man kann das nicht einfach der unvollkommenen Praxis zuschreiben, einer stümperhaften Kommunikation oder dem schlechten Geschmack. Es hat System. Und eben dieses System auszuleuchten und zu erkennen sind zu vordringlichen Aufgaben des Marketings geworden.

Diese Spaltung von deklarierter Meinung und Absichten einerseits und dem wirklichen Handeln andererseits ist nicht auf die Marketingkommunikation beschränkt. Sie greift über auf die Produktgestaltung und die Preisgestaltung. Hierzu ein Beispiel aus dem Einzelhandel mit seinen Kunden-Loyalitätskarten, die sehr verbreitet sind: Der Konsument deklariert regelmäßig, dass er Punktesysteme nicht liebe, Preisreduktionen dagegen schon. Der gewiefte Einzelhändler weiß diesen artikulierten Wünschen zu widerstehen. Denn wenn das Handeln angesagt ist, so greift der Konsument zu den Sammelpunkten. Wenn der Konsument gefragt wird, ob er elektronisch verwaltete Punkte mit regelmäßigem Saldoüberblick vorziehe oder Marken, die er auf einer Sammelkarte aufkleben muss, so geschieht Folgendes: Der Konsument bekennt sich zum ersten, greift dann aber zum zweiten, zu den Sammelpunkten mit haptischen Eigenschaften.

6.6 Die Spaltung wird sich zu einem Megatrend verschärfen

Wir liegen wahrscheinlich nicht falsch, wenn wir davon ausgehen, dass in früherer Zeit das Kauf- und Konsumverhalten von vergleichsweise robusten Faktoren geprägt war. Die Dinge, die man kaufte, sollten die Funktion erfüllen: So sollte beispielsweise uns das Auto zur Mobilität verhelfen, uns schnell genug ans Ziel bringen. Und die Qualität stand im Zentrum. Das Produkt sollte lange halten und nicht zu häufig zur Reparatur gebracht werden. Kaufkriterien kamen zur

Anwendung, die man abwägen konnte. Mann konnte sich mit anderen darüber unterhalten und darüber austauschen. Kriterien, die unschwer in Worte zu fassen waren, handfeste Aspekte, auf die man abstellte.

Inzwischen hat sich die Konsumwelt wegbewegt von den funktionalen Gesichtspunkten. *Erlebnisse* werden konsumiert, lautet die verbreitete Formel. Wir nähern uns der Grenze des noch Artikulierbaren. Vage Empfindungen können allenfalls noch artikuliert werden – aber der feste Grundboden schwindet. Es ist nicht mehr eindeutig, worauf wir abstellen, wir nähern uns einer Sphäre, zu der unser Bewusstsein nur noch bruchstückhaft den Zugang findet. Zunehmend entzieht sich das Verhalten des Konsumenten seinen eigenen Erklärungsbemühungen. Der Konsument liefert uns zwar nach wie vor Erklärungen, er überschüttet uns geradezu mit deklarierten „Gründen" für sein Verhalten, aber sie sind vorgeschoben. Vordergründiges hören wir allenthalben. Immer weniger ist der Konsument in der Lage, seine tatsächlichen Antriebe zu benennen, und die Regungen, die unterschwellig ablaufen, sind schwerlich artikulierbar. Das sind die gesellschaftlichen und ökonomischen Entwicklungen, die in vollem Gange sind.

Parallel dazu haben sich die Naturwissenschaften rasant weiterentwickelt. Was in unserem Gehirn abläuft, darüber weiß man mittlerweile gut Bescheid. Die Neurowissenschaftler klären uns über unser Verhalten auf, was uns gelegentlich schockiert. Unbewusstes wird aufgedeckt, unsere inneren Antriebe werden auf biochemische Prozesse zurückgeführt und unser Verhalten wird neurobiologisch erklärt. Auch diese Entwicklung ist nicht mehr aufzuhalten.

Beide der besagten Entwicklungen sind in voller Bewegung, und sie beschleunigen sich. Wir selber sind immer weniger in der Lage, unser eigenes Kauf- und Konsumverhalten zu artikulieren, geschweige denn zutreffend zu begründen. Und gleichzeitig gelingt es den Naturwissenschaftlern, insbesondere den Neurobiologen, die Vorgänge in unserem Gehirn immer transparenter und nachvollziehbarer zu machen. Sie erschließen mit ihren Methoden laufend neue Felder, und neue Bereiche des menschlichen Verhaltens werden analysiert, auf kausale Vorgänge zurückgeführt und unserem Verstand zugänglich gemacht.

Die Situation spitzt sich zu. Speziell betroffen davon ist das Marketing: Soll es weiterhin den Selbsterklärungsversuchen des Konsumenten vertrauen? Und soll es auf die Introspektion von Marketinganalytikern und ihren Interpretationsbemühungen bauen? Oder vollzieht man den Wechsel auf die Außenbetrachtung und rückt die objektiv feststellbaren Prozesse ins Zentrum, also das beobachtbare Verhalten und die neurobiologischen Prozesse, die dem Verhalten vorausgehen und es determinieren? Sollen wir uns nun im Marketing auf das abstützen, was die Verhaltensforscher und die Neurobiologen als ihre Erkenntnis anbieten?

6.7 Im Marketing haben wir es mit zwei Wirklichkeiten zu tun

Der Gegensatz zwischen artikulierten Beweggründen und tatsächlicher Handlung ist real und die Lücke, die sich auftut, ist eklatant. Je nachdem, welchen Standpunkt man einnimmt, führt das zu unterschiedlichen Empfehlungen für das Marketing – und zu unterschiedlichem Erfolg (ausgedrückt in Umsätzen, Marktanteilen und anderen ökonomischen Größen).

Ich möchte diesen Gegensatz noch deutlicher machen und die Frage zuspitzen. Denn sie ruft nach einer Antwort:

▶ Der Konsument liefert uns gerne seine Beweggründe, wenn wir ihn danach fragen. Diese sind auch wahr und zutreffend in dem Sinne, dass sie sein Bewusstsein reflektieren. Wenn der Konsument seine Gefühle beim Kaufen oder vor dem Kaufen offenbart, seine Wahrnehmungen, seine ästhetischen Empfindungen oder ethischen Setzungen – all dies entspricht den Tatsachen, so empfindet er. Er wird uns auch deklarieren, dass er sich frei gefühlt habe beim Kaufen und dass das, was er gekauft hat, auch seiner Intention entsprochen habe. Auch diese Wahrnehmung ist zutreffend, er selbst nimmt das so wahr.

▶ Nehmen wir jetzt die *Außensicht* ein: Wir beobachten sein Verhalten, kategorisieren es und zählen es aus. Beispielsweise können wir unschwer angeben, wie viele Exemplare die führende Boulevardzeitung heute, am Tag X, verkauft hat. Ein unbestreitbares Verhalten, es sind kumulierte Kaufakte am Kiosk. Oder wir folgen den Experimenten und Ausführungen eines Neurobiologen, der über die Vorgänge im Vorfeld einer Handlung berichtet, wie zum Beispiel dem Ergreifen einer Zeitung in der Kioskauslage. Aus jeweils neuronalen Anfangsbedingungen im Gehirn, wird der Neurobiologe uns sagen, gehen Prozesse hervor und erzeugen neue Anfangsbedingungen und eine entsprechende Verhaltensdisposition. Auch die Außensicht ist *wahr* – sie ist es in dem Sinne, dass sie intersubjektiv überprüfbar ist und wir ihr das Attribut „objektiv" zubilligen.

Offensichtlich haben wir es mit *zwei Wirklichkeiten* zu tun. Beide sind in ihrem Sinne wahr – aber sie sind nicht vereinbar. Sie führen zu eklatant verschiedenen Schlussfolgerungen.

Das Marketing ist nicht die einzige Disziplin, die sich diesem Gegensatz ausgesetzt sieht. Die Psychologie ist damit konfrontiert, die Philosophie und die Rechtswissenschaft, welche über das Strafen von bestimmten Handlungen zu befinden hat. Es ist eine Grenzlinie, die sich zwischen den Geisteswissenschaften und den Naturwissenschaften hindurch zieht. Es ist eine Grenzlinie, die diejenigen zu Stellungnahmen herausfordert, die diese Aussagen nutzen, um etwas in der Wirklichkeit zu verändern. Auf welche Seite sollen sie sich schlagen?

6.8 Wir antworten mit zwei Beschreibungssystemen

Es ist Wolf Singer, der Neurobiologe, der auf diese Grenze zwischen den Geistes- und Naturwissenschaften hingewiesen und die Kontroverse mit den Vertretern der Geisteswissenschaften angestoßen hat. Gemäß Singer kommen wir diesem Phänomen nur bei, wenn wir zwei Beschreibungssysteme gelten lassen.[113] Das erste Beschreibungssystem ist die Ich-Form, die erste Person Singular: Sie erlebt etwas und beschreibt das Erlebte. Sie beschreibt es auch, wie wir hier annehmen, durchaus zutreffend. Das zweite Beschreibungssystem ist die Er/Sie-Form, die dritte Person Singular. In ihr beschreibt man die dingliche Welt aus der Position eines Betrachters. In beiden Beschreibungssystemen können wir uns mühelos bewegen, parallel und voneinander unabhängig. Und beide entsprechen Tatsachen, im ersten Falle den subjektiven Tatsachen und im zweiten Falle den objektiven, denjenigen Tatsachen, die wir von außen, aus der Perspektive eines Beobachters, feststellen, messen und zählen können.

Im Beschreibungssystem der ersten Person gelangen wir zu Schlussfolgerungen, die mit dem Gemeinten der Person harmonieren. Sie sind konsistent mit anderen Verlautbarungen des betreffenden Subjektes.

Im Beschreibungssystem der dritten Person dagegen, in jenem des unbeteiligten Betrachters, gelangen wir zu Schlussfolgerungen, welche mit der äußeren Wirklichkeit übereinstimmen. Wir können Verhalten erklären und, ausgehend von gewissen Anfangsbedingungen, auch prognostizieren und dann die Prognose mit den Tatsachen vergleichen. Das heißt, wir gelangen zu überprüfbaren

---
113 Singer (2009), S. 177 ff.

Aussagen über menschliches Verhalten. Nur – so müssen wir dann konstatieren – sind diese Aussagen *nicht* kompatibel mit dem, was aus der Erstperson-Perspektive hervorgegangen ist. Die beiden Beschreibungssysteme behaupten Unvereinbares über unser Menschsein.

Trotzdem bedienen wir uns ganz selbstverständlich beider Beschreibungssysteme – und ganz unbekümmert bewegen wir uns in zwei Parallelwelten. Im Erstperson-Beschreibungssystem fühlen wir uns besonders wohl und ergießen unsere Empfindungen und subjektiven Wahrnehmungen über jeden, der sie hören möchte, denn sie entspringen unmittelbar unserem Erleben. Aber auch im Drittperson-Beschreibungssystem drücken wir uns mühelos aus und bringen unser Wissen über die Welt ein. Wir können zum Beispiel auch – dem Drittperson-Beschreibungssystem folgend – das Verhalten von Tieren gut verstehen. Wir haben keine Probleme damit, tierisches Verhalten auf Instinkte zurückzuführen und auf Verhaltensautomatismen, welche die Evolution hervorgebracht hat. Und gar ein Verhalten auf biochemische Anfangsbedingungen im Gehirn eines Tieres zurückzuführen, scheint uns ganz plausibel. Selbst das Verhalten unserer Mitmenschen können wir ein Stück weit im Drittperson-Beschreibungssystem nachzeichnen. Allerdings, hier angekommen, werden wir bereits eine Distanzierung zu uns selbst hervorheben: *die anderen* funktionieren so – ich nicht.

Wir weisen es dann aber endgültig von uns, wenn ein Außenstehender unser eigenes Verhalten auf solche objektiven Bedingtheiten zurückführen will. Denn unser eigenes Verhalten – an dieser Stelle sind wir überzeugt – ist dann doch Ausdruck unserer Selbstbestimmung, unseres Abwägens und Urteilens. Und wenn wir dann gar mit Aussagen konfrontiert werden, wonach wir im gegebenen Fall so oder so handeln *würden* – Aussagen von Verhaltensforschern oder Marketingfachleuten, die im Drittpersonensystem sprechen –, dann werden wir das entrüstet von uns weisen, vehement und mitunter gereizt. „Die „Konsumenten" reagieren möglicherweise so," werden wir sagen, „die breite Masse" – wobei sofort ein Unterton von Verachtung ins Spiel kommt ...

Die beiden Beschreibungssysteme sind nicht ineinander überführbar. Mehr noch, ihre Berührungsstellen sind sehr empfindlich. Wenn sie sich berühren, schmerzt es. Das Erstperson-Beschreibungssystem stützt unsere Identität und genießt bei uns Vorrang. Es reagiert gereizt auf Zumutungen, die dem Drittperson-Beschreibungssystem entspringen und die wir als Unterstellungen bereit sind abzutun. Wir sind nicht amüsiert, wenn wir im Drittperson-Beschreibungssystem über unser Verhalten hören.

6.9 Welches Beschreibungssystem wählen wir?

Immer klarer tritt der Gegensatz der beiden Beschreibungssysteme hervor. Immer deutlicher hebt sich das ab, was in der Erstpersonensicht (ich) geäußert wird von dem, was uns die Drittpersonensicht (er/sie) sagt. Und immer prekärer wird für das Marketing der Umstand, dass die beiden Beschreibungssysteme unvereinbar sind und zu unterschiedlichen Schlüssen führen. Die Frage, welchem Beschreibungssystem das Marketing folgen soll, wird drängend.

Von Seite des Drittperson-Beschreibungssystems, der Außenbetrachtung, kommen laufend neue Erkenntnisse auf uns zu. Immer mehr wissen wir Bescheid darüber, wie Handlungen (z.B. Kaufhandlungen) zustande kommen und wie sie gelenkt werden können. Und gleichzeitig sieht es so aus, als ob das Kaufverhalten immer mehr weggleitet von den robusten Faktoren zu jenen, bei welchen unser Bewusstsein kaum mehr hinreicht, bei welchen wir nicht mehr Bescheid wissen. Was aber viel Raum schafft, um in der Ich-Form beliebige Gründe vorzuschieben.

Die Frage nach dem adäquaten Beschreibungssystem für das Marketing scheint mir bisher ungeklärt. Das bereitet den Boden für Fehlentscheide und, ich wiederhole es, für eine Ressourcenverschwendung im Marketing. Aber schwierig ist es eigentlich nicht, diese Frage zu beantworten, sobald man sich die Gegensätzlichkeit der beiden Beschreibungssysteme vor Augen geführt hat:

> Marketing ist eine Realwissenschaft – mit Marketing will man etwas bewegen im Markt. Und damit kommt zwangsläufig das Drittperson-Beschreibungssystem zur Anwendung: die Außensicht, welche über die Realität Auskunft gibt.

Soweit ist die Antwort eine einfache. Was weniger leicht fällt, ist der Abschied vom Erstperson-Beschreibungssystem, vom vertrauten und lieb gewonnenen System vieler Menschen, die im Marketing tätig sind: „Ich finde …," „ich persönlich würde …," „Oh, ich weiß, dass ich nicht zum Durchschnitt zähle …," so beginnt in vielen Fällen die Argumentation, wenn es um das Umsetzen von Maßnahmen geht.

6.10 Eine Katharsis im Marketing – speziell betroffen ist die Werbung

Der Unterschied zwischen den beiden Beschreibungssystemen – dem Erstperson- und dem Drittperson-Beschreibungssystem – ist kein semantischer. Er ist ein realer, ja mehr noch, es ist ein *fundamentaler* Unterschied. Vom Erstperson-Beschreibungssystem zu wechseln ins Drittperson-System kommt einem Wechsel in der Ideologie gleich – man kann das gar nicht deutlich genug zuspitzen. So sprechen wir eben von einer Katharsis, in welche das Marketing eintritt, oder eintreten sollte. Besonders gefordert davon ist die Werbung. Hier, so muss man wohl feststellen, hat sich die Haltung der Berufsleute zu einer eigentlichen Ideologie verfestigt. Eine Neuorientierung wird besonders augenfällig sein. Augenfällig für den Markt und den Betrachter.

Werbung, wie wir sie heute kennen, ist Ausdruck einer *Top-down-Sicht* im Marketing. Von „oben" wird festgelegt, wie man vom Markt gesehen werden möchte, und die Werbung soll es richten. Werbung in ihrer verbreiteten Erscheinungsform kann man als „verlängerten Arm" des *Brandings* bezeichnen. Sie soll eine Markenbotschaft verbreiten, welche der Berufsstand der Werber und der Kreativen umzusetzen hat: in Metaphern zu übersetzen, zu verschlüsseln, zu verfremden.

Das Beschreibungssystem, das der verbreiteten Erscheinungsform von Werbung am nächsten liegt, ist das Erstperson-Beschreibungssystem. Es harmoniert mit den Wünschen, wie man sich darstellen möchte – und es kollidiert mit den Realitäten, die von „unten" kommen. Oft ist es unvereinbar mit dem, was die Menschen wirklich antreibt. Und das, was die Kunden zum Handeln antreiben würde, bleibt unbeachtet.

Wenn wir die genannten zwei Beschreibungssysteme übertragen auf die Werbung, so gehen daraus zwei Erscheinungsformen hervor, die unterschiedlicher nicht sein könnten. Es ist erstens die Werbung, welche eine Markenbotschaft verbreiten soll – und es ist zweitens jene Werbung, die den Konsumenten zum Handeln führt. Verkürzend werden wir erstere Erscheinungsform als die „klassische" Werbung bezeichnen, letztere als die „handlungsauslösende" Werbung. Mit der handlungsauslösenden Werbung werden wir uns nun näher befassen.

7. Werbung, die Handlungen auslöst

Eine Werbung, die den Konsumenten „abholt", also ihn erreicht, ihn dazu bewegt, die ersten Schritte zu tun und sich dem Kauf anzunähern, diese Werbung setzt naturgemäß „unten" an: Sie entsteht *bottom up*.

Diese Werbung basiert auf Erkenntnissen über das Kaufverhalten, die zum einen durch *Trial and Error* gewonnen werden. Das Direct Marketing folgt diesem Prinzip seit jeher. Jede Werbung, die darauf abzielt, Handlungen auszulösen, somit der Messbarkeit ihrer Wirkung ausgesetzt ist, vertraut auf die Methode von Versuch und Irrtum. Zum anderen stützt man sich ab auf Erkenntnisse, welche die Verhaltensforschung und weitere Wissenszweige mit empirischem Hintergrund liefern, insbesondere auch die Neurobiologie. Wir haben darüber in Kapitel 5 berichtet.

Übertragen auf die beiden oben angeführten Beschreibungssysteme folgt diese handlungsauslösende Werbung dem Drittperson-Beschreibungssystem. Es ist die Außenbetrachtung, die hier vorherrscht. Die handlungsauslösende Werbung schützt sich geradezu vor der Erstperson-Sicht – stemmt sich dagegen, um nicht Wunschwelten zu verfallen.

Wie setzt man diese Absicht in die Tat um? Wie gelangt man zu einer Werbekonzeption, die „unten", auf dem Boden des Marktes, ansetzt? Zu einer Werbung, die den Konsumenten abholt, gewissermaßen seinen Skelett- und Muskelapparat in Bewegung setzt, und ihn an die Kaufhandlung geleitet?

Wir stellen hier ein Vorgehen in drei Schritten vor, das sich anlehnt an den Kaufprozess-Ansatz: In einem ersten Schritt *analysieren* wir die Kaufprozesse, um die es geht, und wir stellen die *Schlüsselstellen* fest. Das sind die Prozessstellen, an denen man auf den Prozessverlauf einwirken kann. Dort kann man eine Hebelwirkung vermuten, eine Hebelwirkung im Hinblick auf das ultimative Ziel, das man erreichen möchte, in der Regel die Kaufhandlung auszulösen.

Wir suchen dann, in einem zweiten Schritt, nach den *Handlungsautomatismen*, die im Menschen schlummern, und die wir für die Kommunikation nutzen können. Wie bringen wir diese Handlungsautomatismen im konkreten Fall ins Spiel? An welcher Prozessstelle setzen die Impulse an, welche die gewählten Handlungsautomatismen auslösen? Auf solche Fragen finden wir im zweiten Schritt eine Antwort.

In einem dritten Schritt wählen wir die *Zeichensprache*, die der angesprochene Konsument versteht (und hören will), und die geeignet ist, die gewünschte Handlung auszulösen. Es geht um die handlungsauslösende Gestaltung der Werbebotschaft im Hinblick auf Drehbuch, Visualisierung und Text.

Wir bezeichnen diese Schritte als (1) *Strategie;* (2) *Approach* und (3) *Umsetzung*.

(1) Strategie: Die Schlüsselstellen im Kaufprozess aufdecken

Mit der Verhaltensanalyse machen wir Kaufprozesse transparent, wie sie real im Markt ablaufen. Ohne jegliche vorgängige Hypothese blicken wir auf die Prozesse, die mit einer Kaufhandlung endigen.

Ein realer Kaufprozess ist unübersichtlich. Es ist eine Vielzahl von Handlungen, die miteinander verknüpft sind, und oft sind mehrere Lebens- oder Alltagsprojekte ineinander verschränkt. Aber es gelingt regelmäßig in diesem komplexen Netz, die wenigen Schlüsselstellen zu identifizieren, auf die man Marketingmaßnahmen richtet, und wo man mit einem hohen Wirkungsgrad rechnen darf.

Als Beispiel haben wir weiter vorne die Schlüsselstellen angeführt für die Automobilmarke *Opel;* jene des Reiseanbieters *Hotelplan* oder jene Schlüsselstellen, auf die *Unilever* einwirken kann, um mehr Waschpulver zu verkaufen.[114]

Mit der Schlüsselstelle liegt der Ort auf dem Kaufprozess vor, worauf Maßnahmen des Marketings (vorab Kommunikationsmaßnahmen) fokussiert werden können. Nicht selten erweisen sich auch flankierende Maßnahmen als dienlich, solche, die man der *Point of Sales*-Ausgestaltung zuordnen kann, dem Vertrieb, dem Verkauf oder der Preisgestaltung.

In den Bereich der Strategie fällt auch eine realistische Einschätzung der Impulswirkung von Werbung. Vermag der Werbeimpuls tatsächlich direkt eine Kaufhandlung herbeizuführen? Oder muss erneut ein Impuls einsetzen, etwas weiter vorn auf dem Prozessweg, damit der Schwung nicht erlahmt? Denn zunehmend haben wir es bei den Kaufprozessen mit relativ langen Prozessstrecken zu tun. Immer seltener gelingt es, diese mit einem *einzigen* Impuls an einer bestimmten Stelle anzuschieben und bis an den finalen Kaufakt in Bewegung zu halten. Häufiger treffen wir auf den Fall, bei dem ein Prozess angestoßen wird, aber alsbald wieder zum Stillstand kommt. Dann muss der Prozess erneut angestoßen werden. Und vielleicht bedarf es gar einer Vielzahl von aneinandergereihten Impulsen, bis schließlich die Kaufhandlung eintritt.

---

114 Weitere Beispiele sind angeführt in: Rutschmann (2005), S. 79 ff.

Erforderlich macht das die feststellbar *abnehmende zeitliche Reichweite* von Werbung. Von abnehmender „Wurfweite" spricht Christian Belz.[115] Immer weniger vermag Werbung einen Impuls zu geben, der zur Kaufhandlung führt. Eine Anzeige oder ein TV-Spot beispielsweise führt kaum mehr zum Vorsatz: „Morgen oder übermorgen, beim nächsten Einkauf, werde ich mir dieses Produkt näher anschauen und kaufen!" Allenfalls führt die Werbung noch an einen *Vorsatz* – ob er aber ausgeführt wird? Gerade noch 20 Sekunden reicht die Schubkraft von Werbung, lehren uns die Direktwerber.[116] Wenn in dieser Zeitspanne eine Handlungsoption gegeben ist, möglichst in Reichweite einer Armlänge, dann geht der Prozess weiter. Andernfalls versiegt der Impuls.

Deshalb sind Kaufprozesse vermehrt zu *etappieren*. Die Reichweite des Impulses ist realistisch abzuschätzen, eine Handlungsoption rechtzeitig bereitzustellen, zum Beispiel das Anklicken einer *Landing Page* gleich nach dem Betrachten einer Anzeige im Internet. Angekommen auf dieser *Landing Page* werden Appetenzen verstärkt, und Impulse bauen die Handlungsbereitschaft zur nächsten Prozessetappe auf, beispielsweise (augenblicklich) einen Bon (mit zeitlich limitierter Gültigkeit) auszudrucken und ein Plänchen mit einer Wegleitung zum nächsten *Point of Sales*. Auf diese Weise gestaffelt kann Werbung durchaus greifen.

Den Vorgang, wie man zu praxistauglichen Impulsketten gelangt, wollen wir anhand von drei Beispielen verdeutlichen. Im ersten Fall geht es noch einmal um *Hertz*, den führenden Autovermieter. Mit knappem Werbebudget wollte man die höchste Zahl von Mieten – Vertragsabschlüsse von privaten Konsumenten – herbeizuführen.

Als Medium wählte man die Wochenzeitung mit der höchsten Reichweite in der Schweiz, die *Coopzeitung* mit 3,3 Millionen Lesern. Mit Kleinanzeigen motivierte man diese, im Internet eine *Landing Page* aufzusuchen. Als wirkungsvollster Motivator stellte sich ein Mix von Produkte-Kernnutzen und sogenanntem Sofort-Nutzen im Sinne eines Handlungsbeschleunigers heraus (Möglichkeit, etwas zu gewinnen, sofort, aber dem Zufall unterworfen). Angekommen auf der *Landing Page* waren drei spielerische Fragen zu beantworten, die je ein *Commitment* (eine kleine innere Zustimmung) beinhalteten und so an den Kernnutzen von *Hertz* führten, beschleunigt durch die erwähnte Gewinnchance. Gleich im Anschluss folgte die Handlungsoption: „Sie können jetzt einen BON im Wert von 30 Franken ausdrucken, einlösbar bei Ihrer nächsten *Hertz*-Station". Der Bon wurde personalisiert mit dem Namen und dem Ort der nächsten *Hertz*-Station sowie einem Zufahrtsplänchen. Der Handlungsdruck wurde verstärkt durch den zeitverknappenden Hinweis: „Nur 30 Tage gültig".

---

115 Belz (2011), S. 18.
116 Vögele (2002), S. 89.

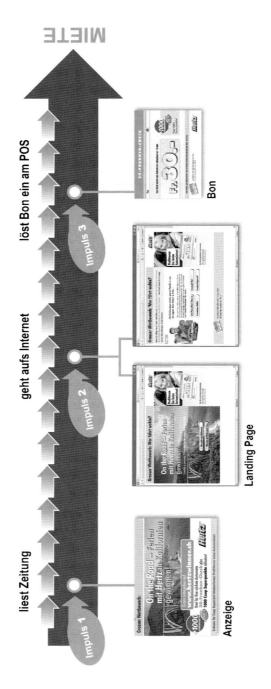

Abbildung 13: Ein Auto mieten bei *Hertz*; ein Beispiel mit drei Impulsstellen auf dem Prozess.

Das zweite Beispiel betrifft ein sogenanntes *Fast Moving Good* von *Procter & Gamble*: das Waschpulver *Ariel* mit einer neuen, umweltfreundlichen Wirksubstanz. In einer doppelseitigen Anzeige wurde das Produkt vorgestellt mit vergleichsweise wenigen Informationen zur Wirkweise und zum Konsumentenvorteil. Ein Wettbewerb „5 x 1000 Franken zu gewinnen!" war ebenfalls angekündigt, am POS sei das Gewinnspiel erhältlich. Am Eingang zum *Point of Sales*, der zweiten Impulsstelle folgte eine Erinnerung und Handlungsaufforderung auf einem großen Plakat. Weiter gab es im Einkaufswägelchen ein sogenanntes „*Push Poster*", eine kleine Werbefläche, wo die Handlungsanweisung verständlich und redundant wiederholt wurden: „Gehen Sie zu den Regalen mit den Waschmitteln und holen Sie sich das Gewinnspiel – auf der Stelle sehen Sie, was Sie gewonnen haben." Wiederholt wurde diese Aufforderung durch Raumbeschallung über das *Instore Radio*. Am Regal lag dann das Gewinnspiel mit drei spielerischen (*Commitment*-) Fragen. Die Antwort konnte man gleich über SMS einsenden, aber auch mittels Antwortkarte oder über das Internet. Entscheidend war jedoch, dass der Konsument jetzt nur noch eine Armlänge vom Produkt *Ariel* entfernt war – wo er sogleich zugreifen konnte („nur jetzt gibt es den Extra-Rabatt").

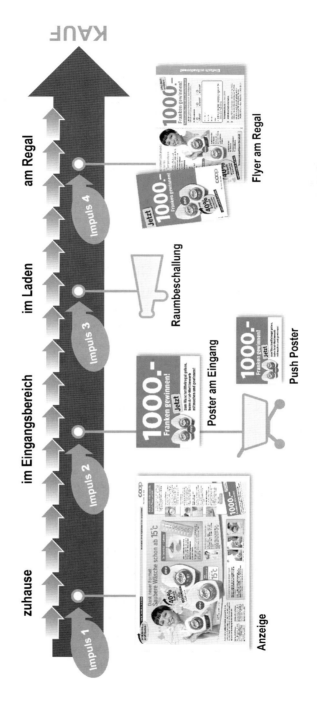

Abbildung 14: *Ariel* von *Procter & Gamble*; Beispiel einer Impulskette mit vier Wirkstellen

Noch ein letztes Beispiel, eine Impulskette mit fünf Stationen.

In diesem Beispiel galt es, eine Neuheit in der TV-Technologie zu lancieren. Fachhändler waren der gewählte Distributionskanal. Analysen hatten gezeigt, dass beim Konsumenten eine sehr geringe Bereitschaft bestand, sich jetzt ein neues TV-Gerät anzuschaffen – es sei denn, das alte Gerät verweigere seinen Dienst, oder der Konsument stehe an der Schwelle zu einem Ereignis wie Umzug, neuer Partnerschaft oder Veränderung in der Familie.

Diese geringe Handlungsbereitschaft berücksichtigend, erzeugte man einen Motivationsdruck hauptsächlich über Handlungsbeschleuniger, die vom Kernnutzen des Produktes entfernt waren, nämlich über einen *Sofort-Gewinn*: „Vergleichen Sie Ihre Gewinn-Nummer am Gewinnplakat im Schaufenster Ihres TV-Händlers. Sie haben garantiert sicher etwas gewonnen!", lautete das Versprechen von *Philips*.

Als Medium wählte man regionalisierte Streuungen: Im Einzugsgebiet des jeweiligen *Philips*-Händlers wurde die Einladung teilweise nichtpersonalisiert gestreut, durch *Hand-Outs* an der Bahnstation unterstützt, teilweise adressiert versendet. Ein Foto des Fachhändlers, seiner Verkäuferinnen und Verkäufer und ein anschauliches Lageplänchen erhöhten die Reaktionsbereitschaft. Die Schwellenangst wird auf diese Weise reduziert: „Nur vorbeischauen und im Schaufenster die Nummer vergleichen!" Jeder ist Gewinner.

Angekommen am Schaufenster setzte der zweite Impuls ein: „Holen Sie sich Ihren Gewinn gleich im Ladengeschäft ab" – ein Willkommensdrink verstärkte die freundschaftliche Komponente der Einladung.

Eingetreten ins Fachgeschäft, griff der nächste Impuls: Mehrere *Philips*-Geräte mit der neuen Technologie waren aufgestellt und demonstrierten den eintretenden Konsumenten überzeugend die Brillanz des Bildes, die hohe Auflösung und den guten Klang. Mit drei Fragen, die im Hinblick auf „Gewinnbestätigung" gestellt wurden, holte man die Zustimmung vom Besucher noch zusätzlich ein: Das gute Erlebnis quittierte der Kunde explizit ab.

Nun folgte die vierte Impulsstelle: Handlungsoptionen, die der Kunde sofort ergreifen konnte: „Möchten Sie dieses Gerät gratis mit nach Hause nehmen und ausprobieren?", *oder* (alternativ und positiv) „Möchten Sie ein unverbindliches Eintauschangebot erhalten?" Das beantwortete der Kunde vor dem *Philips*-Gerät stehend, ohne Kaufdruck, aber schriftlich, und überreichte es dem Händler, der ihm ja noch den Gewinn aushändigte und vor allem aber den Dialog bis zum Abschluss weiterführte.

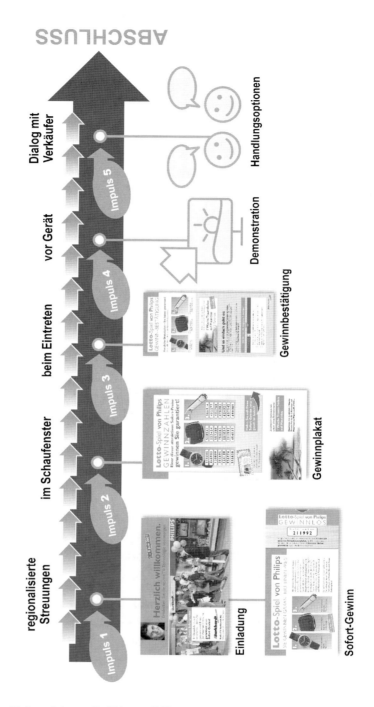

Abbildung 15: Impulskette für TV von *Philips*; in fünf Stationen zum Kauf.

Die drei Beispiele sollten aufzeigen: Es bedarf oftmals mehrerer Impulsstellen auf dem Kaufprozess. Die Wirkung von Medien ist miteinander verknüpft. Der neue Impuls greift dort, wo die Wirkung des vorangegangenen endet. Hier wird erneut motiviert bis zur nächsten Impulsstelle, wo wiederum ein Medium greift und zur nächsten Handlung motiviert.

Die drei Beispiele deuten auch schon die Handlungsautomatismen an, die jeweils eingesetzt werden. Damit kommen wir zum *Approach*, der uns ans Ziel führt.

(2) *Approach*: Die Handlungsautomatismen nutzen und Impulsketten auslegen

Im Menschen schlummern Handlungsautomatismen, wie wir festgestellt haben – viele solcher Automatismen. Es sind latente Handlungsbereitschaften, die darauf warten, angeklickt zu werden. Durch einen Reiz von außen entfalten sie ihre Wirkung. Es ist ein Reiz, der vom betreffenden Menschen als Schlüsselreiz identifiziert wird, weil er bestimmte Merkmale aufweist oder in einem bestimmten Kontext steht.

Es ist sehr hilfreich, wenn man solche Handlungsautomatismen findet und weiß, wie sie anzuklicken sind, um die gewünschte Endhandlung herbeizuführen. Ganz speziell sind sie für die Kommunikation dienlich und können deren Wirkung potenzieren. Wir hatten bereits zwölf solcher Handlungsautomatismen aufgeführt.

Mithilfe der Kenntnis der Handlungsautomatismen, die im Menschen schlummern, gelingt es dem Marketer, den einen oder anderen Automatismus aufzugreifen, zu nutzen und damit den Prozess in die gewünschte Bahn zu lenken. Auch *kombinieren* lassen sich Handlungsautomatismen. Hierzu noch einmal das Beispiel der Zurückgewinnung von abgesprungenen Kunden der Schweizer Telefongesellschaft *Swisscom*. Folgende Handlungsautomatismen hat man als Wirkverstärker genutzt:

> Ein kleines Vorabgeschenk erzeugte eine Bereitschaft des Beschenkten, etwas zurückzugeben, eine Gegenleistung zu erbringen. Es handelt sich dabei um die Gesetzmäßigkeit der *Reziprozität*, die wir als Handlungsautomatismus aufgeführt haben. Die Gegenleistung, die man damit provoziert, kann darin bestehen, „ein paar Fragen zu beantworten, weil Ihre Meinung so wichtig ist für mich." Die Fragen sind geschickt ausgelegt, damit der Beantwortende da-

mit gleich ein paar kleine innere Zustimmungen abgibt, sogenannte *Commitments*, „kleine *Ja's*", die ihn dem ultimativen Ziel näher rücken und ihn kaufgeneigter machen. Die Kombination des Handlungsautomatismus „Reziprozität" mit jenem des „*Commitments*" resultiert erfahrungsgemäß in einem Wirkfaktor, der zwischen 4 und 7 liegt: eine vier- bis siebenmal höhere Wirkung im Vergleich zu einem Vorgehen, bei dem auf das Einholen von *Commitments* verzichtet wird.

Es geht weiter: Wir können den Hinwendungseffekt nutzen, indem wir die Botschaft einem „lebendigen" Absender in den Mund legen: Das Gesicht eines Artgenossen, haben wir festgestellt, erzeugt einen *Eye Catcher*-Effekt. Es ist gleichzeitig ein glaubwürdiger Sender der Botschaft – er ist für das Geschäft persönlich verantwortlich. Und er bittet um einen „kleinen Gefallen" und klickt das Helfersyndrom in uns Menschen an. Somit ist die Wirkung nochmals um mehrere Faktoren verstärkt worden.

Das schlägt sich nieder im Ergebnis. Die Antwortquote auf diese erste Stufe lag etwas über 20 Prozent: Ein Fünftel aller Unternehmensleiter beantwortete die vier Fragen und gab in Frage 5 seine Zustimmung zum Kontakt, gewissermaßen sogar eine Aufforderung, auf ihn zuzukommen. Unverzüglich wurde telefonisch nachgefasst durch den Telecom-Anbieter – mit sehr smarten Verkäufern. Die Umwandlungsrate betrug, nach einigen Anfangsschwierigkeiten, über 50 Prozent. Mehr als die Hälfte derjenigen, die ihre fünf kleinen Zustimmungen abgegeben hatten, handelten konsistent und schlossen den Vertrag ab.

Es obliegt der Fantasie des Werbers (demjenigen, der für die Werbung verantwortlich ist), solche Handlungsautomatismen aufzudecken, sie einzusetzen und sie miteinander zu verknüpfen. Kreativität ist hier gefordert – freilich in einem ganz anderen Sinne als herkömmlich von „Kreativität" gesprochen wird. „Ingeniosität" wäre der treffendere Ausdruck. Zweifelsfrei handelt es sich um sehr wirksame manipulative Techniken, die sich hier dem ingeniösen Werber anbieten.

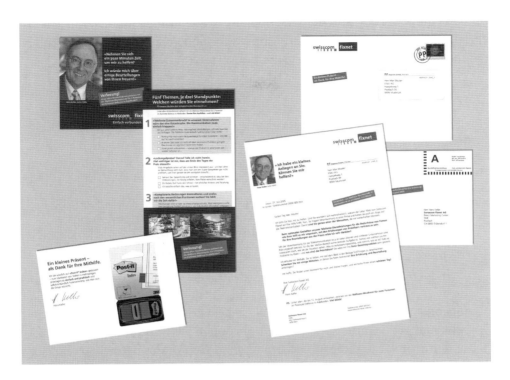

Abbildung 16: Ein *Winback-Approach* von *Swisscom* an abgesprungene Kunden in Form eines zweistufigen *Mailings* mit Verknüpfung von vier Handlungsautomatismen: Reziprozität; Helfersyndrom; *Commitments* einholen; sichtbarer Mensch als Absender. Die Response-Rate lag im höheren zweistelligen Breich, die Conversions-Rate zum Abschluss ebenfalls.

(3) Umsetzung: Eine Zeichensprache wählen, die Handlungen auslöst

Liegen die Prozessstellen, bei denen die Impulse wirken sollen, vor uns und hat man eine Vorstellung darüber, wie die Impulse ineinandergreifen bzw. wie die Impulskette aussieht, so müssen wir nun die Kommunikationsmittel bestimmen: Anzeigen, *Pages* im Internet, Streuwerbung, *Handouts*, Signalisationen am *Point of Sales* usw. Und es geht darum, die Botschaften auf diesen Werbemitteln gestalterisch umzusetzen. Die Visualisierung und die Texte sind zu entwickeln. Sie richten sich nach der Funktion (*Form follows Function*), und diese lautet: Handlungen auslösen!

Zu bestimmen ist der Aufbau der Botschaft (das *Layout*) und die Zeichensprache, die zur Anwendung gelangt. Es sind die folgenden Bedingungen zu erfüllen, damit die Botschaft die Handlungswirkung erzeugt:

- Die verwendete (Zeichen-)Sprache muss verständlich sein – eingängig, ohne die geringste Anstrengung seitens des Empfängers, die Botschaft dekodiert sich wie von selbst. Diese Zeichensprache wählt Worte und Signale, die sehr häufig auftreten (und deshalb den Kreativen als nicht sehr originell erscheinen). Die Bildsprache nutzt Formen, die wir unbewusst gut aufnehmen: runde Formen (und nicht eckige); warme Farben (und nicht kühle); satte Farben (und nicht Pastelltöne). Eine hohe Reizdichte ist erforderlich. Sie zwingt zum Hinschauen und verleitet zum Muster-Erkennen. Eine Orientierungsreaktion, die uns genetisch eingegeben ist, nennen das die Verhaltensbiologen.
- Die Botschaft ist nicht nur zu transportieren (in den Wahrnehmungsbereich des potenziellen Käufers), sondern sie soll im Gehirn des Betrachters *ankommen*. Dazu ist das *Eye Tracking* ein nützliches Kontrollinstrument. Die Augenfixationen, die man damit misst – das Verharren des Auges auf einem Punkt des Werbemittels während 0,3 Sekunden – ist ein verlässlicher Indikator dafür, ob die betreffende Information ins Gehirn des Betrachters Eingang gefunden hat – eine Voraussetzung für die Handlungswirkung.
- Es gibt jeweils einen Aufbau der Botschaft, welcher die Handlungswirkung unterstützt, gewissermaßen ein *Drehbuch für die Wahrnehmung*, das im Einzelfall zu entwickeln ist. Es scheint mir durch die Praxis erwiesen und durch *Eye Tracking* gestützt, dass es „kritische Schwellen" gibt, wo das Auge des Betrachters aussteigt und dieser sich vom Werbemittel abwendet:[117]
    - Nach drei Sekunden kommt die erste Schwelle, also nach fünf oder sechs hastigen Augenfixationen, ausgelöst durch einen *Eye Catcher* und unterstützt durch eine hohe Reizdichte, die zum „Hängenbleiben" – zum genauer Hinschauen – verleitet.
    - Nach weiteren sieben Sekunden kommt wieder eine Schwelle, wo das Aussteigen gehäuft auftritt und sich der Betrachter abwendet, nämlich dann, wenn der Betrachter das Werbemittel flüchtig überflogen hat.
    - Wenn der Betrachter während der zweiten Phase ausreichende Stimulation erfahren hat und die Appetenzen geweckt sind, steigt er in Details ein. Diese „semantischen Häppchen" sollen den Betrachter „hineinziehen", damit er sich darin vertieft. Es sind Häppchen, die verstreut sind über

---

[117] Bei den nachfolgenden Werten handelt es sich um Ergebnisse von Eye Tracking- Analysen bei Anzeigen, 1/1-Seiten.

die Seite (oder über mehrere Seiten) und die der Betrachter in *chaotischer Reihenfolge* aufsucht. Nach jedem semantischen Häppchen kann er aus dem Werbemittel aussteigen, er kann sich dem nächsten Häppchen zuwenden, oder er kann auf die Handlungsaufforderung eingehen, diese erwägen und vollziehen.

- Das Drehbuch für die Wahrnehmung, wie oben beschrieben, stellt sicher, dass der Betrachter die handlungsrelevanten Botschaftselemente aufnimmt, und das in ausreichender Zahl – womit sich dann eine *Neigung zum Handeln* aufzubauen beginnt. Die Verweildauer ist ein gutes Maß dafür, wie sehr sich der Betrachter auf die Botschaft eingelassen hat. So erklärt sich die Tatsache, dass die Verweildauer stark mit der Handlung korreliert.
- Die jeweils angemessene Verweildauer bemisst sich nach dem *Involvement* für die betreffende Handlung. Ist das *Involvement* hoch zu veranschlagen – z.B. beim Anbieter anzurufen oder den *Point of Sales* aufzusuchen, wo man sich öffnen muss und sich dem Kaufdruck aussetzt –, dann ist eine vergleichsweise hohe Verweildauer erforderlich. Anders sieht es bei einer *Low Involvement*-Handlung aus wie z.B. dem Degustieren einer neuen Kartoffelchip-Sorte. Man beachte: Das *Involvement* für die unmittelbar auszuführende Handlung ist der Maßstab – und *nicht* das Produkt, respektive der Kauf des Produktes!
- Eine *Handlungsaufforderung* fördert das Resultat, ein explizites Auffordern zum Handeln und ein Anweisen zum „wie". Diese Aufforderung muss ausreichend redundant sein: „Gehen Sie an das Telefon; wählen Sie Nummer 800...; warten Sie, bis jemand abnimmt ..."

Diese Zeichensprache, die für die Handlungsauslösung geeignet ist, folgt gemeinhin nicht den Kriterien der Ästhetik; mit solchen ästhetischen Kriterien ist sie nicht zu fassen. Sie bewegt sich losgelöst von den Ansprüchen, welche die Werber an ihre Kommunikation stellen, nämlich kreativ oder originell zu sein. Es ist gerade umgekehrt: Die *Funktionalität* steht im Vordergrund. Und in dieser Hinsicht stellt die Zeichensprache, die auf Handlungsauslösung abzielt, sehr hohe Ansprüche an die Gestalter, die Grafiker und Texter. Abweichungen von der Ideallinie mindern umgehend den Handlungserfolg. Die Gestalter dieser Zeichensprache brauchen viele Jahre Erfahrung und ein Umfeld, das ihrer Entwicklung förderlich ist, in welchem sie experimentieren und lernen können.

Die Zeichensprache für handlungsauslösende Werbung sucht man vergeblich in den Lehrplänen von akademischen Ausbildungsstätten. Weder an Universitäten noch an Fachhochschulen wird dieses *Know-how* vermittelt. Auch in Werbeakademien ist diese Zeichensprache kein Thema. Und schon gar nicht steht sie auf der Agenda von Veranstaltungen der Werbeszene oder öffentlicher *Concours* und von Auszeichnungen, welche diese vergeben. Weit weg von Cannes, wo Preise für besonders kreative Werbung vergeben werden, wird diese Zeichensprache entwickelt und perfektioniert. Es sind Spezialagenturen der interaktiven Kommunikation, Werbeabteilungen von Einzelhändlern und Agenturen, die exklusiv für Einzelhändler arbeiten. Und es sind auch erfolgreiche Versender, die in ihren hauseigenen Werbeabteilungen dieses Handwerk pflegen und darauf achten, dass es sich immer wieder bewährt. Wenig wird publik. Vieles läuft im Hintergrund.

7.1 Ist die Forderung nach „integrierter Kommunikation" praxistauglich?

Auf zwei Erscheinungsformen von Werbung sind wir im Zuge der Betrachtung von Kaufprozessen gestoßen: einerseits auf eine Werbeform, welche gewissermaßen die Markenbotschaft transportiert und dem Konsumenten bei jeder sich bietenden Gelegenheit diese Botschaft appliziert. Diese Form der Werbung ist wohl als die „klassische" anzusprechen. Und andererseits begegnen wir jener Kommunikation, welche an einer bestimmten Stelle auf den Kaufprozess eingreift und eine Handlung auslöst. Vielleicht noch nicht die finale Kaufhandlung, aber ein Etappenziel wird auf dem Weg zum Kauf oder zum Wiederkauf realisiert. Es stellt sich die Frage: Die beiden Formen der Werbung, die je unterschiedliche Ziele verfolgen und andere Mittel einsetzen – sind sie *integrierbar*? Gibt es eine Form, welche es zulässt, dass beide Ziele: Transport der Markenbotschaft Handlungsauslösung – realisiert werden können? Sind die beiden jeweils adäquaten Zeichensprachen vereinbar?

Die Hoffnung auf eine integrierte Kommunikation ist verständlich. Doch die Praxis zeigt: Es gelingt so gut wie nie. Wenn über eine gelungene integrierte Kommunikation berichtet wird, dann triumphiert stets die Kommunikation, die die Markenbotschaft transportiert. Das hat zur Folge, dass die Zeichensprache der Handlungsauslösung gewissermaßen domestiziert wird – sie wird harmonisch in die Markenbotschaft eingebettet. Damit bleibt aber die Handlungsauslösung auf der Strecke. Nach vielen Jahren der Bemühungen muss man feststellen: Die beiden Zeichensprachen haben sich bis heute als *unvereinbar* herausgestellt.

Doch das schließt nicht aus, dass *beide* Kommunikationsformen ins Spiel kommen können, die markenbotschaft-transportierende und die handlungsauslösende. Aber sie sind wie *Antagonisten* zu behandeln: In den Bereichen, in denen die eine Form dominiert, hat die andere zurückzutreten.

Abgeleitet aus dieser Feststellung kann die Handlungsmaxime nur lauten: Man lasse die beiden Zeichensprachen separat laufen: Sie sollen jeweils optimal ihre Ziele erreichen und ihre Gesetzmäßigkeiten respektieren. Die Regie liegt in Händen der betreffenden Fachleute, im einen Fall in den Händen der Markenexperten, im anderen Fall bei den Experten für die Handlungsauslösung.

Stören sich die beiden Kommunikationsformen? Gibt es *Interferenzen* zwischen den beiden, die zu beachten sind? Gibt es Fälle, in denen die handlungsauslösende Werbung die Verbreitung der Markenbotschaft paralysiert oder umgekehrt?

Die Interferenzen sind gering. Die markenbotschaft-transportierende Kommunikation beeinträchtigt die Handlung keineswegs. Die Zeichensprache der handlungsauslösenden Werbung wendet konsequent das Prinzip *Form follows Function* an. In diesem Zusammenhang stellt sich folgende Frage: Welchen *Eindruck* hinterlässt die handlungsauslösende Werbung bei den Konsumenten und bei den Kunden, wenn die Zeichen laut sind, die Botschaft deutlich und die Reizdichte hoch? Man spricht dann gerne vom *Image-Effekt* der Werbung, der zu Buche schlage. Und die Marken-Vertreter beklagen eben diesen Image-Effekt der handlungsauslösenden Werbung.

Man vergegenwärtige sich dann aber, dass es die mit dieser Werbung erzeugte *Handlung* ist, welche beim Angesprochenen die nachhaltigen Spuren hinterlässt: Der POS, den er – als Folge des Werbeimpulses – aufsucht, dieser POS-Besuch prägt. Auch das Gespräch mit dem Verkäufer des Unternehmens – angestoßen durch handlungsauslösende Werbung –, dieses Gespräch bleibt haften. Und auch die weiteren Interaktionen – als Folge des gleichen Werbeimpulses – hinterlassen Erinnerungsspuren; bis der Angesprochene schließlich das Produkt in Händen hält, dieses nutzt, was dann den bleibenden Eindruck hinterlässt.

Als *Säulendiagramm* könnte man sich diese Gesetzmäßigkeit vorstellen: Der primäre Image-Effekt des Werbemittels ist kaum erkennbar im Vergleich zum Image-Effekt der Handlung, die aus eben diesem Werbemittel – sekundär – hervorgegangen ist.[118]

Nochmals: Man sollte den bloßen Eindrucks-Effekt von Werbung nicht überschätzen. Erst die Handlungen, welche die Werbung angestoßen hat, diese Handlungen und deren Folgen prägen und hinterlassen Eindrucksspuren, die nachwirken.

Der Werbung kommt zunehmend eine instrumentelle Funktion zu. Werbung soll den Konsumenten und Kunden hinführen an die jeweils nächste Handlungsstation auf dem Prozessweg. Hierin findet sie ihre Berechtigung. Somit wird Werbung eine Maßnahme wie jede andere unternehmerische Maßnahme auch und steht im Dienste des Unternehmensergebnisses. Werbung hat keinen Selbstwert.

---

118 Quantitativ ausgewertet haben wir diesen Zusammenhang mit einer Direct Marketing-Aktion eines bekannten Möbelhauses. Nach Erhalt des Mailings wurde die Erinnerung in Erfahrung gebracht und ein paar qualitative Erinnerungsspuren des Empfängers. Anschließend wurde die Befragung wiederholt in Abständen von jeweils drei Tagen, dann drei Wochen und schließlich nach einem Jahr. Die Erinnerung an das Werbemittel verblasste bereits nach zwölf Tagen und tendierte nach vier Monaten gegen Null. Die Erinnerung an den durch das Mailing ausgelösten Point of Sales-Besuch hingegen war nach zwölf Monaten nahezu hundertprozentig gegenwärtig, einschließlich der qualitativen Wahrnehmungen anlässlich dieses POS-Besuches und der daran anschließenden Gespräche mit dem Verkaufsberater.

Dank an alle, die dieses Buchprojekt gefördert haben

Die Grundgedanken des Buches rühren aus der Spannung zwischen Theorie und erlebter Praxis her. So richtet sich der Dank an beide Seiten. Den theoretischen Standpunkt habe ich vor allem in Gesprächen mit Christian Belz vertiefen dürfen, Professor für Marketing an der Universität St. Gallen und geschäftsführender Direktor des Institutes für Marketing. Seine reiche Praxiserfahrung in der Industrie macht ihn für das Thema besonders empfänglich. Die Diskussionen mit ihm und seine Ratschläge als Freund haben zur Entwicklung dieses Stoffes wesentlich beigetragen. Dafür bin ich sehr dankbar. Dank an die Seite der akademischen Vertreter des Marketing gebührt auch an Prof. Dr. Sven Reinecke, Prof. Dr. Marcus Schögel und Prof. Dr. Dirk Zupancic, die als Forscher und Lehrer wirken am Institut für Marketing und an der Universität St. Gallen.

Meine Arbeit in der Praxis hat eigentlich das Feuer in mir entfacht. Insbesondere in der konstruktiven Auseinandersetzung mit den Kunden von unserer Agentur habe ich die Grenzen des theoriegeleiteten Marketings erlebt. Die Kunden fordern praxisnahe Lösungen, die ihnen gute Resultate liefern. Das Unternehmen *Coop* und dessen Kultur hat Wesentliches zur Reife des Stoffes beigetragen: Mit Herrn Helmut Träris, Mitglied der Direktion, habe ich viele wertvolle Gespräche geführt, die mich herausgefordert haben; mit Herrn Dr. Christoph Theler konnten wir die Methode der Kaufprozessanalyse in einer partnerschaftlichen Zusammenarbeit weiterentwickeln; Dr. Thomas Schwetje fortderte uns in Fragen der Gestaltung heraus. Viele weitere Mitarbeiter von Coop begleiteten unsere Arbeit in den vergangenen zwei Jahrzehnten. Mit dem Reifenhersteller *Continental* verbinden uns Gespräche und Arbeiten, die weitergeführt haben: Herr Stefan Baumann von Continental Schweiz, Frau Dr. Andrea Appel, Herr Michael Kohl und ihre Teams in Hannover. Mit *Swisscom*, der schweizerischen Telecomgesellschaft, verbindet uns eine langjährige Zusammenarbeit. Herr Erwin Roos war ein aufmerksamer Gesprächspartner und die Herren Pascal Jaberg und Robert Gassmann waren es ebenfalls. Mit ihnen durften wir innovative Ansätze erproben und weiterentwickeln. *GE Money Bank* bot uns ein breites Anwendungsfeld und lebhafte Gesprächspartner: Heinz Hofer, Andy Siemers und Dr. Lydia Saxer. Danken möchte ich auch Nils Aggett, UBS, sowie Andreas Greil für die zahlreichen anregenden Gespräche. Von einem erfolgreichen vertikalisierten Vertriebssystem haben wir viel an Erfahrung gewinnen können: *Hapimag* in Baar mit CEO Kurt Scholl und Heinz Moser.

Erst die Praxiserprobung sagt etwas aus über den Nutzen von Theorien. Und so bin ich jenen Mitarbeitern in meinem Unternehmen zu Dank verpflichtet, die an der Umsetzung in der Praxis gearbeitet haben. Über viele Jahre hat unser John Brettschneider die Verhaltensanalyse angewendet und mit großem Einsatz die Entwicklung vorangetrieben. Viel verdanke ich auch Frau Olivia Koller, die das Interviewer-Team leitet und mit großem persönlichen Engagement die Analyse vornimmt.

Nichts kann vollendet werden, wenn sich nicht jemand der praktischen Umsetzung beherzt annimmt. Diese Unterstützung habe ich in meinem Unternehmen erfahren dürfen: Rory Duling, Creative Director, hat eine besondere Fähigkeit, abstrakte Gedanken aufzufassen und sie ins Visuelle zu übersetzen. Er hat die vielen Grafiken beigesteuert, die das Buch anschaulich machen. Und Rosemarie Durrer hat mit beispielsloser Konzentration und Einsatz die flapsig geschriebenen Manuskripttexte verfeinert und ins Reine geschrieben. Ihnen danke ich besonders dafür, dass sie diese Aufgabe neben ihrer normalen Tagesarbeit geleistet haben.

Literaturverzeichnis

Aronson, E./Wilson, T. D./Akert, R. M. (2004): Sozialpsychologie, 4., aktualisierte Auflage, München: Pearson Studium 2004.

Baldwin J. D./Baldwin, J. I. (2001): Behavior Principles in Everyday Life, 4. Aufl., New Jersey: Prentice-Hall 2001.

Barwise, P./Meehan, S. (2005): Simply Better, Dem Wettbewerb die entscheidende Nasenlänge voraus, Frankfurt/New York: Campus Verlag 2005.

Belz, C. (1997): Strategisches Direct Marketing, Vom sporadischen Direct Mail zum professionellen Database Management mit Fallstudien, Forschungsinstitut für Absatz und Handel, Wien: Ueberreuter 1997.

Belz, C. (2006): Spannung Marke: Markenführung für komplexe Unternehmen, Wiesbaden: Gabler 2006.

Belz, C. (2009): Marketing gegen den Strom, St. Gallen: Index und Thexis 2009.

Belz, C. (Hrsg.)(2011): Innovationen im Kundendialog, Reales Kundenverhalten und reales Marketing, Wiesbaden: Gabler 2011.

Cialdini, R. B. (2010): Die Psychologie des Überzeugens, 6. vollständig überarbeitete und ergänzte Auflage, Bern: Hans Huber 2010.

Eco, U. (1984): Apokalyptiker und Integrierte. Zur kritischen Kritik der Massenkultur, deutsche Übersetzung, Frankfurt am Main: S. Fischer Verlag 1984.

Ekman, P. (1979): About brows. Emotional and conversational Signals in: von Cranach, M.V./Foppa, K. u.a (1979): Human Ethology, Cambridge 1979.

Ekman, P. (1978): Facial Action Coding System, Palo Alto 1978.

Ekman, P. (1988): Gesichtsausdruck und Gefühl, 20 Jahre Forschung von Paul Ekman, Paderborn: Junfermann 1988.

Eibl-Eibesfeldt, I. (1985): Der vorprogrammierte Mensch, Das Ererbte als bestimmender Faktor im menschlichen Verhalten, Kiel: Orion-heimreiter-Verlag 1985.

Eibl-Eibesfeldt, I. (2004): Die Biologie des menschlichen Verhaltens, Grundriss der Humanethologie, 5. Auflage, München: Piper 2004.

Eibl-Eibesfeldt, I. (1999): Grundriss der vergleichenden Verhaltensforschung, Ethologie, 8. überarbeitete Auflage, München: Piper 1999.

Esch, F.-R. (1998): Wirkung integrierter Kommunikation, Ein verhaltenswissenschaftlicher Ansatz für die Werbung, Wiesbaden: Gabler 1998.

Esch, F.-R., Hsrg. (2005): Moderne Markenführung. Grundlagen, innovative Ansätze, praktische Umsetzungen, 4., erweiterte und aktualisierte Auflage, Wiesbaden: Gabler 2005.

Esser, H. (1999): Soziologie, Spezielle Grundlagen, Band 1: Situationslogik und Handeln, Frankfurt: Campus Verlag 1999.

Esser, H. (2004): Soziologische Anstöße, Frankfurt/Main: Campus 2004.

Fehr, E./Schwarz, G. (2002): Psychologische Grundlagen der Ökonomie, Über Vernunft und Eigennutz hinaus, Zürich: Verlag Neue Zürcher Zeitung 2002.

Fellmann, F. (2006): Phänomenologie zur Einführung, Hamburg: Junius Verlag GmbH 2006.

Fischer F. (1972): Der animale Weg, Wegphasen und Weghindernisse. Das Bild der Landschaft, Zürich: Artemis 1972.

Fishbein, M. (1967): Attitude Theory and Measurement, New York.
– Attitude, Attitude Change, and Behavior: A Theoretical Overview, in: Attitude Research Bridges the Atlantic (Levine, Ph. ed.), American Marketing Association 1975, S. 3-16.

Frey, B. S. (2002): Die Grenzen ökonomischer Anreize, in: Fehr, E. + Schwarz, G.: Psychologische Grundlagen der Ökonomie, Zürich: Verlag Neue Zürcher Zeitung 2002.

Geise, W. (1984): Einstellung und Marktverhalten, Analyse der theoretisch-empirischen Bedeutung des Einstellungskonzepts im Marketing und Entwicklung eines alternativen Forschungsprogramms aus alltagstheoretischer Perspektive. Thun, Frankfurt am Main: Verlag Hauri 1984.

Gergen, K. J./Gergen, M. M. (1986): Social Psychology, second Edition, New York: Springer Verlag 1986.

Geyer, C. (2004): Hirnforschung und Willensfreiheit, Zur Deutung der neuesten Experimente. Singer, W.: Verschaltungen legen uns fest: Wir sollten aufhören, von Freiheit zu sprechen, S. 30; Roth, G.: Worüber dürfen Hirnforscher reden – und in welcher Weise, S. 66. Frankfurt am Main: Suhrkamp 2004.

Gigerenzer, G. (2008): Bauchentscheidungen, Die Intelligenz des Unbewussten und die Macht der Intuition (Originaltitel: Gut Feelings), München: Wilhelm Goldmann Verlag 2008.

Greenspoon, J. (1995): The reinforcing effect of two spoken sounds on the frequency of two responses. American Journal of Psychology, 68, 1995, S. 409-416.

Gross, P. (1994): Die Multioptionsgesellschaft, Frankfurt am Main: Suhrkamp 1994.

Kroeber-Riel, W./Weinberg, P./Gröppel-Klein, A. (2009): Konsumentenverhalten, 9. überarbeitete, aktualisierte und ergänzte Auflage, München: Verlag Franz Vahlen 2009.

Kroeber-Riel, W./Esch, F. R. (2004): Strategie und Technik der Werbung, Verhaltenswissenschaftliche Ansätze, 6., überarbeitete und erweiterte Auflage, Stuttgart: W. Kohlhammer GmbH 2004.

Laughlin, R. B. (2007): Abschied von der Weltformel, Die Neuerfindung der Physik, München: Piper 2007.

Laughlin, R. B. (2008): Schrödingers Problem. Oder: Was bei der Erfindung der Quantenmechanik nicht logisch zu Ende gedacht wurde, in: Laughlin, R. B./Gumbrecht, H. U. u.a. (2008): Geist und Materie, Zur Aktualität von Erwin Schrödinger, Frankfurt am Main: Suhrkamp 2008.

Lefrançois, G. R. (2006): Psychologie des Lernens, 4., überarbeitete und erweiterte Auflage, Heidelberg: Springer Medizin Verlag 2006.

Libet, B. (2005): Mind Time, Wie das Gehirn Bewusstsein produziert, 1. Auflage in Deutsch, Frankfurt am Main: Suhrkamp 2005.

Lorenz, K. (1965): Über tierisches und menschliches Verhalten, Aus dem Werdegang der Verhaltenslehre, Gesammelte Abhandlungen Band I und II, Band I, Zürich: Buchclub Ex Libris 1965.

Mauss, M. (1954): The Gift, London: Cohen and West 1954.

Mayr, E. (2000): Darwins Einfluss auf das moderne Weltbild, in: Spektrum der Wissenschaft, Heidelberg: Spektrum der Wissenschaft Verlagsgesellschaft mbH, 2000, S. 62 ff.

Merten, K. (1982): Wirkung der Massenkommunikation, Theoretisch methodischer Problemaufriss, in: Publizistik Nr. 27 (1982), S. 26 ff.

Morris, D. (1982): Der Mensch mit dem wir leben, Ein Handbuch unseres Verhaltens, München/Zürich: Droemer Knaur 1982.

Pape H. (2002): Der dramatische Reichtum der konkreten Welt, Der Ursprung des Pragmatismus im Denken von Charles S. Peirce und William James, Weilerswist: Velbrück Wissenschaft 2002.

Popper K. R. (2003): Das Elend des Historizismus, 7. Auflage durchgesehen und ergänzt, Tübingen: Mohr Siebeck 2003.

Popper, K. R. (1992): Die offene Gesellschaft und ihre Feinde, Band I, Der Zauber Platons, 7. Auflage, Tübingen: J. C. B. Mohr (Paul Siebeck) 1992.

Popper, K. R. (1992): Die offene Gesellschaft und ihre Feinde, Band II, Falsche Propheten: Hegel, Marx und die Folgen, 7. Auflage mit weitgehenden Verbesserungen und neuen Anhängen, Tübingen: J. C. B. Mohr (Paul Siebeck), 1992, S. 114 f.

Pulver, U. (1991): Die Bausteine des Alltags, Zur Psychologie des menschlichen Arbeitens und Handelns, Heidelberg: Asanger 1991.

Reinecke, S./Tomczak, T. (2006): Handbuch Marketingcontrolling, 2. Auflage, Wiesbaden: Gabler 2006.

Reinecke, S. (2008): Principles of Marketing Management Control, Zürich: Compendio Bildungsmedien 2008.

Reinecker, H. (1999): Lehrbuch der Verhaltenstherapie, Tübingen: Deutsche Gesellschaft für Verhaltenstherapie 1999.

Roth, G. (2009): Aus Sicht des Gehirns, vollständig überarbeitete Neuauflage, Frankfurt am Main: Suhrkamp 2009.

Rutschmann, M. (1998): Grundig und Esso: Marketing nach innen; in: Belz, C.: Akzente im innovativen Marketing, Wien: Wirtschaftsverlag Carl Ueberreuter 1998.

Rutschmann, M. (2003): Das Konsumentenverhalten im Systemzusammenhang des Direktmarketing; Kaufprozesse empirisch erfassen; Praxisbeispiel Hotelplan; in: Belz, C.: Logbuch Direktmarketing, vom Mailing zum Dialog-Marketing, Frankfurt am Main/Wien: Redline Wirtschaft bei Ueberreuter 2003.

Rutschmann, M. (2005): Kaufprozesse von Konsumenten erkennen und lenken, Mehr Marktanteil mit neuem Marketing, Heidelberg: mi-Fachverlag, SV Fachbuch GmbH 2005.

Rutschmann, M. (2008): Dialogmarketing im Einzelhandel: Ein Feld für Innovationen, in: Belz, C./Schögel, M./Arndt, O./Walter, V.: Interaktives Marketing - Neue Wege zum Dialog mit Kunden, Wiesbaden: Gabler 2008.

Rutschmann, M./ Belz, C. (2011): Crossmedia-Optimierung – Leitmedium und Kundenprozesse, in: Belz, C. (Hrsg): Innovationen im Kundendialog, Reales Kundenverhalten und reales Marketing, Wiesbaden: Gabler 2011.

Schögel, M./Bovensiepen, G/Schulten, M./Arndt, O./Rumpff, S. (2007): Erfolgreich in der neuen Vielfalt – Erfolgsfaktoren für das Multi-Channel Management in Handel und Konsumgüterindustrie, Frankfurt am Main: Fachverlag Moderne Wirtschaft 2007.

Schögel, M. (Hrsg.)/Belz, C. (Hrsg.)/Arndt, O. (Hrsg.)/Walter, V. (Hrsg.) (2008): Interaktives Marketing : Neue Wege zum Dialog mit Kunden. Wiesbaden: Gabler 2008.

Shiller, R. J. (2002): Paradigmenwechsel in der Finanzmarktforschung, in: Fehr, E. + Schwarz, G.: Psychologische Grundlagen der Ökonomie, Zürich: Verlag Neue Zürcher Zeitung 2002.

Singer, W. (2003): Ein neues Menschenbild? Gespräche über Hirnforschung, Frankfurt am Main: Suhrkamp 2003.

Singer, W. (2004): Verschaltungen legen uns fest: Wir sollten aufhören von Freiheit zu sprechen, in: Geyer, C.: Hirnforschung und Willensfreiheit, Zur Deutung der neuesten Experimente, Frankfurt am Main: Suhrkamp, 2004, S. 30 f.

Singer, W. (2006): Vom Gehirn zum Bewusstsein, Frankfurt am Main: Suhrkamp 2006.

Singer, W. (2009): Unser Menschenbild im Spannungsfeld zwischen Selbsterfahrung und neurobiologischer Fremdbeschreibung in: Frühwald, W.: Blaupause des Menschen, Streitgespräche über die beschleunigte Evolution. Berlin: University Press 2009.

Skinner, B.F. (1976): About Behaviorism, New York: Vintage Books Edition 1976.

Sloterdijk, P. (2009): Du musst dein Leben ändern. Über Anthropotechnik, Frankfurt am Main: Suhrkamp 2009.

Smith, V. (2002): Handeln in zwei Welten, in: Fehr, E. + Schwarz, G.: Psychologische Grundlagen der Ökonomie, Zürich: Verlag Neue Zürcher Zeitung 2002.

Spence, S. (2009): The Actor's Brain, Exploring the cognitive Neuroscience of free Will, New York: Oxford University Press 2009.

Thaler, R. H., Sunstein, C. R. (2008): Nudge, Wie man kluge Entscheidungen anstößt, inkl. Nachwort (2009), Berlin: Verlag Econ 2008.

Tybout A. M./Calder B. J. (2010): Kellogg on Marketing, Second Edition, New Jersey: John Wiley & Sons, Inc 2010.

Vögele, S. (2002): Dialogmethode: Das Verkaufsgespräch per Brief und Antwortkarte, 12. Auflage, München: Redline Wirtschaft 2002.

Vögele, S. (2003): 99 Erfolgsregeln für Direktmarketing, Der Praxis-Ratgeber für alle Branchen, 5. Auflage, Frankfurt am Main: Redline Wirtschaft 2003.

Von Cranach, M.W. (1980): Zielgerichtetes Handeln, Bern: Huber 1980.

Watson, J. B. (1913): Psychology as the Behaviroist Views It in: Psychological Review, 1913, 20, 158-77.

Zimbardo, P. G./Leippe, M.R. (1991): The Psychology of Attitude Change and Social Influence, Boston: McGraw-Hill, Inc 1991.

Stichwortverzeichnis

A

Abnehmende zeitliche Reichweite 197
Adidas 124
Aggregieren 49
Aktion 58
Alfa Romeo 119
Allgemeine Prinzipien 59
Anködern 111, 115
Anthropologie 145
Antrieb 60
Appetenz 102
Archetyp 160
Asics 124
Attitude 88, 136
Attitude Research 96
Auflösungsgrad 46
Augenfixation 84
Augengruß 154
Ausdrucksbewegung 154
Auslöser 40
Automatische Reaktion 144

B

Beeinflussungsmöglichkeit 129
Befragung 96
Behavior 88
Behavioral Shaping 44, 159
Behaviorismus 39, 42, 44, 51
Beobachten 47
Beobachtung 78
Beschreibungssystem 191
Beweggründe 190
Bewusstsein 95
BMW 119, 130
Bottom-up-Marketing 184

Brand 20, 118, 123 f., 126
Branding 14, 23 f., 109, 118, 177

C

Cailler 162
Chanel 124
Clinique 124
Cluster 57
Coca-Cola 109, 130, 132
Colgate 67, 173
Commitment 166, 204
Consequence 40
Consumer Benefit 112, 114
Continental 122, 130
Convenience 118
Coop 53
Costs per Order (CPO) 37

D

Dankesschuld 148
Darwin, Charles 180
Definition der Situation 96 f.
Deklarationslogik 87
Direct Marketing 87, 170, 185, 195
3M 67

E

Eco, Umberto 151, 160
Einkaufswagen 70
Einzelhandel 70, 118
Einzigartigkeit 178
Elektroenzephalograf 89
Elektroenzephalografie (EEG) 89, 154
Emotionsprofil 177
Entscheidungsforschung 150

Episodisches Gedächtnis 48
Erfolgsmuster 120
Esch, Franz Rudolf 177
Evoked Set 121, 123, 134, 138
Evolution 180
Evolutionärer Prozess 80, 181
Evolutionsbiologie 145
Evolutionstheorie 80
Exploration 57
Eye Catcher 155
Eye Tracking 47, 78, 154, 206
Eye Tracking-Analyse 155

F

Fachliche Autorität 172
Fast Moving Good 20, 53, 67, 199
Freier Wille 89, 92
Freud, Sigmund 94
Funktionale Beziehung 49
Funktionale Magnetresonanz-
 tomografie (fMRT) 94, 136

G

Gefühl des freien Willens 89
Gefühle 44, 154
Geisteswissenschaft 191
GE Money Bank 169
Geschenkritual 164
Gesicht 153
Gewohnheit 110
Google 18, 132
Gratis-Zeitung 82
Graugänse 144
Gründe des Handelns 87

H

Händler 63
Handlung 32, 209
Handlungen per se 108
Handlungsauslösende
 Werbung 194, 207
Handlungsauslösung 207
Handlungsautomatismus 82, 145,
 186, 195
Handlungsbereitschaft 103
Handlungsentscheid 90, 95
Handlungskette 99, 159
Handlungslogik 87
Handlungsrelevanz
 von Vorstellungsbildern 137
Hebelwirkung 71
Hemmer 40, 114
Henkel 141
Hertz 116, 122, 197
High-Involvement-Produkt 20
Hilcona 46
Hinwendereaktion 112
Hinwendungsreaktion 154
Homogenes Cluster 56
Homogene Verhaltensmuster 50
Homo Oeconomicus 168
Hotelplan 64, 104
Humanethologie 149
Human- und sozialwissenschaftliche
 Forschung 145

I

Images 137
Impulskette 201
Induktiv 19
Instant Happiness 156
Instrumentelles Lernen 40
Integrierte Kommunikation 208
Introspektion 42

J

Jung, Carl Gustav 96

K

Kaufentstehung 31
Kaufgründe 85
Kaufprozess 15, 31, 37
Kaufprozessforschung 19
Kaufprozess-orientiertes
   Marketing 22 f.
Kausalität 177
Kausalzusammenhang 37
Kernnutzen 80
Kindchen-Schema 152
Kitsch 151
Klassische Werbung 194
Klischee 160 f.
Knappheit 174
Kodak 85
Kreativität 69, 135
Kunden-Loyalitätskarten 188
Kundenzufriedenheit 111, 113

L

Landing Page 47, 102, 197
Laughlin, Robert B. 179
Law of Effect 44
Lebenslauf 75
Lernpsychologie 150
Libet, Benjamin 89
Logik der Situation 72
L'Oréal 124
Lorenz, Konrad 144

M

Makroprozess 82
Marke 68, 123, 184
Markenbotschaft 208

Markenführung 23, 27
Markenname 119
Marketing 193
Marketingabteilung 147
Marketingmix 183
Marketing-Service 13
Marlboro 130
Massenkultur 161
Meccanos 110
Mentale Buchführung 168
Mere Exposure-Effect 171
Messinstrument 45
Michelin 124
Mickey Mouse 153
Mikroprozess 83
Milgram-Experiment 172
Mimik 154
Modelllogik 30
Mövenpick 77

N

Nano-Bereich 83
Naturwissenschaft 191
Nestlé 87, 141, 162
Neurobiologie 88, 146, 189, 195
Neurobiologische Forschung 145
Neuronales
   Bereitschaftspotenzial 89, 143
Neutralität 173
Nike 124, 130

O

OMO 53
Opel 60, 99, 119
Orientierungsreaktion 78

P

Pawlow, Iwan Petrowitsch 39
Philips 201
Pneu Egger 133
Point of Sales 26, 63, 71, 97, 100, 118
Popper, Karl 109
Procter & Gamble 141, 199
Product Benefit 114
Prozess 29
Prozesssicht 177

R

Rationalisieren 90
Rationalitätsfalle 85, 92
Räumliche Fixierung von
    Kaufprozessen 116
Reaktion 145
Rechtsdrall 70
Reflex 39
Reifenmarkt 121
Reiz 145
Reziprozität 164, 203
Reziprozitätszwang 148
Rhetorik 151
Ritual 145, 162

S

Schemata 97
Schenkritual 165
Schlüsselhandlung 99
Schlüsselstellen 195
Schulze, Gerhard 133
Semiotik 151, 160
Semiotischer Code 151
Sendercharakteristika 170
Situative Faktoren 70, 72
Skinner, Burrhus Frederic 40, 156
Sleeper-Effect 121

Sozialpsychologie 136, 145, 150
Soziologie 97
Stiftung Warentest 173
Stil 187
Stilles Areal 143
Stimulus 39
Strategie 163, 196
Supermarkt 70, 83
Swisscom 203
Sympathie 171
Systemeffekt 129

T

Tagesroutine 76
Tautologie 97
Telecom-Anbieter 115
The customer's voice 186
Theorie der Markenführung 103
Tiefenpsychologe 42
Top-down-Sicht 181, 184, 194
Trial and Error-Prozess 170
Tui 69
TV-Shopping 187

U

Unbewusst 89, 96, 144, 163
Unbewusste Regung 143
Unbewusster Prozess 88
Ungerichteter Prozess 80
Unilever 53

V

Vergleichende Verhaltensforschung 46
Verhaltensanalyse 30, 81, 110, 118, 183
Verhaltensforschung 143, 148
Verhaltensmodifikation 42
Vertrieb 13

Verweildauer 71
Vorstellungsbild 132

W

Werber 69
Wiederkehrende Prinzipien 59
Willentliche Handlung 89
Wirkprinzip 60
Wurfweite 197

Z

Zeichensprache 196, 206 f.
Zeitgeist 85
Zirkelschluss 43
Zweckursache 180
Zweiseitige Argumentation 173

Der Autor

Dr. oec. HSG Marc Rutschmann leitet eine Agentur in Zürich, die auf handlungsauslösende Kommunikation spezialisiert ist: Direct Marketing, Promotionen und Internet-Plattformen sind die Schwerpunkte. Die Agentur entwickelt für Hersteller von Konsumgütern, für den Einzelhandel, für Banken und Versicherungen Kampagnen auf diesen Gebieten.

In einer Tochtergesellschaft der Agentur werden Kaufprozesse von Konsumenten empirisch erforscht. Hier geht es darum, die Schlüsselstellen aufzudecken und zu ermitteln, an welchen Stellen handlungsauslösende Kommunikation ansetzen kann und den Verkaufserfolg sicherstellt. Hierfür hat das Unternehmen eine Methodik entwickelt, die sogenannte Verhaltensanalyse. Es wird damit das Verhalten von Käufern objektiv festgestellt und nachgezeichnet. Spezielle statistische Verfahren führen dann an die Schlüsselstellen.

Die Agentur arbeitet für nationale und internationale Kunden: *Continental, Coop Schweiz, GE Money Bank, Hertz, Pfizer, Philips, PostFinance, Swisscom, Volkswagen, Zurich Versicherungen* u. a.

Marc Rutschmann ist Autor von Büchern und Fachbeiträgen zum Thema Kaufverhalten und Kommunikation. Er ist Lehrbeauftragter der Universität St. Gallen (HSG).